大 아시아 대륙 횡단 문명 기행

Discovering Civilization across the Asian Continent

도서출판 맑은샘

Prologue ✈

중국 명나라 말기의 유명한 문인인 동기창董其昌의 저서 《화선실수필畫禪室隨筆》에는 독만권서讀萬卷書 행만리로行萬里路란 글귀가 있다. 이는 군자는 만 권의 책을 읽는 것보다 만 리 길을 여행하는 것이 낫다는 뜻이다.

또 다른 고전에서는 백 번 듣는 것보다 한 번 보는 것이 낫다고 하며 열 번 보는 것보다 한 번 체험하는 것이 더 낫다고 하였다. 이는 여행이 가장 짧은 기간에 가장 많은 것을 체험할 수 있는 것이기 때문이리라.

나는 오래전부터 기독교 문명을 탐방하는 서양의 길인 카미노 데 산티아고Camino De Santiago와 불교 문명을 탐방하는 동양의 길인 실크 로드Silk Road 서역 길을 가 보려는 꿈이 있었다.

이렇게 쌍벽을 이루는 동서양의 두 길 중 불경의 전파길인 동양의 실크로드를 먼저 가 보고 싶었다. 왜냐하면 영원한 진리를 찾아 인간의 영혼을 구하려는 구도의 길인 이 실크로드를 더듬어 본다는 것은 실크로드뿐만 아니라 세계의 지붕이며 지구의 중심인 에베레스트 산허리를 돌아 아시아인으로 태어난 사람들이, 아시아인으로 자라며, 무엇을 배우고, 어떻게 살아가고 있는지를 보고 느끼고 체험할 수 있는 길이기 때문이다.

인간이 자연을 만나 문명을 만들고 그 문명은 다시 역사를 만들어 가는 것이다. 그러므로 실크 로드 문명, 간다라 문명, 불교 문명 등이 한데 어우러져 특이한 아시아의 문명이 생성되었고, 그 문명은 아시아인들만의 역사와 전통으로 수세기를 이어 왔다. 우리는 그 문명과 함께 지금도 그리고 앞으로도 그 속에서 살아 숨 쉬며 새로운 역사를 창조해 갈 것이다. 그중에서도 신을 향한 인간의 소망과 기원을 담은 최고·최상의 걸작으로 태어난 것이 바로 유구한 종교 사원들이다. 이러한 위대하고도 역사적인 유적과 문화가 살아 숨 쉬는 아시아인들의 삶의 현장을 직접 체험해 본다는 것은 생각만 해도 가슴이 뛰고 설레지 않을 수 없다.

이 책 속에는 중국의 관문 칭다오에서 출발하여 고대의 수도 장안인 시안을 거쳐 서역의 천산 천지에 이르는 실크 로드 문명이 있고 타스쿠얼간에서 히말라야 산맥 K2봉의 고산허리를 지나 파키스탄의 라호르를 거쳐 인도에 이르는 간다라 문명이 있으며 인도와 네팔을 거쳐 곤륜산맥과 고비사막의 뜨거운 모래 바람의 길을 따라 중국의 장안에 이르는 불교 문명이 녹아 있다. 나는 아시아 지역만이 갖고 있는 특이한 역사와 문명을 돌아보면서 형언할 수 없는 지난날의 온갖 사연들이 주마등처럼 스쳐 감을 느꼈다. 그렇게 시작했던 길고도 멀었던 대 아시아 대륙 횡단 문명 기행을 성공적으로 마치고 보니 감개무량하며 그간 말없이 나를 도와준 아내와 친구 그리고 도움을 준 모든 분에게 감사를 드린다. 또한 아시아 문명이 살아 숨쉬는 역사를 이 한 권의 책으로 발간하기까지 도와준 도서출판 맑은샘 임직원에게 감사의 말씀을 전한다.

2014년 10월

청 암 이 홍

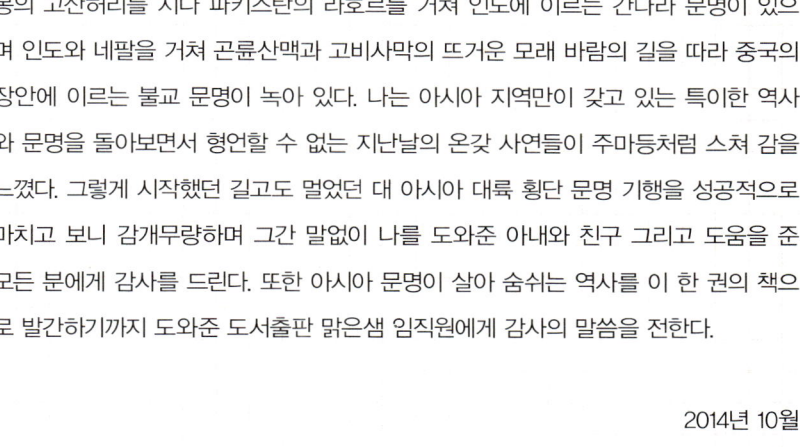

여행 도시 일정

중화인민공화국 中華人民共和國
- 01 칭다오 靑島
- 02 카이펑 開封
- 03 정저우 鄭州
- 04 샤오린스 少林寺
- 05 뤄양 洛陽
- 06 시안 西安
- 07 둔황 敦煌
- 08 투루판 吐魯番
- 09 우루무치 烏魯木齊
- 10 카스 Kashi / 카슈가르 Kashgar
- 11 카라쿨 Karakul 호수
- 12 타스쿠얼간 塔什庫爾幹

파키스탄 Pakistan
- 13 소스트 Sost
- 14 굴미트 Gulmit
- 15 카리마바드 Karimabad / 훈자 Hunza
- 16 길기트 Gilgit
- 17 이슬라마바드 Islamabad / 라왈핀디 Rawalpindi
- 18 라호르 Lahore

인도 India 북부
- 19 암리차르 Amritsar
- 20 뉴델리 New Delhi
- 21 자이푸르 Jaipur
- 22 아그라 Agra
- 23 카주라호 Khajuraho
- 24 바라나시 Varanasi
- 25 사르나트 Sarnath
- 26 부다가야 Buddha Gaya
- 27 쿠쉬나가르 Kushinagar

네팔 Nepal
- 28 룸비니 Lumbinio
- 29 포카라 Pokhara
- 30 카트만두 Kathmandu
- 31 파탄 Patan
- 32 바크타푸르 Bhaktapur

인도 India 동부
- 33 다르질링 Darjiling
- 34 실리구리 Shiliguri
- 35 시킴 Sikkim / 강토크시티 Gangtok City
- 36 콜카타 Kolkata

방글라데시 Bangladesh
- 37 다카 Dhaka

미얀마 Myanmar
- 38 양곤 I Yangon
- 39 바간 Bagan
- 40 만달레이 Mandalay
- 41 인레 레이크 Inle Lake
- 42 양곤 II Yangon

태국 Thailand
- 43 방콕 Bangkok
- 44 아유타야 Ayutthaya
- 45 수코타이 Sukhothai
- 46 치앙마이 Chiang Mai
- 47 매홍손 Mae Hong Son
- 48 치앙라이 Chiang Rai
- 49 매사이 Mae Sai
- 50 치앙콩 Chiang Khong

라오스 Laos
- 51 팍벵 Pak Beng
- 52 루앙프라방 Luang Prabang
- 53 방비엥 Vang Vieng
- 54 비엔티안 Vientiane
- 55 팍세 Pakse
- 56 시판돈 Si Phan Don

캄보디아 Cambodia
- 57 프놈펜 Phnom Penh

베트남 Vietnam
- 58 쩌우독 Chau Doc
- 59 호치민 Ho Chi Minh
- 60 달랏 Da Lat
- 61 냐짱 Nha Trang
- 62 호이안 Hoi An
- 63 후에 Hue
- 64 하노이 Hanoi
- 65 하롱베이 Ha Long Bay

중국 China
- 66 난닝 南寧
- 67 구이린 桂林
- 68 양쉬 陽朔
- 69 창사 長沙
- 70 장자제 張家界
- 71 웨양 岳陽
- 72 우한 武漢
- 73 난징 南京
- 74 쑤저우 蘇州
- 75 취푸 曲阜
- 76 타이산 泰山
- 77 칭다오 靑島

여행도시일정과 다르게 나라별로 목차가 구분되어 있습니다.

1. 간다라 문명의 상징 독수리 문양
2. 이슬람교의 상징 알라신 문양
3. 힌두교의 상징 힌두 여신 문양

> 이 책 속에 아시아의 역사, 문화, 종교, 전설 그리고 문명이 있다.

4. 세계의 지붕, 대아시아 대륙의 상징인 히말라야 산맥의 설산준령과 야생 동물
5. 실크로드의 상징 낙타 대상 문물
6. 불교의 상징 다마라지카 스투파

Contents

1
중화인민공화국 I (中華人民共和國)

14	칭다오 靑島 청도
18	카이펑 開封 개봉
22	정저우 鄭州 정주
26	샤오린스 小林寺 소림사
28	뤄양 洛陽 낙양
32	시안 西安 서안
46	둔황 敦煌 돈황
52	투루판 吐魯番 토로번
58	우루무치 烏魯木齊 오로목제
64	카스 Kashi / 카슈가르 Kashgar
68	카라쿨 Karakul 호수
72	타스쿠얼간 塔什庫爾幹 탑십고이간

2
파키스탄 (Pakistan)

78	소스트 Sost
80	굴미트 Gulmit
84	카리마바드 Karimabad / 훈자 Hunza
88	길기트 Gilgit
92	이슬라마바드 Islamabad − 라왈핀디 Rawalpindi
96	라호르 Lahore

3
인 도
(India)

102	암리차르 Amritsar
106	뉴델리 New Delhi
114	자이푸르 Jaipur
118	아그라 Agra
122	카주라호 Khajuraho
126	바라나시 Varanasi
130	사르나트 Sarnath
134	부다가야 Bodhgaya
138	쿠쉬나가르 Kushinagar
142	다르질링 Darjiling
144	실리구리 Shiliguri
146	시킴 Sikkim / 강토크시티 Gangtok City
148	콜카타 Kolkata

4
네 팔
(Nepal)

160	룸비니 Lumbini
166	포카라 Pokhara
174	카트만두 Kathmandu
180	파탄 Patan
184	바크타푸르 Bhaktapur

5

방글라데시
(Bangladesh)

190	다카 Dhaka

6

미얀마
(Myanmar)

196	양곤 Yangon I
200	바간 Bagan
202	만달레이 Mandalay
206	인레 레이크 Inle Lake
208	양곤 Yangon II

7

태국
(Thailand)

212	방콕 Bangkok
218	아유타야 Ayutthaya
220	수코타이 Sukhothai
224	치앙마이 Chiang Mai
228	매홍손 Mae Hong Son
232	치앙라이 Chiang Rai
234	매사이 Mae Sai
238	치앙콩 Chiang Khong

8
라오스
(Laos)

242	팍벵 Pak Beng
244	루앙프라방 Luang Prabang
248	방비엥 Vang Vieng
250	비엔티안 Vientiane
254	팍세 Pakse
256	시판돈 Si Phan Don

9
캄보디아
(Cambodia)

260	프놈펜 Phnom Penh
	－시아누크빌 Shanoukville

10
베트남
(Vietnam)

266	쩌우독 Chau Doc
268	호치민 Ho Chi Minh
272	달랏 Da Lat
276	냐짱 Nha Trang
280	호이안 Hoi An
282	후에 Hue
286	하노이 Hanoi
290	하롱베이 Ha Long Bay

11

중국 Ⅱ
(Chaina)

296	난닝 南寧남녕
298	구이린 桂林계림
302	양쉬 陽朔양삭
306	창사 長沙장사
310	장자제 張家界장가계
314	웨양 岳陽악양
318	우한 武漢무한
324	난징 南京남경
330	쑤저우 蘇州소주
336	취푸 曲阜곡부
344	타이산 泰山태산
348	칭다오 靑島청도

大 아시아 대륙 횡단 문명 기행

Discovering Civilization across the Asian Continent

배낭 메고 30,000km를 홀로 걷는, 시니어 노장의 고독한 긴 이야기

청암 이 홍 지음

중화인민공화국 I
(中華人民共和國)

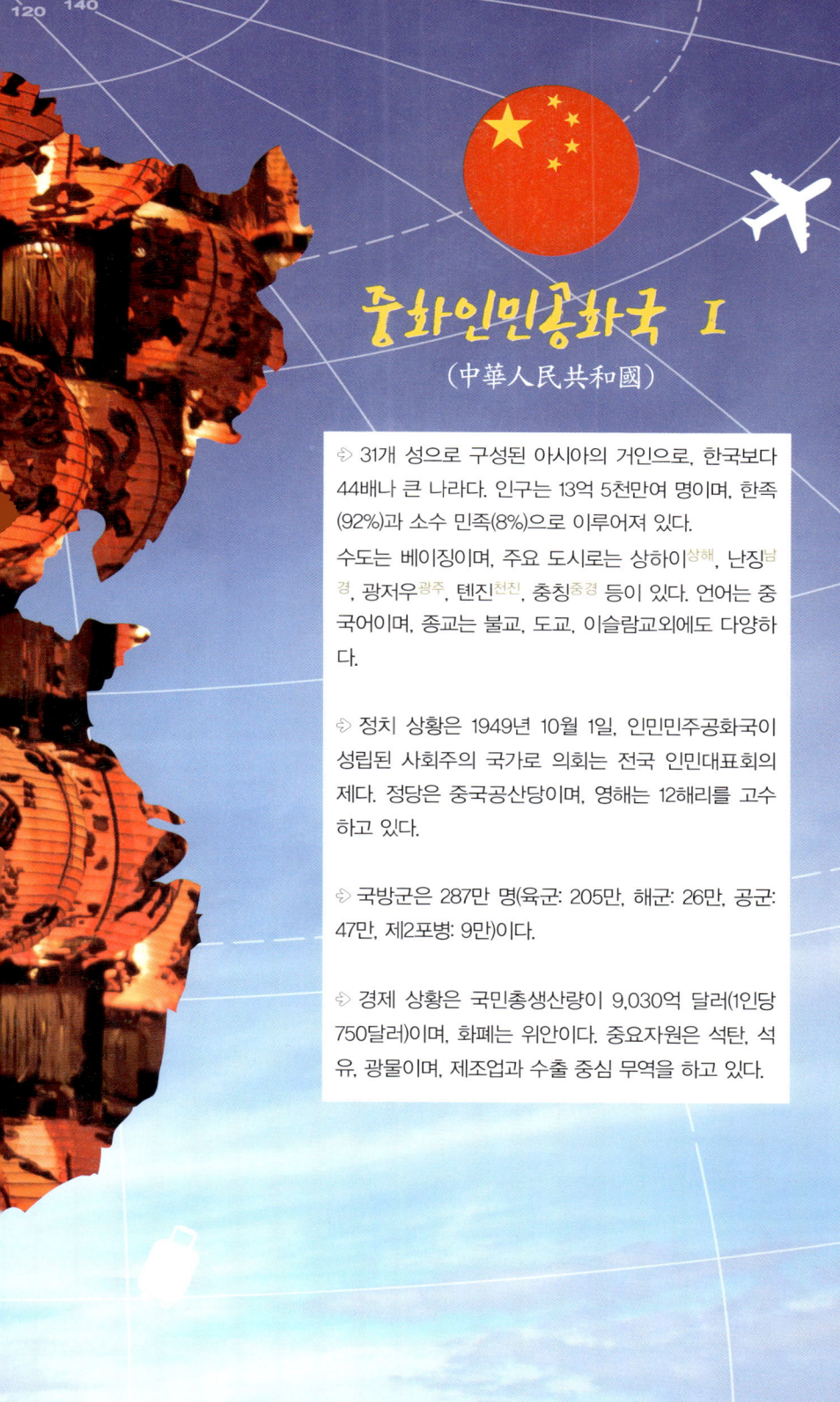

⇨ 31개 성으로 구성된 아시아의 거인으로, 한국보다 44배나 큰 나라다. 인구는 13억 5천만여 명이며, 한족(92%)과 소수 민족(8%)으로 이루어져 있다.

수도는 베이징이며, 주요 도시로는 상하이상해, 난징남경, 광저우광주, 텐진천진, 충칭중경 등이 있다. 언어는 중국어이며, 종교는 불교, 도교, 이슬람교외에도 다양하다.

⇨ 정치 상황은 1949년 10월 1일, 인민민주공화국이 성립된 사회주의 국가로 의회는 전국 인민대표회의제다. 정당은 중국공산당이며, 영해는 12해리를 고수하고 있다.

⇨ 국방군은 287만 명(육군: 205만, 해군: 26만, 공군: 47만, 제2포병: 9만)이다.

⇨ 경제 상황은 국민총생산량이 9,030억 달러(1인당 750달러)이며, 화폐는 위안이다. 중요자원은 석탄, 석유, 광물이며, 제조업과 수출 중심 무역을 하고 있다.

01 칭다오 青島

칭다오청도青島는 중국의 동쪽 끝에 위치한 신흥 산업 해안 도시로 해변과 지하철, 공원 등이 잘 어우러져 동양의 스위스라 한다. 인구 250만 명의 도시 칭다오는 과거 명 왕조 시대부터 동북아의 주요 전략 요충지로 발전해 온 도시다. 1898년에 독일의 선교사 두 명이 피살되자 독군은 이를 구실로 칭다오를 무력으로 점령하여 이후 99년간 이 도시를 지배하였다. 1914년 일본은 대영 제국과 손을 잡고 협상하에 칭다오를 무력으로 점령하였고 이후 1922년 국민당에 의해 통치되었으며 이후 모 주석의 공산당이 접수하여 오늘에 이른다.

주요 볼거리
칭다오 라오산, 칭다오 맥주 박물관, 루쉰 공위엔, 샤오칭다오, 잔교

기타 볼거리
독일군 총독부, 영빈관, 천주교 성당, 팔대관, 타이둥 등

중국 북동부관문 칭다오 기차역

칭다오 루쉰 공위엔공원에서 본 해안 전경

칭다오 라오산

라오산은 칭다오 시 동북쪽에 위치한 명산으로, 고도는 1,133m이며 동쪽으로는 동해가 있고 남쪽으로 황하강이 흐른다. 등정길에는 여러 석문이 있고 정상에는 천자정이 있다. 정상에서 보는 해안의 절경은 천하의 비경이다. 태산이 높다 하되 라오산만 못하구나라는 말과 같이 라오산은 명산 중의 명산이다. 진시황이 불로초를 구하려고 군대를 파견한 것으로 알려져 있는 이곳은 도교의 성지이며, 중국 국가풍경구 4aaaa로 지정되어 있다.(중국의 제일 명산인 태산풍경구는 5aaaaa 등급이다.)

가는 방법
버스 : 301번/304번(요금: 2~5위안)
택시 : 약 50여 분 이상 소요 요금이 적지 않다. 라오산 등정 버스는 라오산 아래 주차장에서 라오산 중턱까지 올라간다. (왕복 요금: 80위안)

칭다오 맥주 공장 및 박물관

19세기 후반 칭다오를 점령한 독일은 자국의 맥주 설비와 원료를 들여와 맥주 공장을 만들고 칭다오 맥주Tsingtao Brewery란 이름으로 생산·운영하였다. 1916년 일본이 점령한 후 대일본주조Dai Nippon Brewery로 개명하여 1945년 패전 전까지 이곳을 지배하였다. 1945년 중국의 국민당 정부로 이관된 이후에는 칭다오 맥주 회사로 개칭되어 오늘에 이른다.

가는 방법
칭다오 시내에 있어서 접근이 용이하다.
택시/버스 정류장의 여러 버스(301)가 이 공장 앞을 통과한다.

칭다오 라오산의 하늘문월천문

칭다오의 자랑 칭다오 맥주 공장

칭다오 라오산진시황제가 불로초를 구하려고 군대를 파견한 명산

맥주 연구소에 전시된 맥주 견본

루쉰 공위엔 노신 공원

루쉰 공원은 1922년에 훙커우 공원으로 조성한 곳으로, 칭다오 동해안 언덕배기에 길게 있는 공원이다. 1937년에 일본군이 점령한 후 군수 보급 기지로 사용하였으며, 1945년 해방 이후 중국의 유명한 문학가 루쉰의 시신을 이곳으로 이장하여 동상을 세우면서 이 공원의 이름을 루쉰 공원으로 명명하여 오늘에 이른다. 루쉰은 저장성 양저우의 동남쪽 아래 지방에서 태어나고 자랐으며 중국인이 자랑하는 유명한 혁명 문학사 노신魯迅을 말한다. 특히 이 공원은 1932년 4월 29일, 윤봉길 의사가 한국을 침략한 일본 수뇌부를 처단한 현장으로, 윤봉길 사당과 그의 유품들이 매헌이라는 사당에 전시되어 있어 한국인에게는 뜻깊은 곳이다.

가는 방법
루쉰공원은 시내 가까이 있어 택시를 타고 가는 것이 좋다.
버스 또한 여러 버스가 이곳을 통과한다.

루쉰의 혁명 문학 시구가 새겨진 벽면

해군 박물관에 전시되어 있는 청일 전쟁 당시의 항공기

청일 전쟁에 참여한 항공기와 군사 항공 장비

루쉰 공원에서 바라본 동해 전경

중국 혁명 문학사 루쉰의 동상

샤오칭다오

샤오칭다오는 칭다오의 동쪽 해안 만에서 약 700여 m 지점에 있는 작은 섬이다. 1900년에 건축된 16m 높이의 흰색 건물로 지은 등대가 이곳의 특징이며, 육지와는 둑으로 연결된 매우 아름다운 해안 관광지이다. 갖가지 조형물과 화랑, 정자 등이 어울려 훌륭한 볼거리와 휴식처를 제공하며, 야간에 등댓불이 켜지면 환상적인 경관을 자랑한다.

잔교

잔교는 1891년 청나라가 열강의 침입에 맞서 해군의 화물 접안 기지로 건설한 다리를 말한다. 제1차 세계 대전 시 독일군이 칭다오에서 철수하면서 폭파한 것을

1931년에 재건설하여 지금에 이르는 곳으로, 잔교를 따라 걸어가면 화란각이라는 아름다운 정자가 있다.

가는 방법
택시로 이동. 입장료는 40위안이다.

기타 볼거리

• 독일 총독부, 영빈관

이곳은 과거 독일군 점령 시 독군의 총독이 거주하던 건물이다. 유럽식으로 지은 이국풍의 아름다운 건물이며, 중국 영화나 TV 드라마에 자주 등장하여 유명세를 타고 있는 곳이다.

• 천주교 성당

1934년에 건축된 이 건물은 두 개의 뾰족한 첨탑으로 이루어진 고딕 양식 건물로, 절강로와 비성로가 교차하는 지점인 저장루 15에 있다. 이 건물은 중국 문화 대혁명 시 파괴되었으나 1980년에 다시 복원되어 오늘에 이르는 곳이다.

가는 방법
중산루와 저장루 교차 지점으로 지명의 위치는 15이고, 택시로 가는 것이 효율적이다.

교통

• 버스

칭다오 북부 장거리 버스 터미널 창투치처판
베이징 : 9시간 소요(요금: 290위안)
취푸 곡부 : 1일 4회(요금: 180위안)
태안 타이안 : 6시간, 1일 4회(요금: 140위안)

• 기차

타이산 태산 : 6시간 소요(요금: 90위안)
카이펑 : 1일 4회, 2시간 30분 소요(요금: 45위안)

숙소

• 철도鐵道 대하大廈
주소 : 칭다오 기차역 건물 좌편 2층

• 칭다오 798 국제유스호스텔 Qingdao 798 International Youth Hostel
주소 : 남구 우민로 121호
전화 : +86-532-80798798

• 청도 국제 청년 여사 靑島國際靑年旅舍
주소 : 칭다오 치사루 7a

세부 투어 및 다음 행선지로 가기 위하여

나는 중국의 해안 도시 칭다오 투어를 마치고 다음 행선지인 카이펑으로 가기 위하여 기차표 잉워硬臥 중포中捕를 구매하였다. 값도 적절 하고 아래위로 오르내리는 번잡함도 피하기 위함이다. 기차 내 시설은 식당과 함께 그런대로 양호하였다.

좌석에 따라 특급 침대칸인 르안워軟臥는 부드러운 침대칸으로 조금 비싼 곳이며, 일반 침대칸인 잉워硬臥 는 좀 딱딱하나 그런대로 사용할 만한 좋은 침대이다. 그리고 좌석칸인 잉쭈어硬座, 식당칸인 찬처餐車로 나뉜다. 르안워軟臥는 상하 2단 침대가 있는 4인 1실로 객차 내부에서 문을 잠글 수 있기 때문에 보안이 확실하고 시설이 쾌적하다. 대신 요금은 굉장히 비싼 편이다. 잉워硬臥는 상중하 3단 침대로 6인 1실로 하단의 두 침대 사이에 테이블이 놓여 있다. 하단 침대를 하포下捕, 가운데 중포中捕, 상단을 상포上捕라 한다. 요금은 상포가 가장 저렴하고 아래로 갈수록 비싸다. 칭다오 기차역에서 밤기차를 타고 아침 5시 30분에 제 2의 행선지인 카이펑개봉 기차역에 도착하였다.

02 카이펑 開封

카이펑개봉시는 중국의 중원에 위치한 허난성의 성도이며 황허황하강의 남쪽에 있어 붙여진 이름이다. 황허는 고대 이집트 문명, 인더스 문명, 메소포타미아 문명과 함께 세계 4대 문명의 발상지다. 이 카이펑개봉시는 2,700여 년의 긴 역사를 자랑하며 고대 북송 시대에는 9명의 황제가 168년이나 웅비하였던 곳이다. 중국의 8대 고도(베이징, 시안, 정저우, 난징, 뤄양, 카이펑, 안양, 양저우) 중 카이펑개봉, 뤄양낙양, 정저우정주, 안양은 중국의 4대 고도이며, 모두가 이곳 주변에 있다. 그러나 유서 깊은 고도인 카이펑시도 지금은 여러 차례의 황허 범람과 수몰로 황폐해지고 피폐해져, 황망한 들판의 허물어진 낡은 성벽과 붉은 기와집만이 옛날의 화려했음을 보여 주고 있다.

주요 볼거리

카이펑푸개봉부, 대상국사, 청명상하원, 포공호용정호, 철탑공위엔철탑공원, 개보사탑開寶寺塔, 북송의 성벽 등

기차 침대차 잉워 3층 침대차 모습

카이펑개봉 기차역 전경

카이펑푸개봉부

카이펑푸개봉부는 카이펑의 중앙 행정부다. 또한, 우리에게 잘 알려진 포청천이 집무한 행정실이 있는 곳이다. 이곳 카이펑푸 광장에서는 송대의 관복을 입은 포청천이 당시의 상황을 연극으로 보여 주기도 한다.

이 카이펑푸에는 북송대에 건축한 성벽과 그 성벽 위로 많은 깃발이 세워져 있어 찬란했던 그 옛날의 영광을 과시하고 있으며, 이곳 청심루에 오르면 카이펑 시가 한눈에 들어오는 관광 명소다.

따 시앙구어쓰大相國寺

따 시앙구어쓰상국사는 서기 555년에 건축된 중국의 10대 사찰 중 하나로, 송대의 수많은 제왕이 이곳을 찾은 역사적 사찰이다. 이 사찰에는 천왕전, 대웅보전, 나한전, 장경전 등이 있으며 사찰의 입구 양옆에는 고루와 종루가 있다. 이 종루는 5톤에 달하는 대형 종으로 청나라 건륭제의 작품이다. 입구 좌측에는 수양버들을 뿌리째 뽑고 있는 동상이 있는데, 이는 《수호전》에 나오는 그 유명한 노지심이다. 또한, 이 상국사의 우편에는 편의시설이, 좌편에는 식당들과 갖가지 여행 상품을 진열해 놓은 상가들이 즐비하며, 지금도 그 뒷면에는 더 큰 사원을 건축하고 있다. 이 역사적이고 유서 깊은 사찰은 카이펑개봉 여행의 핵심 방문지다.

《수호전》에 등장하는 버드나무를 뿌리째 뽑고 있는 노지심

상국사 대웅보전 입구

개봉의 자랑 상국사 정문

청명淸明 상하원上河園

청명 상하도는 북송의 유명한 화가 장저두앤장택단의 작품으로 북송 시대의 생활상을 그린 그림이다. 그리고 도성 거리, 상가, 식당, 풍물, 저잣거리 등을 적나라하게 표현한 그림을 재현해 놓은 공원이 바로 청명 상하원이다. 이곳은 한국의 민속촌 같은 곳으로 4aaaa급 관광 명소이다. 이 공원의 입구 좌편에는 커다란 괴석에 붉은 글씨로 청명淸明 상하원上河園이라 새겨져 있고, 화가 장저두안장택단이 청명 상하도를 들고 서 있는 매우 큰 석상이 있다. 그 뒤 우편에는 청명 상하도가 대형 석 벽면에 길게 새겨져 있다. 이 청명 상하도는 중국뿐만 아니라 세계적으로 매우 유명하여 한국 TV에서도 여러 번 소개된 유명한 작품이다. 특히 야간에 공연되는, 300억 원의 예산으로 제작되었다는 레이저 쇼는 신비 이상을 연출하여 이를 보려는 국내외 관광객들로 장관을 이룬다.

청명 상하도를 그린 화가 장저두앤장택단 석상

청명 상하원 공연을 관람하는 관객

가는 방법
시내 용정호 지역에서 택시를 타면 기본요금이 나온다.
입장료 : 100위안

포공호용정호

개봉시의 중앙부에 있는 이 호수는 포청천의 이름을 따서 지은 호수로, 수많은 개봉 시민들이 찾는 곳이자 역사적으로도 이름 높은 명소이다. 이 호수는 두 개로 되어 있는데, 서쪽에 있는 호수는 양가호이며 동쪽 호수는 반가호라 한다. 그리고 이를 가로지르는 다리와 정자는 그 미관이 수려하며, 이 호수를 중심으로 주변에 중앙행정부인 카이펑푸개봉부, 청명 상하원, 동북쪽의 대상국사 그리고 박물관 등 주요 유적지가 모여 있다.

청명 상하원 입구 표지 괴석

철탑공위엔 開寶寺塔

1049년 북송 원년에 조성한 이 철탑은 8각 13층으로 높이는 55.63m이다. 이 철탑 내부에는 168개의 나선형 계단이 있는데, 이는 북송 왕조의 재위 기간인 168년을 나타낸 것이다. 그리고 철탑의 상부 10층에는 포탄 자국이 있는데, 이는 일본군 점령 시 영점 조준 연습사격을 이 유서 깊은 국보급 탑에 하여 나타난 역사적 상흔이다.

가는 방법
청명 상하원에서 15분 거리에 있어 택시로 쉽게 갈 수 있다.

교통
인천 공항에서 정주비행장까지는 2시간 30분이 소요되며, 정주에서 버스로 1시간 30분이 소요된다.

- 칭다오 청도 : 카이펑 개봉은 쾌속 열차로 2, 30분 소요되며 정주역 맞은편에 있는 장거리 버스 주차장에서 버스로도 갈 수 있다.

- 카이펑 개봉 : 정저우 정주는 쾌속 열차로 1시간 40분이 소요되며, 일반 열차는 3시간 30분이 소요된다.

숙소
- 개봉빈관 開封賓館/송도빈관 宋都賓館
주소 : 상국사 우측으로 걸어가면 현대식 호텔이 있다.
2인 1실 등 다양한 방이 있다.
- 카이펑에는 중급 이상의 호텔은 적으며, 개봉 기차역 주변에 배낭객을 위한 100위안대 숙소가 대부분이다.
요금 체계는 100~150위안이며 조정이 가능하다. 투런 빵이라 부르는 다인방은 개봉의 3로 路와 5로 路 사이에 있다.

세부 투어 및 다음 행선지로 가기 위하여
나는 고대 중국의 유서 깊은 도시를 다시 한 번 음미해 보려고 개봉을 떠나면서 택시를 타고 개봉시 다운타운을 한 바퀴 다시 돌아보았다. 도시 중앙통, 역사의 거리, 공원, 호수 등 고색창연한 도읍지를 비롯하여 정자 아래 옹기종기 모여 시간을 달래고 있는 노친네들의 삶과 시민들이 오가는 저잣거리를 둘러보았다. 그 후 카이펑 개봉 기차역으로 가 정저우 정주로 가는 기차를 타고(3시간 30분 소요) 다음 행선지인 정저우 정주시에 도착하였다.

청명 상하원 내 멋진 호수와 나룻배

청나라 민속놀이 공연 장면

03 정저우 鄭州

인구 200만의 도시 정주는 허난성하남성河南省의 성도로 산이 없는 중국의 중원 도시다. 이 도시는 뤄양낙양洛陽과 함께 삼국지의 무대가 된 고장이다. 또한, 이 도시 주변에는 이름 높은 운대산, 숭산 등이 있으며 인근의 뤄양낙양洛陽 사이 남쪽에는 우리에게 잘 알려진 그 유명한 샤오린스소림사少林寺가 있고. 정주 서북변 지역의 용문 석굴 등 수많은 역사적 유물이 산재하여 기라성 같은 관광 지구의 중심 도시로 유명한 곳이다.

주요 볼거리
황허강, 청황먀오성황묘, 허난박물관, 상나라 성벽, 재래시장 등

새로 건설하는 황허강 다리

거대한 중국의 젖줄 황허강 바위산 기념비

황허강

정주시 북방 25km 지점에 있는 황허강은 중국 북부 지역의 서쪽에서 동쪽으로 길게 흐르는 제2의 강으로, 길이는 5,464km이며 면적은 75만 2,443km²의 광대한 강이자 중국의 북동부 대륙을 비옥한 땅으로 일으켜 준 젖줄이다. 또 잦은 범람으로 이 도시의 역사적 변천사에 지대한 영향을 준 강이기도 하다. 1958년 중국의 장제스(장개석)는 일본군을 수몰시키려고 거대한 댐을 이곳에 구축했으나 일본군 수몰은커녕 100만 명이 넘는 이 도시의 사람들과 건물을 수몰시킨 비운의 현장으로, 현재 이곳에는 후아이엔코우 마을이 있다.

가는 방법
택시 : 약 40여 분 소요
버스 : 약 50분 소요, 요금 2위안 (정주 기차역에서 좌측 50여 m 지점 버스 주차장이 여러 개 있는데, 이 중에서 16번 버스를 타면 된다.)
입장료 : 60위안

허난 박물관

허난 박물관에는 주로 청동기 유물들과 도자기들이 전시되어 있으며 명·청 시대의 도자기들과 황금관 등이 전시되어 있어 고대사 연구에 주요 정보를 제공한다. 그러나 대부분의 황금관은 모조품이다.

가는 방법
택시나 버스로 갈 수 있으며, 기차역 좌편 50여 m 지점에서 39번 버스를 타도된다.
입장료 : 40위안

성황묘

청나라 때의 항비를 비롯하여 황비 일가족의 묘를 조성한 곳으로, 고대 청나라의 장묘문화 연구에 참고 되는 옛 무덤과 관련 시설물이 있는 곳이다.

가는 방법
기차역 앞에서 60번 버스를 타면 된다.
입장료 : 무료

기타 볼거리
• 중국 고대 상나라 성벽
정저우(정주)시 동쪽 외각에 위치한 이 성벽은 비록 많은 부분이 훼손되었으나 중국 고대 상나라 시대의 성벽이라는 점에서 가치가 있는 곳이다. 흙더미 성벽으로 고대의 흙 고분들과 함께 남아 있는 역사적 고대 유물이다.

교통
• 버스
기차역 맞은편 창투 버스 정류장에서 출발한다.
정저우(정주)–샤오린스(소림사) : 2시간~2시간 30분, (요금: 55위안) 직행/완행 : 30분마다 출발한다.

• 기차
정저우–카이펑 : 1시간 30분 소요(요금: 25위안) 급행이 아닌 좌석 요금이다.
정저우–뤄양(낙양) : 2시간 30분 소요(요금: 60위안) 일반 요금이다.
정저우–베이징서부역 : 5시간 소요(요금: 290위안) 쾌속 열차나 잉워(硬臥) 요금이 아닌 좌석 요금이다.

숙소

- 루지아 여가旅家

주소 : 지에팡루 138

전화 : +86 (371) 6932-8899

- 중위안따샤 중원대하中原大廈

주소 : 기차역 정면의 맞은편 호텔 장거리 버스 정류장에 있다.
(2인실, 정주에서는 저렴한 요금이다.)

세부 투어 및 다음 행선지로 가기 위하여

정저우에서는 황허강 투어가 핵심이므로 오후에 버스를 타고 출발하여 밤늦게 다녀온 다음 택시를 타고 정주 시내를 한 바퀴 돌아보았다. 정주시는 삼국지의 고장이 아니던가. 그 옛날의 화려했던 길을 찾아보았으나 박물관과 빈 성터 등을 제외하면 특이한 곳을 보지 못하여 조용한 한식당에서 중국 전통 코스 식사를 하고 곧바로 다음 행선지인 샤오린스 소림사를 가기 위해 정저우 정주 시외버스 정류장으로 이동했다. 버스를 타고(요금: 60위안) 2시간 30분이 걸려 떵펑 버스정류장에 도착하여 다시 택시를 타고(요금: 40위안) 샤오린스 소림사로 갔다. (입장료: 100위안)

거대한 황하강 전경

04
샤오린스 小林寺

중국의 허난성 정저우^{정주}와 뤄양^{낙양} 사이 남쪽의 중간 지점(2시간 30분 거리에 위치)인 떵펑 현에서 13km지점에 자리 잡고 있는 숭산의 서쪽 기슭에 있는 이 소림사(서기 495년, 1500년 전 창건)는 중국 제일의 무술 사찰로 유명한 곳이다. 이 사찰은 북위 때의 황제 효문제가 인도를 다녀온 후 조성한 사찰이며 이후 우리가 잘 아는 인도의 고승 달마 대사가 이곳 토굴에서 9년간 면벽 수련을 하였는데, 이 당시 건강 증진을 위해 5가지 동물들의 움직이는 동작을 익혀 만든 것이 소림권법, 즉 중국 무술의 기원이 되었다.

샤오린스^{소림사} 입구에는 장쩌민^{강택민} 주석의 친필인 소림문화^{少林文化} 인류유산^{人類遺産}이라는 입석이 서 있다. 입구 여러 광장을 지나 들어가면 천왕전이 있고 좌에는 종루와 고루가 있으며 1,500여 년 수령의 은행나무와 그 외 최근에 심은 10여 년 된 은행나무들이 길을 따라 빽빽이 서 있다. 대웅전을 지나가면 당 대 이후 세워진 300여 개의 석비들과 공동묘지 탑림^{塔林}이 있으며 샤오린스^{소림사} 좌측 약 4km 지점에는 달마가 9년간 명상했다는 따모퉁^{달마동達摩洞} 동굴이 있다. 이곳은 달마 대사가 수행 정진과 명상을 했던 곳이다.

샤오린스 입구 석상

탑림 塔林

소림사 맞은편에 있는 탑림은 소림사의 역대 유명한 수도승을 비롯하여 수많은 큰스님들의 사리를 보관하는 곳이다. 이곳에는 246개의 작은 벽돌 탑으로 이루어진 공동 사리탑 묘지가 있다. 수많은 세월 동안 수도와 정진을 했던 유명 수도승들이 사리들을 이승에 마지막으로 남겨 놓고 멀고 먼 니르바나로 입적했을 것이다. 이 사리탑을 보노라면 한없는 인생무상을 보는 것 같아 애달프다 아니 할 수가 없었다.

교통

종유에 따찌아에 있는 떵펑 버스 터미널에서 버스(요금: 2위안)를 타면 약 15분 만에 도착한다.
종유에 따찌아의 중앙 버스 터미널(커원쭝잔)에서 1번 버스(요금: 2위안)로 갈 수 있다.
뤄양이나 정저우시에서도 미니버스(2시간 30분소요)로 떵펑에 도착하여 택시(20분) 및 버스로 갈 수 있다.

세부 투어 및 다음 행선지로 가기 위하여

소림사 정문 밖으로 나오니 정저우나 뤄양 낙양 洛陽으로 가는 2차선 지방도로가 있었다. (서쪽인 좌측 길은 뤄양으로 가는 길이고, 동쪽 방향 길인 우측 길은 정저우로 가는 길이다.) 다음 행선지인 뤄양으로 가기 위해 길 건너편에서 뤄양 가는 버스를 타고 (요금: 40위안) 2시간 30분을 달려 뤄양 버스(30분마다 운행) 주차장에 도착하였다.

사리탑

하늘이 맺어 준 인연 억겁 세월 살랬더니
백 년도 못 채우고 사리가 되었느냐
이승에 머물 때는 긴 세월인 줄 알았건만
지금 보니 그 세월 이슬 같은 찰나였네
사리 되어 돌아보니 산은 없고 나만 있네
아! 이것이 인생이거늘

샤오린스 수련생들의 행진 광경

샤오린스 사찰 전경

05 뤄양 洛陽

중국의 고도 뤄양낙양洛陽은 중국 동북부 허난성에 위치하며 약 140만 명이 살고 있는 도시다. 중국 역사 5,000여 년 중 당·송·금·원·명·청나라를 비롯하여 3,000년의 역사를 함께한 유서 깊은 역사의 도시다. 특히 낙양의 용문 석굴과 안양의 은허는 삼국지의 주 무대이자 세계적 관광지로 유명하다. 특히 황허강 남쪽 지방에는 아름다운 꽃과 술과 자연을 노래한 시문학이 유명하며, 당나라 때는 백거이백낙청, 이백이태백, 두보 등 기라성 같은 문인들이 등장한 고장으로 세계 문화유산에 등재되어있는 곳이다.

주요 볼거리

백마사百馬寺, 용문석굴龍門石窟, 낙양박물관洛陽博物館

뤄양낙양의 구시가지 거리 전경

뤄양낙양 기차역

백마사 白馬寺

백마사白馬寺는 뤄양 동부 약 10㎞ 지점에 위치한 사찰로, 후한의 효명 황제 때 건립된 사원이며 중국 최초의 불교 사원이다. 고대 중국 한나라 때 고승인 가섭마등迦葉摩騰, 축법란竺法蘭이 인도에서 불경과 불상 관련 여러 서적을 백마 2필에 싣고 천산 산맥을 넘어 실크로드를 따라 험준한 산악과 사막 등 수많은 역경을 거쳐 이곳 뤄양에 도착하자마자 죽었다고 한다. 백마가 죽은 그 자리에 중국 최초의 사찰을 짓고 그 이름을 백마사라 하였다는 전설이 전해져 오고 있다.

백마사 입구 좌우에는 송나라 때 세운 백마 석상이 있고 입구의 간판에는 중국제일고찰中國第一古刹이라 새겨져 있다. 안으로 들어가면 여러 사원과 불탑 그리고 대형 범종이 걸려 있으며, 대웅보전에는 삼세제불인 과거, 현재, 미래불이 나란히 자리하고 있어 위대한 불심을 자랑한다. 백마사의 남쪽에는 1175년 금나라 세종 때에 조성한 13층 24m 높이의 석가 사리탑이 있다.

가는 방법

뤄양낙양 기차역에서 8로路에 위치한 56번 버스를 타면 40여 분 만에 도착할 수 있다.

용문석굴 龍門石窟

용문석굴龍門石窟은 뤄양 남쪽 약 12㎞ 지점에 위치하며 이허이하伊河 강 좌우측 산인 용문산과 향산의 암벽을 따라 10만여 개의 석굴, 불상, 석비, 석탑 등을 1.2㎞가 넘는 바위산 허리에 조성해 놓은 세계 문화유산을 말한다. 이 용문석굴龍門石窟은 다둥대동의 윈강 석굴, 둔황돈황敦煌의 막고굴과 더불어 중국의 3대 석굴로 수세기 동안 불교문화를 꽃피운 역사적인 문화유산이다. 이 석굴에는 무려 2,300여 개의 석굴에 10만 점이 넘는 불상이 있는데, 이 중에서 가장 유명한 곳은 석굴 중앙에 있는 봉선사奉先寺의 대형 석불 비로자나불이다. 이 대불은 대불 조성 자금을 제공한 측천무후則天武后를 모델로 조성하였다고 한다. 수세기에 걸쳐 수많은 사람들이 수많은 피와 땀을 흘리며 조성한 석굴과 석불과 석비와 불탑들이건만 1966년부터 1976년의 중국 문화 혁명 시 어린 홍위병이 무참히 파괴하고 또 소실하여 지금은 곳곳에서 폐허가 된 채 그 명맥만을 유지하고 있다.

가는 방법

뤄양의 기차역에서 12㎞의 거리에 있으며 81번 버스(요금: 1.5위안) 혹은 택시(요금: 80위안)로 쉽게 갈 수 있다.
입장료 : 260위안

용문석굴은 유유히 흐르는 이허강 좌우 바위산에 새겨져 있다.

낙양박물관 洛陽博物館

낙양박물관 洛陽博物館 에는 당나라와 수나라 시대에 출토된 도자기를 비롯한 갖가지 귀중품이 소장되어 있다. 이 도자기는 녹색, 갈색, 황색의 3색인 당삼채 唐三彩 로 된 작품으로, 사람, 낙타, 말, 개 등이 전시되어 있고 그 당시의 그릇이며 여러 가지 꽃, 특히 모란꽃 그림이 많이 전시되어 있다.

가는 방법
뤄양 기차역에서 102번, 103번 버스를 타면 쉽게 갈 수 있다.
입장료 : 40위안

기타 볼거리
- 왕성공원 王城公園
- 용문석굴의 강 건너에 위치하고 있는 백거이의 묘지와 수·당대에 구축한 성곽, 성문 등

관림당 關林堂 과 관우묘

용문석굴과 낙양 중간 지점에 관우의 묘가 있다.

관우 사후 중국 여러 곳에는 관우 사당이 건립되어 그를 추앙하고 있으며, 베트남을 비롯한 동남아시아 여러 나라에 그의 사당이 있다. 우리나라의 계룡산 계곡에도 관우신을 모시는 곳이 있고 기타 여러 곳에서 관우신을 모시는 무당들이 있으니 참으로 기이한 일이 아닐 수 없다.

교통
• 기차
베이징, 둔황, 난징, 상하이, 시안, 카이펑, 정저우에서 쉽게 갈 수 있다.
베이징–뤄양 : 11시간 소요, 상하이–뤄양 : 17시간 소요, 뤄양–시안 : 6시간 소요

• 버스
상기 기차 노선 지역 모두 버스로 갈 수 있는 교통의 중심 도시다.
뤄양–정저우 : 2시간 30분 소요, 뤄양–소림사 : 20~30분소요, 요금: 60위안

숙소
• 낙양국제청년여사 洛陽國際靑年旅舍
전화 : +86-6526-0666
주소 : 빙지앙따샤 72
(도미토리 보유)

• 명원빈관 明苑賓館
전화 : +86-6319-0378
주소 : 저팡루 20
(도미토리 보유)

낙양박물관 전시물 1

낙양박물관 전시물 2

세부 투어 및 다음 행선지로 가기 위하여

역사고도 시안서안西安으로 가기 위하여 뤄양에서 오후 17시 20분에 잉워硬卧 열차 중포에 몸을 싣고 다음 날 아침 5시 20분에 시안 기차역에 도착하였다. 역 앞은 여느 도시와 다를 바가 없었다. 좌우로 크게 우뚝 솟은 성벽이 특이할 뿐이다.

중국의 3대 석굴인 용문 석굴 전경

우선 역전 물품 보관소에 짐을 맡기고(요금: 5위안) 보니 행동이 자연스럽다. 숙소는 기차역 우측 5분여 거리에 있는 상더 빈관(요금: 150위안)으로 정하였다.
다음으로 할 일은 실크 로드로 가는 첫 관문인 란저우나 둔황으로 가는 기차표를 구하는 것이다. 중국에서는 기차표 구하기가 별 따기다. 특히 명절이나 공휴일에는 더욱 그렇다. 기차역은 이미 인산인해라 도저히 표를 살 수 없었다. 그래서 시내에 별도 기차표 구매 장소를 소개받아 시안-둔황 10시 55분 출발 09차 008호 잉워 중포(요금: 365위안)를 구입하였다. 정말이지 힘들게 기차표를 구입하였다. 이후 호텔로 돌아와 본격적으로 시안 투어에 들어갔다.

측천무후의 자금으로 조성한 비로자나불상

용문석굴의 중심 부분 바위산 전경

06 시안 西安

시안은 세계 4대 역사고도(중국의 시안, 이탈리아의 로마, 그리스의 아테네, 이집트의 카이로) 중 하나이다. 12세기 주나라이후 수·당·청·명을 거치면서 13개 왕조 제국의 위대한 역사 도시다. 800만여 명이 살고 있는 동양의 중심이었던 시안은 실크 로드 Silk Road를 따라 비단을 수출하고 그 길을 따라 서역의 문물과 불교 문명이 들어오게 되었다. 수많은 황제와 위대한 법승, 비운의 황제 현종과의 세기적 로맨스의 가인 양귀비, 그리고 기라성 같은 문인 등 수많은 영웅호걸들이 등장한 곳이자 역사적인도시로 중국 역사에 있어 매우 유명한 도시다.

주요 볼거리

양귀비의 화청지華淸地, 진시황릉秦始皇陵, 진시황릉 병마용秦始皇陵兵馬俑, 종루鍾樓, 고루鼓樓, 자은사慈恩寺의 대안탑大雁搭과 천복사薦福寺의 소안탑小雁搭, 명대의 장안 성곽城郭

시안 기차역 앞 광장 성벽

중국 역사의 고도 시안西安 기차역 전경

세부 투어 내용

여산麗山 양귀비의 화청지華靑地와 하하촌下河村의 진시황릉泰始皇陵, 진시황릉 병마용泰始皇陵 兵馬俑 등이 가까이 있어 이곳을 먼저 공략하기로 하였다. 먼저 10시에 미니버스를 타고 화청지에 도착하니 11시다. 화청지 뒤편의 산세는 수려하고 지형은 평화로워 보였다. 입구에는 누런 용무늬 곤룡포를 입고 황금빛 왕관을 쓴 제왕 현종과 천하의 미색 양귀비가 서로 손을 잡고 덩실덩실 춤을 추는 모습의 석상이 떡 버티고 서 있다. 특이했다. 발은 두 사람이 한 축에 붙어 있고 하늘 위로 팔을 벌려 서로 애틋이 쳐다보는 그 모습이 장엄함과 신비감, 그리고 애정이 함께 넘쳐 흐르는 듯했다.

기타 볼거리

비림碑林, 법문사法門寺, 산시역사박물관, 실크 로드 조형물Silk Road Statue

화청지 華靑地

섬서성陝西省의 시안 북동쪽 30km 지점에 위치한 여산廬山은 천혜의 온천지대로 그 유명한 양귀비의 화청지華靑地가 있는 곳이다. 서양의 러시아에 에르미타주라는 겨울궁전이 있다면 동양의 겨울궁전은 비록 그 규모는 비교할 수 없으나 이곳 화청지가 아닐까.

화청지 입구에는 중국의 유명한 문인 곽말약郭沫若이 세운 화청지華淸池란 비명이 세워져 있다. 1,600여 평에 달하는 화청지에는 인공 호수와 정자가 있고 화청궁 앞마당에는 백색 대리석으로 만든 아름다운 자태의 양귀비 조각상이 요정처럼 서 있으며 물가에는 꽃 중의 꽃 연꽃이 소담스럽게 피어 있다. 그 뒤편을 돌아보니 비상전이 있다. 이곳 비상전은 아름다운 황금 비단 침실이 있는 곳이 아니던가? 이곳이 현종과 양귀비가 애끓는 사랑을 주고받던 용포의 손길과 가녀린 양귀비의 침실이 아니던가? 이곳이 이 둘만의 세기적 로멘스가 이루어진 꿈결 같은 보금자리다. 좌편으로는 현종과의 추억이 녹아 있는 아방궁의 목욕탕이 보인다. 나의 귀에도 익숙한 연화탕과 귀비지 등 여러 탕이 보인다. 그 뒤편을 돌아보니 아늑한 사당이 보이고 창문 넘어 보이는 화청궁의 벽면에는 현종과 양귀비의 사랑을 노래한 백거이의 명시 장한가 액자가 걸려 있다.

중국 역사의 대부 모택동 주석이 심혈을 기울여 쓴 이 장한가長恨歌는 역사적 사실에 근거하여 806년에 120행의 장문으로 기술한 중국의 대문호 백거이白居易의 대서사시다. 그는 당의 위대한 시인으로

역사의 고도 시안 시가지 전경

자는 낙천樂天이며 이백李白, 두보杜甫, 한유韓愈 등과 같이 중국인들이 자랑하는 최고의 문인이다.

가는 방법
버스 : 시안 북쪽 버스 정류장에서 306번 버스나 택시를 타면 된다.
입장료 : 120위안, 온천 입장료 : 40위안

화청지의 세기적 가인 양귀비 대리석상

장한가長恨歌
운빈화안금보요雲鬢花顏金步搖 구름 머리꽃 얼굴에 일렁이는 금장식
부용장난도춘소芙容帳暖度春宵 부용 커튼 아래 아늑한 봄날의 밤은 깊은데
춘소고단일고기春宵苦短日高起 짧은 봄밤이 야속하며 해가 이미 솟았는데
종차군왕부조조從此君王不早朝 황제는 이로써 어전 회의를 잊었구나
승환시연무한가承歡侍宴無閑暇 총애로 연회에 젖더니 세월을 잊었네
춘종춘유야전야春從春游夜傳夜 봄날엔 봄놀이에 밤엔 밤잠자리에
후궁가려삼천인後宮佳麗三千人 빼어난 후궁에 삼천 미녀 있었건만
삼천총애재일신三千寵愛在一身 삼천 명에 나눌 사랑 그녀 혼자 받았네
칠월칠일장생전七月七日長生殿 7월 7일 장생전에
야반무인사어시夜半無人私語時 인적 없는 깊은 밤 속삭이던 귓속말
재천원작비익조在天願昨比翼鳥 하늘을 나는 새라면 비익조가 되고
재지원위연리지在地願爲連理枝 땅에 나는 나무라면 연리지가 되자고
천장지구유시진天長地久有詩盡 천과 지가 영원하다 해도 다할 때가 있지만
차한면면무절기此恨綿綿無絶期 이 슬픈 사랑의 한 끊일 때가 없으리
— 백거이 (참고 문헌 : 정목일, 실크로드, 문학관 2007)

양귀비의 전용 귀비지의 성진탕

화청지의 본당 사체 전경

양귀비는 누구인가

양귀비는 중국의 4대 미인(서시, 왕소군, 초선, 양귀비) 중 한 사람으로 절세가인이었다. 양귀비의 본명은 양옥환楊玉環으로 16세 때 현종의 아들 수왕의 아내가 되었다. 그녀 나이 22세 때 현종과 처음 만나 첫눈에 반하였다. 그녀는 자의 반 타의 반 여승이 되었고 종국에는 현종의 귀비가 되어 이곳 화청지의 주인공이 되었다. 현종은 위대한 전략가이기보다는 문학과 예능에 재능이 있었으며 특히 음악과 가무에 능통하였다. 이러한 황제와 절세가인이 맺은 사랑은 결국 안녹산의 난을 불러일으키고, 그 결과 현종은 대제국 당을 파국으로 내몬 비운의 황제가 되었으며, 세기의 미색 양귀비는 경국지색으로 34세의 젊은 나이에 참혹한 비운의 주인공이 되었다. 안녹산은 양귀비의 수양아들로 현종의 총애를 받아 승승장구한 인물이다.

이에 양귀비의 6촌 오라비인 장국충과의 양대 세력 갈등과 정치적 마찰이 거세지면서 위기에 몰린 안녹산이 중국 역사에서 치욕적인 안녹산의 난을 일으키게 된 것이다. 이러한 비극으로 말미암아 그녀는 비록 제명을 누리지는 못했으나 그래도 행복했던 여인이었음에 틀림이 없어 보였다. 왜냐하면 그녀의 세기적 사랑 이야기는 시공간을 뛰어넘어 1,400여 년을 거슬러 작금에 이르기까지도 역사적인 전설이 되어 면면히 이어 오고 있기 때문이다.

미인이야기

• 춘추전국시대 월나라 서시西施
물고기가 강변에 있는 서시의 아름다움에 반하여 헤엄치기를 잊어 물에 가라앉았다고 한다.

• 전한 왕소군王昭君
하늘을 날던 기러기가 왕소군의 미모에 반하여 날갯짓을 잊어버려 하늘에서 떨어졌다고 한다.

• 삼국 시대 초선貂蟬
하늘에 떠 있는 달이 초선의 미에 반하여 얼굴을 구름으로 가렸다고 한다.

• 당나라 양귀비
정원의 함수화 꽃이 양귀비가 어루만지니 미모에 반하고 부끄러워 꽃잎을 말아 올렸다고 한다.

화청지의 심벌 양귀비의 백옥 조각상

3,000여 년의 온천 역사를 가진 양귀비의 화청지 전경

세부 투어 내용

나는 그 위대한 진시황릉을 보기 위해 진시황제가 잠들어 있는 지하로 계단을 타고 내려갔다. 그곳은 그 어느 능묘보다 섬세하고 엄숙하며 위대하고도 고요한 적막이 흘렀다. 그곳은 최고 최대 권력자가 누워 있는 곳이다. 황궁의 남녀 신하들이 진시황을 바라보며 예의를 갖추어 국궁을 하고 있었으며 환관들이 제사를 지내는 듯한 모습과 모든 신하들이 예를 갖추어 절하는 모습들이 사방으로 서 있었다. 그 아래로 더 내려가니 중앙 중심부에서는 환관이 시황제를 지키고 있었으며, 시황제는 누런 곤룡포를 입고 번쩍이는 황금 면류왕관을 쓴 채 반듯이 누워 있었다.

하하촌下河村의 시황릉泰始皇陵

시안의 하하촌下河村 북쪽에 희대의 황제인 진시황릉泰始皇陵이 있다. 이곳의 황릉의 조성 기간은 기원전 146년부터 38년 동안 연간 70만여 명이 공사에 참여한 세계 최대 왕릉이라고 한다. 진시황은 13세 때에 진나라의 왕이 되었고 22세 때 진의 주변 6개국을 통합하여 진 제국의 왕이 되었다. 38세에 중국 역사상 최초로 통일의 위업을 달성하고 스스로 황제로 등극하여 중국 천하를 통치한 영웅호걸이었으나 그는 50세의 젊은 나이로 한 시대를 마감하였다.

그는 몽골 침략에 대비하여 만리장성을 쌓았고, 희대의 아방궁을 만들었다. 또 중국 전역을 하나로 통일하였으며 실크로드Silk Road를 개척하여 무역 길을 열었고 사후 세계의 영원한 안식을 위해 황릉과 병마용을 조성한 인물이다.

하하촌의 진시황릉 입구

진시황릉 병마용 1

진시황의 어전 회의 모의 전시 전경

진시황릉 병마용 2

진시황릉 병마용 秦始皇陵兵馬俑

진시황릉 병마용 秦始皇陵兵馬俑은 진시황릉을 호위하는 특수 부대다. 마치 한국의 수도방위사령부와 같은 조직이다. 1974년에 양지발이라는 한 농부가 밭에서 우물을 파던 중에 여러 도자기를 발견하면서 발견된 곳이다. 이곳의 규모는 15,000여 평으로, 8,200여 명의 특수 임무 부대 병력과 기계화 특수 부대가 발견된 곳이다. 이처럼 600여 명의 중무장한 기계화 부대를 지하에 배치했으니 세계 8대 불가사의로 꼽힐 만하다. 병마용 1호 갱에는 기계화 부대가 배열되어 있고, 2호 갱은 기동 부대로 편성되어 있으며 그 규모는 동서 124m, 남북 98m이다. 3호 갱은 그 규모가 적은 경비 부대로 편성되어 있었다. 그리고 현재 5호 갱 이상을 발굴하였으나 4, 5호 갱은 발굴 기술면과 유물의 훼손 등 정책적인 이유로 더 이상의 발굴을 보류한 상태다.

세부 투어 내용

병마용 제1 갱도는 청용기마관부터 시작한다. 입구부터 여러 말이 끄는 전투 마차의 위용이 대단하다. 그리고 각종 전투마와 전투 복장을 한 장교와 병사들로 구성된 기계화 부대로서, 갖가지 군사 장구 및 갑옷, 투구, 일반 장구, 청동기 관련 제품들이 전시되어 있었다.

제2갱도에는 우리가 TV나 책에서 보던 부대 병력이 전투 대형을 유지하면서 군대 행군 형태의 전열을 선보이는, 명실공히 하이라이트인 기동 부대가 편성되어 있었으며, 제3 갱도는 규모가 적은 기계화 부대의 경비 부대로 보였다. 그리고 4, 5관은 현재 개발 중으로 접근을 막고 있었다. 이는 개발의 기술 문제, 문화유산의 공개 시 훼손 등을 이유로 전략상 비공개한다고 하였다.

- 개방 시간 : 08:00~20:00
- 교통 : 시안 버스 터미널에서 306번 버스를 타면 된다.
- 입장료 : 화청지-120위안, 황릉-80위안, 병마용-150위안

병마용 전투태세 모형도

시안 장안의 위대한 대안탑 전경

대안탑大雁塔과 자은사慈恩寺

대안탑大雁塔은 시안西安을 대표하는 불교 상징탑이다. 대안탑은 자은사에 있다. 이 사찰에 들어서면 입구에 중국의 강택민 총리가 쓴 대자은사大慈恩寺란 친필 현판이 걸려 있으며 또한 위대한 중국의 법승 쉬엔쌍현장 법사의 석상이 서 있고 이를 두 마리의 사자상이 지키고 있다. 이 사찰 뒤에는 동양 제일의 대안탑이 시안 장안을 바라보며 하늘 높이 우뚝 서 있다. 이 사원은 당의 고종이 모후인 문덕황후文德皇后의 극락왕생을 기원하기 위하여 조성한 것으로, 중국의 대 스님인 현장은 이곳에서 불교 중흥을 위해 수많은 경전을 번역하여 불교문화를 꽃피우는 데 일생을 바쳤다.

현장은 13세에 출가하여 20세에 비구승이 되었고 27세에 인도로 가서 18년 동안 불도에 정진한 후 645년에 45세의 나이로 수도 장안으로 돌아왔다. 수많은 인도 불경을 번역하여 불교 발전에 기여한 인물로, 664년 63세를 일기로 인멸한 동양 불교계의 신화적 법승이며 성인이다. 특히 우리에게도 잘 알려진 중국 명나라의 작가 오승은이 지은 장편 소설 서유기는 현장이 손오공, 저팔계, 사오정과 함께 수많은 역경과 난관을 극복하고 기어이 인도로 가서 불경을 가져온다는 내용이 담긴 희극적이면서도 모험과 저력을 한데 모은 명작이다. 현재 이곳 자은사와 대안탑 주변의 관광 공원 시설은 매우 거대하다. 특히 대안탑 북문 광장에는 동양 최대의 분수 공원이 있어 2,048개의 노즐로 물을 뿜어대는 분수쇼가 장관이다. 시안의 시민들이 주말이면 대거 몰려 와서 즐기는 곳이다.

세부 투어 내용

대안탑, 소안탑, 비림, 종루, 구루, 칭진사, 실크 로드 출발점인 펑덩로우의 쓰호우 쳉디오를 방문하기로 하였다. 아침 8시에 버스를 타고 시안 역으로 갔다. 자은사慈恩寺 대안탑大雁塔으로 가는 버스를 물어보았다. 이곳 시내에서는 언어 소통이 잘 안 되고 있다. 물론 나의 듣기 능력도 문제지만 이곳 사람들의 불친절도 큰 요인이다. 젊은 학생들은 영어를 하지만 어른들은 중국어를 해야 한다. 그런데 대체로

시안 장안 최대 분수. 뒷면에 대안탑이 보인다.

동부 지역보다는 영어를 아는 사람이 매우 적고 어른들은 대체로 영어를 모르며 또한 불친절하다.

가는 방법
대안탑에서 소안탑으로 가려면 버스는 불편하다. 택시를 타면 약 20여 분이 걸리며 요금은 25위안이다.
입장료 : 50위안

천복사薦福寺의 소안탑小雁搭
천복사薦福寺는 시안의 중앙로인 종루에서 가까운 곳에 있다. 이 소안탑은 대안탑과 쌍벽을 이루는 매우 정교한 탑이다. 이는 당 고종의 서거를 추모하기 위하여 측천무후(624-705)가 세운 사찰이다. 측천무후는 당의 창업 공신 무학의 딸로 태어나 희대의 미모로 14세 때 태종太宗의 후궁이 되었고 황제가 서거하자 비구가 되었으나 고종의 눈에 들어 후일 황후가 되었다. 그녀는 고종이 서거하자 자신의 아들 중종中宗과 예종睿宗을 모두 군왕으로 즉위시키고 국호를 개정하고 이후에 스스로 황제로 등극하여 15년간을 재위하였으며 후일 황태후로서 모두 50여 년을 통치한 후 85세에 죽었다. 그녀는 업적이 너무 많아 묘비에 아무 글자도 없는 무자비라 새겨 놓았다. 그녀는 전대미문의 여제였다. 이는 전 세계적으로 볼 때도 드물다. 아프리카 악숨 왕국 시바의 여왕(코란에 따르면 본명은 빌키스Bilqis이다), 러시아의 표트르 대제, 중국의 측천무후만이 전더미문의 여걸로서 세계사에 그 이름을 남기고 있다.

비림碑林
비림碑林은 섬서성박물관에 있는 각종 비문과 석각을 한데 모아 놓은 곳이다. 당나라 후기 중국 전역의 국보급 유명 석비 900여 개가 있고, 그 외 석비가 숲을 이루었다 하여 비림이라 일컫는다. 정문에서 비림碑林이라는 간판이 걸려 있는 문을 들어서니 긴 테라스길이 연결된 입구 여기저기의 석비에 새겨진 비가 보이고 그 안쪽 전시실에 수백여 개의 석비가 숲을 이루고 있었다. 제 1관람실인 개성석경은 114개의 비석이 있고 석대효경石臺孝經 등 기라성 같은 유명 석비 100여 점은 유리로 된 칸닥이 석실에 전시되어 있었으며 다른 석비들은 주변 여기저기에 있었는데, 도합 3,000여 점이라 하니 놀라지 않을 수 없다. 특히 이들 비림 중에는 달마 대사가 양자강을 건너는 장면을 조

시안 장안의 위대한 소안탑 전경

비림

비림 석비

각한 시비와 소림사 관련 시비, 도교의 창시자인 노자의 석상 등 수많은 비석, 석상 석물들이 마치 숲을 이룬 듯이 한데 어우러져 있다. 이들 비석 중에는 중국 화랑의 유명한 명필가인 왕휘지, 장욱, 안진경, 우세남, 구양순, 저수량 등 기라성 같은 문인들의 글귀가 새겨져 있는 것도 있으니, 이 비림碑林은 중국 역사의 영혼이 서려 있는 곳이다.

입장료 : 80위안

종루鍾樓

종루는 시안 시가지 중심가의 상징이다. 광화문 사거리에 한국의 종루가 있듯이 시안 종로 사거리에 종루鍾樓가 있다. 이곳에 오르려고 지하를 휘돌아 오르는 제 길을 찾기란 쉽지가 않다. 사거리 중심에 남대문처럼 우뚝 세워져 있었지만, 지하 여러 길 과 상가를 돌아 드디어 종루

를 오르는 검문을 마치고 계단을 올라 전망대에 오르니 시안 시내가 한눈에 들어온다.

1384년에 조성되었다는 높이 38m의 이 목조 건물의 주목적은 장안 시민들에게 정부 표준 시간을 알려주는 것이었다. 아침부터 낮 동안에 시간마다 종을 울려 시간을 알려주는 역할을 한 것이다. 또한 종루에서 200여 m 정도 더 가면 고루가 있는데, 이곳에서는 주로 저녁 시간과 자정을 알리는 북을 쳤다고 한다.

고루鼓樓

종루鍾樓 북동쪽 200여 m 거리에 종루鍾樓보다는 규모가 조금 적은 고루鼓樓에 올라 보니 1층에는 수많은 대형 북이 고루의 사방 외각 4면에 달려 있었으며 층마다 북들이 매달려 있었고 현관에는 고전 음악에 사용하는 재래 악기들이 걸려

시안 장안사거리의 종루누각

시안 장안 사거리 종루 인근에 위치한 고루

시안 장안 사거리에 위치한 종루의 범종

수많은 북이 걸려 있는 고루

있었다. 옛날에는 이곳에서 고전 음악을 연주했다고 한다. 시안 사거리에 우뚝 서 있는 이 종루鐘樓와 고루鼓樓는 시안 시민들에게 성문 출입 시간과 자정을 알리는 역할을 했다.

성곽城郭

시안 종로 사거리 종루와 고루 서남방 중앙통의 200여 m 가까이에서부터 축조된 이 성곽은 명을 창건한 주원장이 수도 장안을 외부 몽골 세력의 침략으로부터 방호하기 위하여 조성한 성곽이다. 이 성곽의 종루에는 대형 종이 걸려 있으며 아침저녁으로 종이 울리면 사대문이 열리고 시민들이 이 성곽을 출입하였다. 마치 한국의 숭례문을 중심으로 백성들의 도성 출입을 통제한 것이나 같다. 성곽 위는 일개 부대가 행진할 수 있을 만큼 크며(높이 12m, 장방형 13.7m) 성곽 중앙에 3층 누각이 있는데, 현판에는 욱일동승 旭日東昇이라고 쓰여 있다. 그리고 성곽을 오르내리는 입구에는 총포 관련 군수 보급 및 정비창이 함께 있어 유사시 이곳에서 침략해 오는 적들과 교전할 수 있도록 설계되어 있었다.

주원장은 후일 모든 황릉이 베이징에 있는 데 반해 혼자 유일하게 남경의 야산 아래 동양 최대 규모의 크기로 쌓아 올린 묘지에 잠들어 있다.

가는 방법

시내 사거리에 위치하여 택시, 버스 등으로 쉽게 접근할 수 있다.
종루와 고루는 가까이 있어 그곳에서 걸어서 갈 수 있는 거리다.
입장료 : 40위안

실크 로드 조형물 스초우쳉디오 석상

중국 시안 서남쪽 평덩로우에 있는 스초우쳉디오(실크 로드 출발점 석상)를 보러 갔다. 수많은 대상들이 낙타 떼를 몰고 실크 로드를 향해 출발하는 장면을 석상으로 조성하여 놓은 곳으로, 실크 로드를 출발하는 나에게는 매우 의미심장하였다.

비록 이곳이 작금의 문명에 밀려 비켜나 있지만 이의 의미와 상징은 고대 실크 로드 역사를 증언하는 곳이다. 후일 중국의 최서역남단 국경 도시 타스쿠얼간에서 마지막으로 국경을 넘어가는 대상들이 석별의 정을 아쉬워하는 석벽의 석상에 이르기까지 역사적으로 매우 뜻깊은 장소였다.

중국 시안 실크 로드 출발 지점의 낙타 대상 조형물 2

청치앙 : 성곽 전경

세부 투어 및 다음 행선지로 가기 위하여 아침 일찍 기차역으로 가서 611번 버스를 타고 약 30여 분이 걸려 칭진사(시안의 고대 유명 이슬람 사원)에 도착하였다.
칭진사 사원 앞에 이르니 이슬람 특유의 복장을 한 사람들이 사는 거리나 상점, 시장이며, 옷차림이 조금은 특이해 보였다. 이 마을은 이슬람 사람들이 사는 집성촌으로 이슬람 문명이 살아 숨 쉬는 곳이다. 이곳은 그 옛날 오스만 튀르크 제국의 전성기에 유럽의 스페인과 포르트갈이 본거지인 이베리아 반도를 넘어 에베레스트 산의 동남방 허리를 휘돌아 실크 로드를 따라 중국 장안까지 그 세력이 뻗어 와서 자리잡은 곳으로, 수도 장안인 이 시안에서 번영을 누리다 이후 쇠퇴기에 접어들어 수많은 세력이 철수하고 남은 사람들이 지금까지 이곳 칭진사 주변에서 집단촌을 유지하면서 알라를 경배하며 살고 있다. 사원은 그리 크지는 않았으나 매우 오래되고 역사적인 사원이었다.

실크 로드 Silk Road
실크 로드 Silk Road 란 비단길이라는 뜻으로, 고대 중국과 서부 중앙아시아 지역 간 정치, 경제, 문화, 종교 등이 교류되었던 전 노선을 말한다. 중국의 시안에서 시작하여 신장 자치 지구 서부 끝으로 끝없이 뻗어 있는 대지 위로 이어지는 광활한 사막길이며 또한 험준한 고산준령을 넘어가는 길고도 먼 모래사막과 황무지 길을 실크 로드 Silk Road 라 한다.

누가 실크 로드라고 기록하였나?
Silk Road라는 명칭은 19세기 독일의 지리학자인 페르디난트 폰 리히트호펜이 중국 기행을 마치고 쓴 저서에 Silk Road라고 기록·발간한 것에서 나왔다. Silk Road는 중국 수도 시안에서 서역 파미르 고원을 건너 메소포타미아와 지중해를 넘어 로마에 이르는 광활하고도 험난한 64,000㎞의 길을 말한다.

실크 로드 노선은 어떤 곳인가?
실크로드 노선은 중국에서 서역 중앙아시아의 거대한 사막 불모지로를 거쳐 톈산 산맥에서 흐르는 물길을 따라 이루어진 오아시스 도시를 경유하여 뻗어 있는 노선을 말하며 *북서쪽으로 가는 서역 북방 노선, *중부 고원 지대를 건너가는 서역 중앙 노선, *남서쪽으로 가는 서역 남방 노선이 있다.

3대 노선의 세부 길에는 어떤 곳이 있는가?
1. 북방 노선 : 시안-톈수이-란저우-우웨이-장예-자위관-안시-하미-투루

오스만 튀르크 제국의 전성기에 중국 장안까지 번영했던 칭진사

판-우루무치-쿠이둔-이닝-알마티-아제르바이잔의 바쿠-카스피 해협을 건너 유럽으로 가는 노선을 말한다.

2. 중앙 노선 : 시안-톈수이-란저우-우웨이-장예-자위관-안시-둔황-러우란-쿠얼러-쿠처-아커쑤를 거쳐 유럽으로 가거나, 카슈가르를 거쳐 페르시아로 가는 길이다.

3. 남방 노선 : 시안-톈수이-시랑-장예-자위관-안시-둔황-뤄창-치에모-호탄-예청-카슈가르-타스쿠얼간을 거쳐 파키스탄의 카람코람이라는 하이웨이 길을 따라 파키스탄의 수도 이슬라마바드를 지나 남부 라호르에서 인도로 가는 길을 말한다.

실크 로드의 중심, 신장 지구는 어떤 곳인가?

신장 지구의 면적은 160여만 km^2이며 인구는 약 1,950만여 명이다. 총 길이 5,400km에 살고 있으며 한국의 16배의 크기다. 이 지역과 접하고 있는 나라는 인도, 파키스탄, 러시아, 카자흐스탄, 몽골 등이며 신장 자치 지구에 사는 사람들은 대부분이 위구르인이다. 종교는 이슬람교가 대부분이며 비가 잘 오지 않는 척박한 지형이나 자연 자원이 또한 풍부한 곳이다.

• 신장 지구의 주 무대인 고비 사막은 어떤 곳인가?

고비 사막은 중국 내이멍구의 서부 지역 광활한 대지에 자리 잡은 척박한 땅이다. 길이는 1,600km, 너비는 480~965km이며 총면적은 130만 km^2이다. 서쪽으로는 톈산 산맥이, 북쪽에는 알타이 산맥과 누르 산맥이, 동남부에는 배이 산맥이 자리 잡고 있다. 고비 사막 대부분은 고온 지대로 민둥바위산과 삭막한 모래들판으로 이루어진 불모의 땅이다. 그럼에도 극소수의 소수민들이 습지대에서 가축을 기르면서 생존하고 있다. 이러한 극한 환경으로 쓸모없는 대지이나 지하에는 다량의 석유, 소금, 광물 등 지하자원이 매장되어 있는 자원의 보고다. 현재 중국 서부 지역의 고비 사막을 중심으로 동쪽으로 급속도로 진행되는 사막화가 매우 심각하여 중국 대지의 3분의 1을 사막화함으로써 오늘날 중국의 최대 고민으로 대두되고 있다.

실크 로드에 얽힌 역사적 주요 인물은 누구인가?

• 한漢의 무제武帝

한漢의 무제武帝는 전한前漢(BC 206~AD 25)시대에 서역의 수많은 소수국과 북방의 흉노족을 패퇴시키고 장건(?~BC 114)과 반초(33~102)를 중심으로 실크 로드Silk Road를 구축한 대위업을 달성한 인물이며, 중국 서역 지역을 평정한 이후 BC 108년에 동쪽으로 진격하여 한반도 서북해안 지역(지금의 평양 지역)에 있었던 부족 국가인 단군 조선, 기자 조선, 위만 조선을 포함한 고조선을 패퇴시키고 한사군(낙랑, 현토, 진번, 군토)을 설치하여 지휘 통제하였던 중국의 위대한 인물이다.

- 장건張騫(?~BC 114)

BC138년 한 무제의 명에 따라 지금의 신장 지구 서역의 여러 국가와 흉노족들을 패퇴시키기 위하여 100여 명의 군사를 이끌고 파견된 전초 부대 지휘관으로, 그가 행군한 서역 노선의 긴 여정이 실크 로드Silk Road가 탄생하게 된 근원이다.

- 반초班超(33~102)

서기 72년 후한의 명제 황제에 의해 서역 도호부장으로 파견되어 흉노족을 패퇴시키고 이후 30여 년간 서역 영토를 확보한 역사적 인물이다.

실크 로드 관련 법승은 어떤 사람인가?

- 현장玄奘(602~664)

중국 당의 법승인 현장 법사는 629년 수도 장안을 떠나 인도에서 13년 동안 수련을 마치고 수도 장안 사거리에 그 유명한 자은사慈恩寺와 대안탑을 조성하고 방대한 분량의 불경을 번역하여 동남아시아는 물론 한국과 일본으로 전파하였다. 대법승인 현장이 쓴 인도 여행 기록물인 대당 서역기大唐西域記는 그의 위대한 작품으로 전해 오고 있으며 그의 석상은 대자은사大慈恩寺 사원 안에 세워져 있으며 자은사 사원 뒤에는 동양의 명물인 거대한 대안탑이 서 있다.

- 혜초慧超(704~787)

혜초 스님은 723년 신라 선덕 여왕 재임 당시의 법승으로, 중국을 거쳐 서역·남역 뱃길로 인도로 가서 수련한 후 733년에 당의 수도 장안으로 돌아와 수많은 경전을 번역·배포한 인물이다. 그가 저술한 왕오천축국전往五天竺國傳은 1908년 프랑스의 고고학자인 펠리오에 의하여 둔황의 막고굴에서 발견되었으며 우여곡절 끝에 지금은 프랑스 루브르박물관에 소장되어 있어 더욱 유명하다.

실크 로드 따라 전파된 불교 경전의 전파 과정은 어떠한가?

불교의 경전은 초기에는 구전으로만 전해 내려왔다. 이후에는 각 사찰이나 교육기관 등에서 단체로 불경을 외우고 또 암송하여 이를 구전으로 전파하였다. 8세기에 들어와 야자나무 껍질과 잎을 말려 불경을 기록하여 전수하였다. 13세기 북송대에 최초로 종이에 글을 쓰면서 옮겨 적게 되었다. 한국은 몽골군이 930여 회나 끊임없이 침략해 오자 절치부심 끝에 이를 방어해 보려고 종이의 불경을 목판으로 옮겨 팔만대장경을 만들고 이를 수로를 통해 합천 해인사 경내에 보존하게 되었다.

황량한 사막의 인공 조림 식수

세부 투어 및 다음 행선지로 가기 위하여
시안을 뒤로하고 중국 서부의 둔황으로 가려고 시안 기차역으로 갔다. 24시간이나 걸리는 길고 긴 서부 평원 길을 따라 말로만 들었던 그 장엄한 대장정을 향하여, 고대의 역사와 전설이 녹아 있는 황량한 실크 로드Silk Road길을 그렇게 달리고 또 달렸다.

둔황이 가까워지니 가는 길 좌편 저 멀리에 불교의 전설이 녹아 있는 설산의 주인공 수미산이 보였으며 아침 9시에 둔황 기차역에 도착하였다. 둔황 기차역 간판을 쳐다보며 한 컷을 찍을 때는 가슴이 설렜다. 전설이 서린 둔황이란 이름이 새겨진 기차역을 바라보니 형언할 수 없는 감동으로 눈앞이 어른거렸다.
둔황에서 투루판으로 가는 열차는 둔황시에서 차량으로 2시간 반이 넘는 곳인 융외이찌엔이란 곳에 기차가 있다. 할 수 없이 시내로 가는 버스를 타고 종점에 내려 둔황에서 머물게 될 페이띠엔 호텔(요금: 120위안)을 묻고 물어 찾아갔다. 이후 호텔 내의 여행사를 찾았다. 여행사 정보센터가 제공하는 정보와 내가 가진 정보를 종합하여 1. 그곳에서 보아야 할 곳이 몇 개인가 2. 가는 방법은 어떤가 3. 무엇을 보아야 하고 언제 가야 하는지를 알게 되므로 알뜰한 여행 계획을 세우는 데 최선의 방책이 된다.
1일 코스로는 막고굴, 밍사산, 월하천, 유아이추엔이고, 2일이면 야단, 위문관옥문관, 창청고창고성 투어 계획을 세운 후 4시 20분에 출발하여 리르유엔(5분 거리 여행사)으로 가서 투루판 가는 기차표를 구입했다.

둔황 가는 길에 세워진 풍력 발전기

07 둔황 敦煌

둔황은 중국 간쑤성(감숙성) 서쪽의 도시로 인구 15만여 명이 살고 있다. 위대한, 찬란한 이란 뜻으로, 고대 정치·군사적 중심 도시였으며 7~8세기에는 활발했던 동서 무역의 중간 역할을 하였던 고비 사막 중앙에 있는 사막 도시다. 고대 중국의 서역 영토는 이곳 둔황까지이며 서북쪽은 옥문관, 서남쪽은 양관이라는 곳이 국경이었다. 고대에는 수많은 낙타 대상들이 실어 나른 비단과 갖가지 보물들이 동서역 국가 간에 사고 팔리던 무역의 도시로 사람과 상품과 돈이 넘쳐 나는 곳이었으며, 또한 흉노족이 출몰하는 험난한 교통 요지였다.

주요 볼거리

막고굴莫高屈, 밍사산鳴砂山, 월아천月牙泉, 둔황 고성, 양관陽關, 위먼관玉門關, 둔황시박물관, 백마탑白馬塔, 재래시장 등

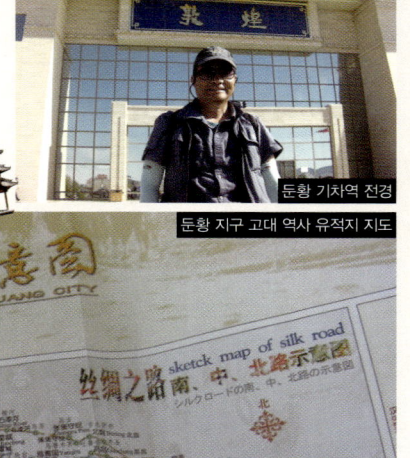

둔황 기차역 전경

둔황 지구 고대 역사 유적지 지도

막고굴 莫高屈

둔황의 막고굴莫高屈은 다동의 금강석굴, 뤄양의 용문석굴과 함께 중국의 3대 유명 석굴이다. 막고굴은 둔황시 동남쪽 약 20여 km 지점인 밍사산 허리에 위치하고 있으며 5층 높이로 1,700여 m 크기다. 막고굴은 366년 한에서 원나라 때까지 1,000여 년간 조성되었다고 하며 굴의 수는 1,000여 개가 있었으나 지금은 그 절반이 남아 있다. 이곳 17호 석굴에서 혜초 스님이 쓴 왕오천축국전이 발견되었다고 한다. 혜초 스님은 이후 문수보살의 신앙 본거지인 중국 우타이산오대산의 금강 사찰에서 열반하신 법승이다.

세부 투어 내용

막고굴 길이는 1,700m, 높이는 205m에 482개의 토굴이 있다고 한다. 나는 막고굴 중에서도 특이한 곳인 석가모니 이후 먼 훗날에 오실 부처인 미륵불이 있는 130호 고분과 신라 시대 혜초 스님이 당을 거쳐 인도에서 수련하고 이곳에 두고 온 그 귀중한 왕오천축국전이 발견된 17호 고분 투어에 중점을 두었다. 막고굴의 10개 고분 중 130호 고분은 미래에 올 미륵불 형상을 보여 주는 곳이다. 갱내로 들어가니 거대한 미륵불의 웅대한 상이 보였다. 천으로 둘러져 있어 얼굴과 몸은 볼 수 없었으며 손가락 세 개만 그것도 반도 안 되게 보였다. 다른 손은 경전을 잡고 있는 일부분만 보였다. 오른손은 들고 있었고 몸 중심은 사람의 모양이나 휘장만 두른 몸매로 의미심장해 보였다. 물론 동굴에서는 사진을 찍을 수 없었다.

드디어 내가 바라던 17호 고분에 들어서니 오른쪽에 홍비엔이라는 스님상이 있었고 중앙엔 큰 석불이 있는데, 이는 석가모니 제자인 스자능이라는 스님이라고 한다. 나는 그곳 사방에 새겨진 부처 중 혜초 스님상을 찾았으나 찾지 못하여 아쉬움이 남았다. 이후 10개의 고분 투어를 마쳤는데 그 많은 석불과 지붕 벽면 온 천지가 그 깜깜한 속에서 정교하게 새긴 그림을 보니 소름이 끼칠 정도로 놀라웠다. 10여 개 석굴 모두를 보고 자료실에 들러 보니 세계 각국에서 유명인, 불교계 인사, 권력가, 기타 지식인들의 친필이 있었다. 왜 한국어는 없느냐고 물어보니 불교 관련 지원 지도의 우측 하단부에 한성에서 지원한 내용이 한 부분으로 표시되어 있었다.

가는 방법

시내버스 터미널에서 버스를 이용하면 쉽게 갈 수 있다.
입장료 : 안내비 포함 160위안 (설명은 중국어, 일어, 한국어로 하고 있다.)

밍사산鳴砂山

밍사산鳴砂山은 둔황시 남방 5km 지점에 있으며, 이 산은 높이는 약 20여 km, 동서로는 약 40여 km이다. 천하기산天下奇山이라는 현판이 걸려 있는 이 명사산은 모래 언덕산으로 모래바람이 불면 모래가 우는 소리를 낸다고 해서 밍사산鳴砂山으로 불리게 되었다. 그리고 모래 언덕 산답게 이곳을 오를 때는 낙타를 타고 가야 한다.

세부 투어 내용

밍사산鳴砂山에 가니 관광을하는 사람이 아주 많았다. 우선 모든 사람은 모래가 옷과 신발에 들어가지 않도록 45위안을 주고 덧버선을 신어야 한다. 일부는 그냥 걸어서 명사산에 오르고, 나는 낙타 투어로 5~7명을 1개 조로 마장이 안내하여 산을 올랐다.

밍사산에서 월아천으로 가는 길에서

밍사산 모래사막 투어

월아천月牙泉

1,000년을 두고 마르지 않는 사막 속의 오아시스인 전설의 월아천月牙泉은 밍사산鳴砂山에서 우측 1km 지점에 있으며 로컬 관광 열차로 간다. 초승달 같은 자태로 보이는 이곳을 고대부터 월아천月牙泉이라 불렀다. 이 조그만 초승달 모양의 호수는 둔황 남쪽 곤륜산맥의 설산에서 녹은 물이 지하로 흘러 이곳에서 솟아올라 온 것으로, 1,000여 년 동안이나 이 황량한 사막에서 한 번도 마르지 않았다고 하니 놀랍지 않을 수 없다.

세부 투어 내용

월아천은 정말이지 신기했다. 밍사산의 황량한 모래 언덕 아래 아담한 정자와 기념관과 비 그리고 수천 년 동안 마르지 않는 월아천. 주변은 온통 메마르고 칼날 같은 모래바람이 부는데 이런 아름답고도 신기루 같은 물이 있다니! 이곳의 모래 언덕에서 부는 바람은 시시각각 그 형태를 바꾸면서 밤이면 이상한 울음소리를 낸다고 한다.

가는 방법

시내버스, 택시를 이용한다.
입장료 : 120위안 (개방 08:00~18:30)

1,000년을 두고 마르지 않는 사막 속의 오아시스 월아천

둔황 고성

둔황의 유명한 고성, 양관, 야단, 위문관 옥문관, 창청 둔황산성 후청 등을 둘러본다.
둔황시 서남쪽 약 25㎞ 지점에 있는 이곳은 1987년 영화 세트로 제작된 곳이다. 이곳에서 촬영한 영화는 둔황, 보산연의 신, 용문객장 등이 있으며 한국에서 상연한 TV 드라마 해신 海神 또한 이곳에서 제작되었다. 주변에는 한국 관광객들을 위하여 최수종 등 출연진들의 사진들이 전시되어 있다.

가는 방법
시내버스로 간다.
입장료 : 40위안 (개방 09:00~18:00)

둔황 고대 고성 입구 전경

거대하고도 황량한 둔황 고성 성터

양관 陽關

양관은 둔황 서남쪽 약 70여 ㎞ 지점에 있는 고대 한나라 국경으로, 서부 방위 사령부가 주둔한 성곽과 부대시설이다. 실크 로드 Silk Road를 통하여 서역으로 가려면 옥문관과 양관이라는 검문소를 통과해야 한다. 이 성은 전한의 무제 황제 때(기원전 114년) 조성된 곳으로 실크 로드 Silk Road의 유물이 전시되어 있으며 국경 이별의 애달픈 석상이 세워져 있다.
이곳을 지나면 세계에서 두 번째로 큰, 흙과 민둥바위산, 돌과 삭막한 모래로 덮여 있는 장대한 고비 사막을 건너야 하는 실크 로드의 마지막 하이라이트 구간이다. 양관의 또 다른 특이점은 한 석상이다. 당시의 국경이던 이 고비 사막 시작 지점에 당대 최고 시인 왕유의 백색 석상이 팔을 높이 들고 서 있다. 사막으로 떠나는 친구와의 석별을 못내 아쉬워하며 술잔을 들고 사막을 바라보고 서서 이별의 아쉬움을 시로 표현하는 모습을 담은 석상이다. 왕유는 이백, 두보와 함께 당대의 3대 유명 시인이다.

가는 방법
시내버스 터미널에서 버스를 이용
입장료 : 40위안 (개방 09:00~18:00)

위먼관 玉門關

옥문관은 둔황 서북쪽 90㎞ 지점에 있는 서부 방어 사령부다. 이는 흉노족을 방어하기 위해 구축된 방어 성곽으로, 천산 남로를 따라 떠나가는 모든 상인, 행인들은 이 옥문관 국경 사령부의 검역을 받아야 했다.

가는 방법

시내버스 터미널에서 정기적으로 버스를 운행한다.
입장료 : 없음 (운행 09:00~18:00)

백마탑 白馬塔

둔황시 서쪽 외곽 2km 지점에 있다. 이 백마탑에는 전설이 있다. 고대 구마라십이라는 고승이 인도로부터 수많은 불경을 백마에 싣고 기나긴 실크 로드 Silk Road 를 거쳐 이곳까지 무사히 도착했는데, 말이 그 자리에서 바로 쓰러져 죽었다고 한다. 이 백마의 애석한 죽음을 기리기 위해 탑을 건립하고 백마탑이라 부르게 되었다고 한다.

가는 방법

가는 방법 : 시내버스나 택시를 이용하면 쉽게 갈 수 있다.
입장료 : 40위안 (개방 08:00~19:00)

창청 후청

고성을 뒤로하고 후청이라는 성터로 갔다. 앞에는 성문이 있고 뒤에는 고전 무대가 있다. 중국의 고전 역사 드라마를 자주 찍는다고 한다. 대포며 총, 화살, 갑옷 등 옛 무사들의 무기와 군사 장비들이 여러 곳에 걸려 있다. 더욱이 성을 격파할 수 있는 전차 무기가 인상적으로 전시되어 있었다. 이곳에서 1시간 거리에 야단이라는 곳이 있다.

후청의 고대 군사성 전경

야단

이곳은 수천 년 전부터 산맥의 물이 말라 흙으로 만든 성채가 수천여 개가 기기묘묘한 괴물 형태를 하고 서 있다. 이곳은 그 옛날 무역로였으며 유명 불교인들이 넘나들던 곳이다. 또 상인과 일반인들이 항상 드나들던 길목으로, 밤이면 산적과 도둑들에 의해 도륙당한 수행자들의 원혼 같은 바람이 지난날의 슬픈 전설을 이야기하는 듯 섬뜩한 소리를 내면서 불어온다고 한다.
고스트 계곡을 따라 고스트 바람이 괴기한 고스트 소리를 내는 바람에 밤에는 매우 무섭다고 한다.

둔황 가는 방법

• 기차
동쪽 노선 : 자위관-장예-란저우-시안 방향 특급 열차 1일 4회 운행, 시안까지 22시간 소요
서쪽 노선 : 하미, 투루판, 우루무치 방향 특급 열차 1일 5회 운행, 우루무치까지 10시간 소요

• 버스
둔황시에는 두 개의 버스 터미널이 있다. 장거리 버스 터미널은 명산로 鳴山路 에 있다.
전화 : +86-937-882-2678
대부분 1일 1회 이상 운행하며 동쪽 방향 자위관까지는 5시간이 소요되고, 요금은 80위안이다.
서쪽 방향의 하미는 8시간이 소요되고 95위안이다. 각각 아침 8시에 출발한다.

- 둔황 시내

기차역 : 미니버스로 약 15분, 10위안, 정류장은 돈황빈관 뒷길에 위치

기차표 예매 : 둔황 시내 서역빈관西域賓館의 중국은행건물에 있다.

둔황-투루판 : 20시 16분에 출발하면 다음 날 08시 32분에 도착한다. 요금: 260위안

숙소

- 배천빈관排天賓館 : 2성급 호텔

주소 : 명산로鳴山路 22호 버스 터미널 앞,
전화 : +86-937-882-2678
(도미토리, 싱글, 2인실)

- 둔황국제대주점屯煌國際大酒店

주소 : 명산로鳴山路 28호 배천빈관에서 걸어서 5분

세부 투어 내용

나는 이곳 둔황 투어를 마치고 늦은 오후 택시를 타고 둔황 시외버스 정류장에 도착해서 리우유엔 가는 버스표를 구매하여 두 시간 반 동안이나 살벌한 황야의 모래들판을 달려 리우유엔에 도착하였다. 리우유엔 기차역에서 둔황-투루판 9열차 16호 잉워硬卧 침대차를 20시 16분에 타고(요금: 260위안) 날이 새도록 달려 다음 날 아침 8시 32분에 투루판에 도착하였다.

야단 서역 국경선 최전방 경계 성터

야단의 살벌하고 음산하고 황량한 들판 전경

08 투루판 吐鲁番

투루판은 중국에서 가장 저지대로 해수면보다 156m가 낮으며 강수량은 30mm로 매우 건조하다. 타클라마칸 사막과 텐산 산맥 사이의 오아시스 도시로서 이슬람 문화권이다. 이곳은 위구르족이 90%이고 후이족, 한족 등이 살고 있으며 카얼징이라는 세계에서 가장 긴 지하 수리 시설을 이용하여 물을 끌어와서 농사를 짓는다. 주로 포도를 생산하는데 포도 맛은 세계적으로 유명하다.

주요 볼거리
교하고성交河固城, 훠옌산火焰山, 푸타오거우葡萄沟, 카얼징, 소공탑蘇公塔, 아스타나 고분군古墳群, 베제크리크 천불동千佛洞, 청진사靑眞寺, 바지르 재래시장, 남산南山목장牧場

투루판의 특징
1. 세계에서 가장 낮은 지대다. 이스라엘의 사해 다음으로 저지대이다.
2. 세계에서 가장 더운 곳이다. 한여름에는 45〜50℃를 오르내린다.
3. 세계에서 가장 건조한 곳이다. 연평균 강우량이 16.6mm이다.
4. 세계에서 가장 달고 맛있는 포도 생산지다. 설탕보다 당도가 더 높다.
5. 텐산 산맥의 설산에서 녹은 물을 5,000km에 이르는 지하 수로로 끌어와 사용하는 세계적인 수리 시설 카얼징이 있다.

투루판 기차역 전경

융외이씨엔 기차역 전경

교하고성交河固城

교하고성은 투루판 서북쪽 약 42km 지점에 있으며 고대 전한 시대의 차사왕이 축조한 성터다. 길이는 1,500m, 폭은 약 300m로 불교 사원의 도시이다. 고대 당나라가 이곳에 안서 도호부를 설치했으며, 이 광활한 역사 유적은 세계 문화유산에 등재되어 있다. 수만리 떨어진 이 교하고성交河固城에 파견되어 근무했던 수많은 병사는 고독과 외로운 향수병에 시달리며 고향을 그렸다.

세부 투어 내용

아침, 이슬람인들이 한데 모여 사는 도시 투루판역에 도착하니 역의 정면 상단에 걸려 있는 역 이름도 아랍어로 새겨져 있었다. 역 밖으로 나오니 황량하기 그지없다. 택시들만 20여 대 몰려 있었으며 기사들이 서로 타라고 나를 어른다. 이상한 역 리우유엔에서 6시간을 타고 이곳 투루판 기차역에 내려서 인지 사람도 많지 않고 많은 돈을 요구하여 혼자 택시를 타기에는 용감한 나도 겁이 났다.

나는 위구르인들과 같이 택시를 타고(요금: 60위안) 투루판 시내를 향해 황량한 산, 언덕, 들판 길을 거의 50여 분이나 달렸다. 기차역에서 시내로 들어가는 길은 외딴 산길과 들길을 마냥 달리는 것이었다.

카얼징

카얼징은 투루판의 지하 수리 시설로, 고산 지대 만년설이 녹아내리는 물을 지하수로 이용한 것이다. 5,000km에 달하는 믿을 수 없는 거리를 1,200여 개의 우물 구멍을 이용하여 관리하면서 물을 끌어와 농업용수와 생활용수로 사용한다. 카얼징의 박물관에는 당시의 수로를 찾는 방법, 우물을 파는 방법. 토사를 지상으로 끌어 올리는 시설 등을 모형과 석상으로 만들어 전시해 놓았다. 그리고 박물관 입구에는 영국과의 아편 전쟁에서 패하고 이곳에서 서부 개척사를 이룬 청나라 장군 임칙서의 동상이 서 있고 이 수로의 입구로 들어가는 지하에서 카얼징을 관광용으로 선보이고 있다.

세부 투어 내용

아침 10시에 카얼징에 도착하여 카얼징 박물관과 5,000km 거리에서 끌어온 지하수 카얼징 시설을 보니 대단한 민족으로 생각되었다. 그 옛날 공구도 허술한데 5,000여 km 수로를 내다니. 주변에는 포도나무, 과일나무까지 있다. 황량한 사막에서도 노력 여하에 따라 인간이 자연을 활용하여 살 수 있다는 모범을 보인 것으로, 그 어느 곳보다 감명 깊었다.

가는 방법

투어 버스 혹은 미니버스로 간다.
입장료 : 40위안 (개장 09:00~19:00)

둔황의 교하고성 성터

카얼징의 지하수 작업 장면을 선보이고 있다. / 5,000km거리에서 온 카얼징의 지하수

훠옌산 火焰山

화염산은 투루판 북쪽 50km 지점에 있으며 동서 방향으로 약 100여 km, 남북 10여 km, 해발 500m로 중부 내륙에 뻗어 있는 큰 산이다. 한여름에는 48도까지 올라 멀리서 보면 불이 타오르는 것처럼 보인다고 하여 화염산이다. 여름 기온은 48도이고 지표면의 온도는 70℃에 이른다. 중국의 유명한 소설 서유기에 나오는 손오공이 파초 선으로 불을 끄고 서역으로 떠나는 그 산이 바로 이 화염산이다.

세부 투어 방법

화염산에 도착하니 정말 경이로웠다. 이 지구 상에 이런 곳도 있나 싶었다. 아니 불같은 벌건 산에는 개미 새끼 한 마리 없어 보였다. 사하라 사막에도 동물이 살고 있지 않은가. 그 불산 아래 작은 계곡에는 그래도 물이 흘러 나무와 식물들이 물길 따라 자라고 있었다. 아래로 더 내려가니 그 절벽에도 수십 개의 토굴이 있었고, 그 토굴에는 어김없이 석불이 있었다. 다음으로 수호지의 무대인 천불동으로 갔다. 이 화염산 바위 계곡 위아래를 주름잡은 친구는 손오공이 아니던가. 입구에는 큰 손오공 석상이 있고 박물관 안으로 들어가니 수호지에 등장하는 갖가지 주인공들이 석물로 조각되어 있었다. 안으로 더 들어가니 기기묘묘한 수호지의 인물들과 그때의 정세와 갖가지 전설들을 석상에 새겨 놓았는데, 과연 자랑할 만도 하다.

가는 방법

투어 버스 혹은 미니버스로 간다.
입장료 : 80위안 (개장 09:00~19:00)

수호지 기념관이다. 손오공의 재주가 놀랍다.

전시관 상단에 손오공상이 보인다.

수호지에 나오는 인물들 조각상

화염산 아래 계곡에 조성된 석굴 전경

베제크리크 천불동 千佛洞

투루판 동남쪽 약 40㎞ 지점의 화염산 중간의 무르툭 강 서쪽 절벽에 위치하며 500년대에 불교 성지로 조성한 것이 그 유래라고 한다.

14세기 오스만튀르크의 침공으로 이곳 투루판에 이슬람교가 번성하면서 불교 석상, 석불 등을 비롯해 많은 불교 서적과 자료들이 파손되고 폐쇄되었으며, 그 당시의 석굴은 총 80여 개였으나 지금은 50여 개만 남아 있다고 한다. 현재는 몇 개의 석굴만 공개하고 있었다.

가는 방법

투어 버스 혹은 미니버스로 간다.
입장료 : 40위안 (개장 09:00~19:00)

푸타오거우 葡萄沟

투루판의 포도구는 화염산 산맥의 긴 계곡을 말하며, 수 ㎞로 흐르는 오아시스 물로 재배한 포도가 특산물이다. 이중 마나이즈(말젖포도)가 매우 달고 맛있다.

가는 방법

투어 버스 혹은 미니버스로 간다.
입장료 : 40위안 (개장 09:00~19:00)

포도구의 풍요로운 포도 넝쿨

세계적 포도 산지에 전시된 맛있는 꿀포도

소공탑 蘇公塔

투루판의 동남쪽 2㎞ 지점에 있고 있는 소공탑은 1778년 청대에 이곳 위구르 봉건왕이 청나라 황제에게 충성의 예로 조성하였다고 한다. 길이 10m, 높이 37m로, 신장 지구에서 제일 큰 탑이다. 이곳 사원은 고대 투루판 왕국의 제왕 투루판 킹 술레이만을 찬양하기 위해 만들어 놓은 이슬람 사원이다. 거대하고 둥근 굴뚝 같은 탑과 수백여 명이 기도할 수 있는 기도장이 있고, 그 입구에 술레이만 석상이 위용을 자랑하며 서 있었다. 난징에서 왔다는 한 역사학자는 이 술레이만은 마치 리비아의 카다피 같은 친구라 했다.

가는 방법

투어 버스 혹은 미니버스로 간다.
입장료 : 30위안 (개장 09:00~19:00)

교통편

• 버스

투루판-우루무치행 : 버스 터미널은 시내 노성로 老成路에 있으며 매시간 운행한다.
우루무치행 : 매시간 운행, 2시간 40분 소요, 요금 60위안
쿠얼러행 : 오전 2회 운행, 2시간 소요, 요금 65위안

숙소

• 투루판빈관

주소 : 칭니엔 난로우 2
전화 : +86-852-2301

• 교통빈관交通賓館
주소 : 투루판 버스 터미널 옆
전화 : +86-995-853-1320
(2인실, 도미토리, 우루무치 터미널 옆, 버스 이용 편리, 호텔 2층 여행사, 야시장 이용 편리)

세부 투어 및 다음 행선지로 가기 위하여
투루판 일정을 모두 마치고 저녁 7시에 호텔로 돌아오니 아직도 해는 중천에 떠 있다. 이 호텔 옆에는 시외버스 주차장이 있고 이 버스는 기차보다 훨씬 빨리 (2시간 30분 소요) 우루무치로 갈 수 있다. 나는 곧바로 버스를 타고 황량한 서역 땅을 거쳐 우루무치 장거리 주차장에 내려 먼저 우루무치 기차역을 확인하였다. 이곳에서 다음 행선지인 대 중국 기행 마지막 구간인 카스카슈가르를 향해 2일 동안이나 달려가야 하기 때문이다.

우루무치 기차역에서 밖으로 나와 20여 분 거리에 있는 시내 중심가 상더 호텔에 도착(요금: 150위안)하였다. 호텔은 크고 좋았다. 나는 이곳에서 3일을 계획하였다.

소공탑과 투루판 킹 술레이만 석상

09 우루무치 烏魯木齊

우루무치는 신장 자치구의 성도이며 125만여 명이 사는 서역의 최대 정치·경제·사회·문화의 중심 도시다. 위구르어로 아름다운 초원이란 뜻인 이 우루무치는 톈산 산맥 아래 자리 잡은 초원이 무성한 곳으로, 목축업이 성행하고 석유, 석탄, 구리, 철강 등을 생산하고 있다. 또한, 최근에는 대단위 풍차 지구를 조성하여 전기를 대량 생산하고 있으며, 총넓이 1,700㎡의 소금호수에서 생산되는 소금을 중국 전역으로 공급하고 있는 자원의 보고이다.

투루판과 우루무치 사이에 고도 2,000m에서 불어오는 바람 통로가 있는데, 이곳을 달판성이라 한다. 바람의 세기가 어마어마하여 차가 흔들릴 지경이다. 이곳에 1982년에 덴마크에서 풍차를 무료로 10대를 건설한 이래 지금은 수백 대의 풍차가 건설되어 전기를 생산하고 있다. 대당 1일 6,000kW의 전기를 생산한다고 하니 그 양이 어마어마하다.

주요 볼거리

이도교 시장二道校 市場, 신강 자치구 박물관,
홍산공원紅山公園, 천산 천지天山 天池,
남산 목장南山 牧場, 인민광장人民廣場

우루무치 기차역 앞 상더 호텔

우루무치 기차역 전경

이도교 시장二道校 市場

이 시장은 위구르인들의 상품을 파는 시장이다. 주로 민속 상품들을 판다. 유명한 칼, 카펫, 구리 제품, 양고기 샤실릭, 하미과 포도, 난 등이었고, 특히 갖가지 수박이 저렴하며 맛도 매우 좋았다. 시장은 매우 번잡했으며 인접 도시에서도 주말이면 많은 사람이 모여든다고 하였다. 한 바퀴를 돌고 나자 출출하여 시장 모퉁이 난전에서 케밥과 토속주를 들이키니 온 세상이 화려하였다.

세부 투어 내용

나는 먼저 호텔을 정한 후 호텔 2층에 있는 여행사에 가서 우루무치 여행 계획을 문의하였다. 그들은 홍산공원紅山公園, 천산 천지天山 天池, 남산 목장南山 牧場, 인민광장人民廣場을 추천하였고 천산 천지 교통비가 200위안이라고 하였다. 투루판 연계 관광은 240위안, 커번 호수 관광은 120위안이란다. 교통비만 500위안이라 한국 돈 10만 원이다.

남산 목장南山 牧場

우루무치 남쪽 톈산산맥의 구릉지에 광대한 천연 목장이 있다. 톈산산맥의 광활한 들판 위로 자연이 만든 대초원이 펼쳐져 있다. 그 위 계곡으로 신비의 폭포가 흐르는 비경의 세계가 있다. 이곳 유목민의 텐트에 머물면서 느긋하게 저렴한 식사와 위구르주를 한 잔 들이키면 밤하늘의 무수한 별이 줄줄이 텐트 위로 쏟아져 내려온다. 밤하늘에 반짝이는 수많은 별을 세노라면 어느새 동화 속의 주인공이 된다. 이런 것이야말로 여행의 특권이며 대자연의 위대함을 감상하고 체험할 수 있는 한 조각의 추억이 된다.

가는 방법
관광 회사 1일 투어 버스 (3시간 소요)
요금 : 240위안 (점심과 입장료 포함)

신강 자치구 박물관

2005년 10월에 개관한 이 박물관은 총 5만여 점의 각종 역사 문화 유적들을 전시해 놓고 있다. 1층에는 소수 민족의 유물 전시관이 있고 2층에는 고대 유물 전시관이 있다. 특히 2층의 유물 전시관에는 양귀비를 무색케 하는 고대 6세기 누란 왕국의 여왕이며 절세가인으로 한때의 역사를 주름잡았던 누란 미라가 전시되어 있다.

가는 방법
홍산 교차로에서 7번 버스를 타고 네 정거장을 가서 내리면 자치구박물관이 보인다. 또는 우루무치 남역 장강로에서 51번 버스를 타고 15분쯤 가면 된다.
입장료 : 40위안 (개방 09:00~19:00)

세부 투어 내용

호텔에서 일찍 신장박물관으로 가서 2층으로 올라가 보니 고대 누란 왕국의 세기적 미인이었던 누란 미라가 누워 있었다. 그 뒤편 벽면에는 누란 여인의 사진과 그림이 걸려 있다. 3,000여 년 전에 한때의 역사를 흔들었던 그 실체를 본다는 것은 매우 의미심장하며 또한 매우 신기했다. 일본의 유명 소설가 하루키는 누란 여인을 두고 한 권의 소설을 출간하였는데, 이 책은 베스트셀러가 되었다. 실크 로드를 찾는 많은 관광객이 이 미라를 보기 위해 박물관으로 몰려들고 있다. 나도 실크 로드에 오기 전부터 이곳에 관심이 있었다. 이스라엘의 솔로몬 왕과 아프리카 악숨 왕국의 시바의 여왕, 당대의 현종과 양귀비, 고대 누란 왕과 누란 여왕, 안토니오와 클레오파트라, 이들은 모두가 불세출의 세기적 인물들로 희대의 절세가인들과 맺은 그들의 고고한 사랑의 로망스는 한 시대를 주름잡고 지금까지도 역사의 흔적으로 전해져 오고 있지 아니 하던가.

신장 자치 지구 박물관

인민광장 人民廣場

인민공원 중앙에는 시멘트 길과 석물, 기념 타워, 분수대 작은 연못 등이 있었다. 또 노인들의 휴식과 중년층 남녀들이 기체조를 하는 모습을 볼 수 있었다.

우루무치 인민공원 입구 표지석

천산 천지 天山 天池

천산 천지는 신장성의 서북쪽에 위치한 텐산산맥에서 5,000m급 이상의 험준한 고산으로 둘러싸인 보고타봉(5,455m) 아래 있는 천지를 말하며 이곳 산맥의 만년설이 녹아 흘러 이루어진 호수가 바로 천지 호수다. 이 호수는 너무도 신비하여 하늘나라의 서왕모가 내려와 목욕하였다는 전설이 살아 숨 쉬는 파란 하늘 호수로, 중국의 10대 명승지로 꼽히고 있다. 서왕모는 도교 신화에 나오는 불사의 여왕이다.

천지 호수 입구에는 천지라는 붉은 글씨의 표지석이 서 있고 그 옆에 있는 석비에는 축군장수원군재래 祝君長壽 願君再來 (간절히 비오니 오래오래 사시고 원하오니 다시 오소서)라고 새겨져 있다.

가는 방법

시내에서 1일 투어 버스로 2시간 이동(점심 포함 160위안) 공원 내 셔틀버스로 15분 이동하면 된다. 호수 둘레는 15km, 수심은 60m이며 이 호수에는 유람선이 오간다. (유람선 요금: 120위안)
입장료 : 160위안

세부 투어 내용

천산 공원을 가는 미니버스 주차장이 있는 우루무치 인민 공원 앞으로 가니 천산 천지로 가는 미니버스가 있었다. 일인당 100위안으로 여행사보다 50%가 헐한 금액이다.

천산 천지-투루판 투어-남산 목장-기타 지역을 포함하여 내가 바라던 3,000여 년의 전설이 살아 숨 쉬는 서왕모가 놀다 갔다는 천산 천지를 갈 수 있다고 하였다. 3명이 미니버스를 타고(요금: 750위안) 천산 천지로 갔다. 한 시간 반을 달려 천산 아래 주차장에 도착하니 이번에는 천산 천지로 가는 버스를 타고(요금: 170위안) 산을 올랐다. 천산 천지 측에서 제공하는 버스로 갈아타고 30분을 더 올라가니 그곳에 산을 오르는 다른 버스 주차장(고산을 다니는 특수 버스)이 또 있었다. 이 버스로 갈아타고 굽이굽이 돌고 돌아 드디어 천산 천지에 도착하였다. 정말이지 장관이었다. 천산호수 뒤편의 천산 허리에는 고색 찬란한 오래된 고대 사찰이 보이고 그 사찰에서 울려 퍼지는 독경 소리는 천산 호수 너머 건너편의 관광객 틈에 서 있는 나의 귀를 때렸다. 그것은 불교 세계의 독경이 아니라 시공간을 초월하여 울려 퍼지는 대자연의 소리였으며 과거, 현재, 미래를 합창하는 하늘의 소리로 들렸다.

3,000여 년 전 하늘의 서왕모가 놀다 갔다는 이 아름다운 천산 천지에서 뒷산 위 계곡으로 10여 분을 오르니 몽골식 게르가 10여 채 있었다. 이들 게르는 호텔 겸 레스토랑으로 위구르 복장을 한 위구르 여인이 만돌린을 켜면서 민속춤을 추고 있었다. 나는 관객들과 어울려 토속주를 마시며 같이 춤을 추었다. 피곤한 여정을 풀 수 있는 매우 색다른 곳이었다.

천산 천지 기초석

천산 천지 입구의 관광센터 전경

천지 호수

천산 천지에서
하늘에 천산天山이 있으니
비, 구름이 모이네
비, 구름이 쌓인 곳에
천산 천지天池 되었구나.
천산天山은 천만림千萬林을 부르고
천만림千萬林은 천지天池를 만들었네
아!
그 옛날의 서왕모는 어디로 가고
쪽빛 호수에 일렁이는 바람이 차구나

홍산공원 紅山公園

홍산공원은 우루무치 시내에 있는 매우 아름다운 공원으로, 정상에는 멋진 정자가 있고 시내가 한눈에 들어온다. 인근에는 영국과 아편 전쟁을 치른 주역 임칙서 장군의 대형 동상이 세워져 있다.

가는 방법
시내에 위치하여 택시나 시내버스로 간다.
시간 : 개방 07:00~22:00
입장료 : 40위안, 정자 입장료 20위안

교통
• 기차
우루무치-란저우 : 24시간, 시안 : 32시간
우루무치-카스 : 침대(上鋪) 324위안

• 버스
투루판 인민공원 옆 버스 터미널에 가면 어느 곳이든 갈 수 있다.
산둔빼이 저수지 옆 남부 버스 터미널에도 쿠이둔행, 이닝행, 투루판행, 쿠얼러행 등 여러 버스가 있다.

숙소
• 신장반점 新藏飯店
주소 : 기차역 앞 2번 버스 정류장 옆에 위치, 호텔 로비 입구에 여행사(新疆雪燕旅行社)가 있다.
(도미토리, 2인실, 필자가 기거한 곳)

• 국제 청년 여사 國際青年旅舍
전화 : +86 (991) 481-1428
(도미토리, 2인실, 한국 음식 : 한성漢城, 쉐라톤 호텔 옆에 위치, 돌솥 비빔밥, 불고기, 한정식 등)

세부 투어 및 다음 행선지로 가기 위하여

우루무치에서-카스카슈가르는 1,471km로 멀고먼 광활한 거리다. 나는 밤 9시 30분 기차를 타고 모래사막의 더운 바람이 몰려오는 실크 로드 서역길 막바지를 향하여 그렇게 27시간 동안 서남녘으로 달리고 또 달렸다. 차창 너머로 비치는 들판은 너무도 황량하여 마치 텍사스 남쪽의 어느 들녘을 달리는 듯했다. 이곳 들녘에도 사막 모래바람이 불어 둥그런 사막 들풀이 바람이 부는 대로 을씨년스럽게 굴러가고 있었다. 그렇게 27시간의 길고 긴 황량한 서역길을 달려 드디어 서역 남단 카스카슈가르역에 도착하였다.

홍산공원 입구 표지석

우루무치-카스로 가는 기차 내 식당차

⑩ 카스 Kashi / 카슈가르 Kashgar

카스, 일명 카슈가르Kashgar는 신장 자치 지구 남부에 위치한 35만 위구르인들이 사는 오아시스 도시로 고대 실크 로드의 중요한 거점이었다. 동쪽으로 타클라마칸 사막, 남쪽으로 쿤룬산昆仑山과 맞닿아 있다. 또한, 타지키스탄, 키르기스스탄, 아프가니스탄, 파키스탄, 인도와 국경을 이룬다. 이곳은 중국에서 제일 큰 이슬람 사원 아이티가얼칭전사애제소이청진사艾提尕尔清真寺가 있는 성지로 유명하며 중국 내에서 오직 위구르어를 사용하는 특이한 도시다.

주요 볼거리
아이티가얼칭전사애제소이청진사艾提尕尔清真寺, 향비묘香妃墓, 반초班超 기념공원, 유수프 하스 하집Yusuf Khass Hajib의 묘, 대바자르국제 무역 시장國際 貿易 市場

카슈가르 기차역 앞모습

아이티가얼칭전사艾提尕尔清真寺

카스의 명물 아이티가얼칭전사애제소이청진사艾提尕尔清真寺 사원은 이슬람 사원으로, 이 도시뿐만 아니라 중국에서도 가장 큰 사원이다. 1442년에 건축된 이 사원은 동서의 길이가 120m, 남북의 길이가 140m로 바이야람 행사 때는 20,000여 명이 모여 이슬람 문화축제를 한다. 정문의 아름다움과 특이한 건축 및 입구의 이슬람 정원은 매우 이색적이다.

가는 방법
시내 중앙에 위치하여 쉽게 갈 수 있다. (국제청년 유스호스텔 바로 길 건너편에 있다.)
입장료 : 60위안 (개방 : 24시간, 일요일 제외)

향비묘香妃墓

향비묘는 카스시 동북쪽 약 5km 지점에 있으며 고대 오스만튀르크의 유명한 이슬람 지도자 아바크 호자Abakh Hoja와 그 가족들의 묘지다. 이중 그의 손녀 샹페이의 묘소향비묘香妃墓가 유명하다. 향비香妃는 고대 청나라 건륭황제의 애첩이 되었으나 일찍 사망하였다. 사후에 그의 시신을 수도 장안에서 고향인 이곳으로 옮겨와 아름다운 이슬람식 묘비 건물을 조성하여 장사지낸 이곳을 향비묘라고 한다.

가는 방법
택시 10위안, 버스 1.5위안
입장료 : 40위안 (개방 10:00~21:00)

반초班超 기념공원

고대 중국 한나라의 반초 장군이 31년간 실크 로드Silk Road를 방호한 공적을 기념하여 조성한 공원으로 3.6m 크기의 대형 동상과 수하 장수 31명의 무관들이 2m 크기의 높이로 좌우로 도열하여 있는 무관 숭배 공원이다.

가는 방법
택시, 버스로 쉽게 갈 수 있다. 시내 북동 지역에 위치한다.
입장료 : 40위안 (개방 10:00~20:30)

반초 장군 석상

알라 신의 문양 | 아이티가얼칭전사

향비묘

유수프 하스 하집 Yusuf Khass Hajib 의 묘

유수프 하스 하집은 위구르인으로, 유명한 시인이다. 12,000평방 m의 대지 위에 세워진 대단위 묘역이다. 이곳에 있는 그의 유명한 작품 복락지혜福樂知慧는 세계에서 가장 긴, 위구르어로 기록한 장편 서사시로 중국어로도 번역하여 출간하였다. 이 시는 총 85장 1만 3,290줄로 이 묘역 벽에 새겨져 있다. 문학에 관심이 많은 사람이 이곳을 들러 보면 느낌이 새로울 것이다.

가는 방법
택시와 시내버스로 간다.
입장료 : 40위안 (개방 10:00~19:30)

대바자르 국제 무역 시장國際 貿易 市場

카슈의 대바자르國際 貿易 市場는 우루무치 시장 다음으로 큰 대규모 무역 시장으로, 일요일에는 이 도시뿐만 아니라 인접 국가 상인들도 찾아오는 국제 시장이다. 이곳 시장에는 피복, 토산물, 농산물, 공산품, 생활용품, 식품은 물론이고, 특히 악기류 등이 다양해 만물 시장으로 유명하다.

숙소
- 색만빈관色滿賓館
주소 : 색만로色滿路 337
전화 : +86 (998) 282-2084
(도미토리, 더블, 로비에 여행사 있음)

- 국제 청년 여사國際 靑年 旅舍
주소 : 아이티가얼칭전사 길 건너 (기차역에서 160번 버스로 간다.)

세부 투어 및 다음 행선지로 가기 위하여 카스 기차역에 도착하여 역 우측에서 28번 버스를 타고 묻고 물어 국제 청년 여사(요금: 45위안)에 도착하였다.

국제 유스호스텔의 장점
① 그곳에 오는 모든 사람은 여행객이다. 같은 생각, 같은 목표, 같은 행동을 하므로 남녀노소 구분 없이 바로 친구가 된다.
② 서로 여행 정보를 교환하거나 여행 요령을 알려 주며 여행한 책자와 자료를 주고받는다.
③ 여행 루트가 같으면 서로 같이 가려 한다. 안전하며 경제적이기 때문이다.
④ 가능하면 같이 자려한다. 방값을 나누기 때문에 경제적이다.
⑤ 관광지 투어 시 차비는 사람 수로 나누므로 경비가 절약된다.
⑥ 식사 나 여흥 비 모두 더치페이 하여 부담이 없다. (숙박비, 식비, 차비 등은 더치페이가 배낭여행의 기본이다.)
⑦ 광광지에 같이 가면 서로 도와주고 짐을 맡길 수 있으며 사진을 잘 찍어 준다.
⑧ 여가 시간이나 밤에는 고독한 이국 여행을 달래 줄 말동무가 된다.
⑨ 남녀가 어울리면 성향에 따라 이후에 동반자로 변모도 하고 친구도 되고 서로 삶에 도움을 주며 인터넷 친구가 된다.
⑩ 인간은 어울리고 소통해야만 심리적으로 안정되기 때문이다.

카스 버스 터미널에서

대바자르국제 무역 시장 國際 貿易 市場

유스호스텔 레스토랑 겸 휴게실

카스(카슈가르)에서 기거한 유스호스텔

국경 도시를 향해 하염없이 가고 있다.

중국 서부 국경 수비대 검문소

카라쿨 Karakul 호수

카라쿨 호수는 카스에서 타지크족이 모여 사는 타스쿠얼간이라는 중국 최서역 남단 도시로 가는 방향 약 200㎞ 지점의 험준한 산악 허리에 있다. 이 호수는 이 지역 파미르 고원 해발 3,700m의 다소 높은 지대에 10㎢의 면적을 가진 큰 호수이다. 5,000m가 넘는 고산준령에서 흘러내린 만년설이 모여 이루어진 호수로, 매우 아름다운 경관을 자랑한다. 호수 주변에서는 카자흐족 유목민들이 관광객을 맞이하고, 말과 낙타들이 풀을 뜯고 있으며, 7~8개의 몽골식 게르(천막으로 두른 몽골식 집)가 있다.

카라쿨의 비경인 설산 호수 전경

카라쿨 설산 호숫가의 몽골식 게르

카라쿨 호숫가에서 풀을 뜯는 낙타

가는 방법

카스에서 투어 버스로 가는 방법과 일반 버스를 타고 가는 방법이 있다.

일반 버스로 가는 방법은 카스에서 타스쿠얼간으로 가는 버스를 이용하는 것이다. 노선이 두 개가 있는데, 주 노선은 북부 노선으로, 카라쿨 호수를 거치지 않고 바로 가는 것이며, 호수를 지나가는 노선은 남쪽 노선이다.

교통

- 기차 : 카스–우루무치 간 특급 열차 1회 왕복, 완행열차 1회 왕복 운행

- 버스 : 카스(카스국제치처잔)–타스쿠얼간–소스트(파키스탄 국경 마을) : 1일 1회 운행, 요금 : 340위안, 당일 아침 구매 가능

- 쿤자랍 패스Khunjerab Pass : 중국–파키스탄 국경 버스 운행
(매년 10월 30일부터 6개월간 도로가 차단되고 다음 해 4월 30일에 개방하여 6개월간 운영)

세부 투어 및 다음 행선지로 가기 위하여

위구르인들이 사는 이 이슬람의 도시 투어도 내일 아침이면 끝난다. 처음 이곳에 올 때는 영어는 물론 중국이면서 중국말을 사용하지 않아 소통이 매우 힘겨웠다. 중국의 서역에서 가장 크다는 이슬람사원 아이티가얼칭전사艾提尕尔清真寺 사원에 들어가 금지된 최고 최후의 보루인 알라를 상징하는 알라신의 문양을 보고 이를 사진에 담고부터는 차츰 이들의 삶을 이해하기 시작하였다.

이곳의 버스는 11시에 출발하면 9시 30분부터 승차해야 한다. 그리고 인원이 모두 다 탈 때까지 기다린다. 11시 10분에 출발한 버스는 험준하고도 높은 고산준령의 계곡을 따라 오르면서 오후 4시 30분에 5,000m급의 험준한 산으로 둘러싸인 카라쿨 호수에 우리를 내려놓고 중국의 마지막 국경 도시로 떠나버렸다.

곤륜산 카라쿨 호수에서
아! 쪽빛 호수에 한 점 백설의 점 하나
차가운 당신의 가슴을 먼– 차창 너머 눈빛으로 쓸고
스치운 이국의 밤하늘이 차구나

이 한 몸 이국의 여인들과 보낸 하룻밤
천 날 같은 전설이 되고.
푸른 잔디 초원의 달빛에 당신의 가슴을 노래하누나.

주인이 제공한 위구르 밥상

세부 투어 내용
카라쿨 몽골식 게르의 하루

쪽빛 호수 너머로 보이는 설산 아래 호숫가를 탐닉하며 낙타 떼가 잔디밭 위에서 풀을 뜯고 있는 황혼의 들녘을 이국 처녀들과 돌아보면서 계곡 물에 얼굴을 씻고 색다른 포즈로 색다른 사진을 찍으면서 한때를 보내고 나니 저녁이 되었다. 게르 안은 너무 추웠다. 땔감으로 낙타 똥을 끌어모아 왔다. 그리고 언젠가 TV에서 본 대로 나무와 종이를 주워 불을 피웠다.

몽골식 게르 천막 사이로 스며드는 차가운 달빛을 바라보며 밤새도록 나누었던 이국의 고전 이야기는 또 다른 전설이 되어 쪽빛 호수 넘어 설산의 산허리를 돌아 그렇게 바람으로 흩어졌다.
아침 일찍 도로 순찰차를 타고(요금: 100위안) 멀고도 긴 중국의 마지막 국경 도시를 향해 달리고 또 달렸다.
늦은 오후 드디어 중국의 서역 마지막 국경 도시 타스쿠얼간에 도착하였다. 타스쿠얼간에서 K2 유스호스텔(요금: 45위안)로 찾아가서 여장을 풀었다. 이 도시가 중국 여정의 마지막 구간이었다.

파란 하늘 흰 구름 아래 설산과 호수 전경

⑫ 타스쿠얼간 塔什庫爾幹

인구 약 35,000여 명의 타지크족이 곤륜산맥 아래 모여 사는 타스쿠얼간은 고대 서역 국가 중에서 포리국浦犁國이 있었던 곳으로, 중국의 서역 남부 지역에 위치한 마지막 산악 구릉지의 국경 도시이다. 이 도시의 동쪽으로는 세계에서 두 번째로 높은 K2 봉을 비롯하여 16좌의 7,000m급 준령들이 이어져 있어 세계의 지붕으로 불린다.

이 도시는 파키스탄, 인도 등 중앙아시아 서역으로 가는 중요 국경 관문 도시이며, 또한 과거 현장 법사와 혜초 스님도 이곳을 넘어 오갔던 역사의 고장이다. 중국 시안 서쪽에 조성된 실크 로드 낙타 대상들의 동상을 시작으로 멀고 먼 실크 로드Silk Road 서역길을 달려 이곳이 중국의 실크 로드Silk Road 마지막 종착역이다. 이를 기념하기 위하여 석두성石斗城 인근의 대형 석벽 면에 실크 로드Silk Road의 낙타 대상들의 석물이 새겨진 역사적 석비가 있는 전설의 국경 도시다.

주요 볼거리

석두성石斗城, 무스타커봉慕士塔格峰, 빙하공원冰河公園, 공주보公主堡, 홍치라포紅旗僊補

타스쿠얼간의 국제 청년 여사

석두성 石斗城

석두성石斗城은 파미어빈관 북쪽 200여 m 지점에 있으며 성벽은 외성과 내성으로 되어 있고 저녁노을이 매우 아름다운 곳이다.

동방견문록을 쓴 마르코 폴로, 중국의 법승 현장과 한국의 혜초 이곳에서 한동안 머물었음이 대당 서역기에 기록되어 있다고 한다.

가는 방법

시내에서 버스를 타거나 걸어서 갈 수 있는 거리다.

입장료 : 없음

무스타커봉 慕士塔格峰 빙하공원 冰河公園

타스쿠얼간에서 북쪽으로 80㎞ 지점인 해발 4,500m 높이에 러궁후 호수가 있다. 인근에는 제2 빙하 호수가 있고 그 위쪽으로 천혜의 아름다운 호수가 있다. 구전되는 이야기에 따르면 신선이 내려와 목욕하고 놀다 간다는 아름다운 곳이다. 이곳을 보면 신선이 놀다 갔다는 금강산의 굽이굽이 쌓인 파란 물이 연상된다.

가는 방법

여행사 투어 참가 혹은 가이드 포함 미니버스나 택시를 이용한 개별 참가 방법이 있다.

입장료 : 없음

타스쿠얼간의 실크로드종착 지점 기념 석비

공주보 公主堡

구글 지도에서 공주보公主堡를 검색해 보면 중국 서역길 314번 국도가 나온다. 파키스탄 쪽으로 50여 ㎞ 지점에서 7㎞ 산길에 위치한 고대 서역 군사 기지였던 이곳은 험준한 이 일대의 비단길을 장악하고 경계하기 위한 곳이다. 그 옛날 이 고개를 넘은 혜초 스님도 서쪽으로 떠나는 당나라 사신을 만나고 아래와 같이 시 한 수를 읊었다고 한다.

공주보에서   -혜초-
나는 동쪽 길이 먼 것을 한탄하노라
눈 쌓인 거친 고개 넘기도 어려운데
험한 골짜기에는 도적이 성하도다.

나는 새도 놀라 넘는 험한 묏부리
외나무다리 건너기란 진정 어려워
눈물 한 번 흘린 적이 평생 없는데
오늘만은 천 갈래 눈물 쏟아지도다.

홍치라포 紅旗儸補

홍치라포는 중국과 파키스탄의 국경 지역 산맥 구릉지에 위치한 곳으로, 중국과 파키스탄간 국경 세관이 있는 곳이며 국경을 왕복하는 사람과 물자를 검색하는 곳이자 국경비가 세워져 있는 곳이다.

타스쿠얼간 시내 의 한 과일가게

세부 투어 내용

나는 드디어 중국의 장안 도시 시안의 서쪽에 있는 실크 로드 기념 대상 석물을 출발하여 그 길고도 먼 길을 달려 중국 서역 최남단 타스쿠얼간의 실크 로드 Silk Road 최종 지점인 석두성石斗城 인근 성 벽면에 새겨져 있는 높이 20여 m, 길이 70여 m의 실크 로드 상징 낙타 대상 석물에 도착하였다.

중국 당의 수도 장안인 시안의 서쪽에 세워져 있는 실크 로드 낙타 대상 석물에서 사진을 찍고 서역으로 출발하여 20여 일이지나 이곳 중국의 실크 로드 마지막 지점에 도착한 것이다. 정말 감개가 무량하다.

숙소

• 석두성빈관石斗城賓館
전화 : 0998-342-2600
(2성급 호텔)

• K2 국제 청년 유스호스텔
주소 : 시내버스 주차장 동쪽에 위치
(필자가 기거한 곳)

파키스탄으로 가는 방법

중국의 마지막 국경 도시 타스쿠얼간에서 파키스탄 국경 마을 소스트로 가려면 중국과 파키스탄 국경을 통과하는 국제 버스를 타야 한다. 이 국제 버스 정류장은 타스쿠얼간 버스 주차장의 서쪽 500여 m 지역에 위치하며 주차장 겸 중국의 출국 세관이 함께 있다. 이곳에서 국경을 넘는 국제 여객 버스가 1일 1회 출발한다. 이중 중국과 파키스탄 국경을 넘나드는 국제 버스는 1년에 6개월만 운용한다. 즉, 4월 30일부터 10월 30일까지 운행하고, 11월부터는 이듬해 4월까지 폐쇄한다. 겨울에 해당하는 6개월간은 눈 때문에 문을 닫는 것이다.

매일 아침 10시부터 출국 수속을 밟아 12시경 인원이 차면 출발한다. 중국 마지막 국경 도시 타스쿠얼간을 12시에 출발한 국제 버스는 오후 3시 30분에 국경을 통과한다. 그러면 파키스탄이다.

세부 투어 내용

나는 K2 국제 청년 유스호스텔에서 9시에 나와 타스쿠얼간 서쪽 방향 500여 m 지점에 있는 세관으로 가서 세관 심사를 마쳤다. 검색에서 여섯 번이나 여권을 요구하였다.

한참을 기다려 12시에 2층 국경 버스를 타고 출발했다. 버스는 좋았다. 경관이기가 막히다. 마치 다른 행성에 있는 것같이 온통 하늘과 고산준령만 보인다. 끝이 없어 보이는 산길을 거쳐 오후 3시 20분에 중국-파키스탄 국경을 통과하고 보니 4,000m급의 곤륜산 허리를 돌아가는데 머리가 띵하고 숨이 약간 가팔라진다. 나는 약을 먹었다. 아스피린프로텍트와 오메가3을 먹으며 중국-파키스탄 국경을 그렇게 넘었다.

중국과 파키스탄 간 국경 세관 및 국제 버스 터미널

타스쿠얼간의 평화로운 들판 전경

중국-파키스탄 국경 버스

중국-파키스탄 국경으로 가는 버스에서(주변이 온통 설산이다.)

험준한 중국-파키스탄 국경의 협곡 전경

파키스탄

(Islamic Republic Of Pakistan)

⇨ 면적은 796,095㎢(한반도의 3.6배)이며 인구는 약 2억 명으로 세계 6위를 차지한다. 그중 수도는 이슬라마바드Islamabad에 약 50만 명이 살고 있다. 주요 도시는 카라치Karachi(927만), 라호르Lahore(506만), 페잘라바드Pejallabad(198만), 라왈핀디Rawalpindi(80만) 등이 있으며 종족은 인도계 아리안족으로 언어는 우르두어와 펀자브어를 사용하고, 종교는 97%가 회교이며 기독교와 기타 종교가 있다.

⇨ 1947년 8월 14일 영국령인 인도로부터 분리되어 회교 공화국으로 독립하였다. 정치 제도는 대통령 중심제인 공화제로, 상원이 87명 하원이 237명이며, 정당은 파키스탄 회교도 연맹P.M.L, 파키스탄 인민당P.P.P, 모하지르 민주 운동당M.Q.M, 아와미 민족당A.N.P 등이 있다. 국방력은 총 64만 명으로 육군 57만, 해군 2~3만, 공군 4~5만을 보유하고 있다.

⇨ 경제 상황은 국민 총 생산량이 97년 기준 643억 달러이며, 1인당 470달러이다. 주요 산업은 농업, 기계, 전자, 공업 등이며 화폐는 루피Rupee(변동 환율제)이다. 주요 자원으로는 은, 천연가스, 석탄, 동, 대리석, 원유 등이 있다. 무역은 수출이 97년 기준 86.6억달러이며 수입은 1,163억 달러이다.

⇨ 한국과의 관계는 83년 11월에 영사관을 수립하여 현재는 카라치에 대사·관이 주재하고 있다.

⇨ 북부에는 세계의 지붕인 히말라야 산맥이 있고 세계에서 두 번째로 높은 K2(8,861m)가 있어 세계의 등산객들이 모여들고 있다. 그 산맥 아래로 대규모 평야가 펼쳐져 있고 그 산맥 사이로 흐르는 강이 인더스강이며, 이는 세계 4대 문명의 발상지 중의 하나다. 이 지역은 고대 인더스강을 중심으로 면면히 이어져 온 고대 문명과 중국에서 인도에 이르는 서역길의 불교문화가 교합하여 파키스탄 북서부를 중심으로 특이한 간다라 문명이 태생한 곳이다.

13 소스트 Sost

소스트Sost는 파키스탄의 국경 마을이다. 이곳에 가려면 중국의 마지막 국경 도시 타스쿠얼간에서 중국-파키스탄 국경을 통과하는 국제 버스를 이용해야 한다. 타스쿠얼간의 서쪽 지역에 국제 여객 버스 터미널이 있고 이곳에서 1일 1회 운행하는 중국-파키스탄 국경 통과 버스를 이용할 수 있다.

이 국경 버스를 타면 1년 중 겨울 6개월은 문을 닫고 여름 6개월만 열리는 도로를 지난다. 이때 험준한 4,943m의 고갯길을 넘는다. 이 고갯길이야말로 지구별에서 가장 높은 하늘 고개이다. 이곳은 흔히 말하는 산새도 구름도 넘지 못하는 고개로, 계곡 아래로는 실핏줄 같은 길이 보이고 그 아래로는 천길 낭떠러지다. 한순간 실수하면 사람은 물론 차도 찾을 수 없을 것이다. 이 험준한 고갯길을 사람들은 쿤자랍 패스라 부른다.

중국-파키스탄 국경을 넘어 파키스탄으로 가는 도로에서

세부 투어 내용

중국-파키스탄 국경 지역 중국의 도로는 아스팔트이나 파키스탄으로 넘어오니 비포장도로다. 곳곳에서 도로를 정비하느라 길을 막고 있었다. 중장비 차량들과 도로 사정으로 이동 시간이 많이 걸린다. 더욱이 설산의 눈이 거의 녹아 물이 부족한 실정으로 머지않아 닥쳐 올 재앙이 염려스러울 따름이다.

내가 탄 버스는 12시에 출발하여 16시 40분에 파키스탄의 첫 번째 마을이며 검문소인 소스트Sost에 도착하였다. 소스트Sost로 가기 전에 국경 지역 파키스탄 도로 관리소에서 자연 공원 관리 유지 명목으로 자국민은 40루피, 외국인은 4달러를 징수하였다. 파키스탄의 국경 마을 소스트 세관에서 일반적 출입 검사를 하고, 환전을 위하여 달러를 바꾸거나 중국에서 쓰고 남은 돈을 환전한다. 환율은 100위안에 1,700루피를 주는데(100달러: 10,000루피를 적용함), 이곳 세관에서는 70%를 적용한다. 그러므로 세관에서 교환하지 말고 건물 밖으로 나오면 바로 100% 금액으로 환전할 수 있다.

이곳 소스트Sost에서 업무를 마치고 나오면 이 조그만 타운에서 환전, 식사, 휴식을 하고 난 다음 저마다 택시나 일본 차 스즈키 등을 이용하여 30여 분 거리의 파수Passu라는 마을로 간다. 거기서 30여 분을 더 가면 굴미트Gulmit라는 작은 관광지가 나온다. 사람들은 이 파수Passu 나 굴미트Gulmit에서 관광도 할 겸 날도 저물어 하룻밤을 머문다.

나는 나의 일행 시티Seaty와 다른 일행 한 팀과 같이 일본 차량 스즈키(요금: 4달러)를 타고 30여 분을 달려 두 번째 마을인 굴미트Gulmit에 도착하여 여장을 풀었다.

중국-파키스탄 국경을 넘어 파키스탄으로

파키스탄 국경 산허리를 넘어

14 굴미트 Gulmit

나는 이곳 굴미트Gulmit의 콘티넨털Continental 호텔에서 하룻밤을 묵었다. 이곳은 말이 호텔이지 조그만 이층집 여관이다. 그래도 2층에는 식당이 있고 방에 더운물이 나와 오랜만에 따뜻하게 목욕하고 말레이시아 아가씨와 산책을 하려고 나오는데, 호텔 주인이 안내하였다. 이 마을은 기후 온난화의 추세로 점차 파키스탄 산악 북부의 설산이 녹아 물 부족 현상이 심해졌다고 한다. 현재 전체 인구의 약 30%가 타 지역으로 이사 가고 많은 집들이 폐가로 남아 있었다. 그럼에도 주변의 협곡과 산세며 계곡으로 흐르는 물, 갖가지 나무들과 고산준령의 산악 계곡의 풍광은 모두가 이국적이고 신비로웠다.

주요 볼거리

굴킨 빙하Ghulkin Glacier : 횡단 트레킹 투어에 참여해 보자. (가이드는 필수)
굴미트 계곡 주변 산책.
굴미트 고전 마을 탐방 : 매우 오래된 돌담길, 마을 이곳저곳 산책은 19세기의 세계를 보는 것 같아서 이색적이었다.

굴미트의 콘티넨탈 호텔 입구에서

숙소

• 콘티넨탈 호텔 Gulmit Continental Hotel

작은 이층집 여관이다. 주인이 영어에 능통해 편리하며 24시간 더운물이 나온다.

세부 투어 및 다음 행선지로 가기 위하여

다음 날 아침, 호텔 내 레스토랑에서 볶음밥과 팬케이크에 커피 한 잔을 하고 11시에 훈자를 향해 떠났다. 호텔의 고물택시를 타고 20여 분을 달려가니 가던 길이 끊어지고 파란 설산의 물이 가득한 아타바드 Attabad 호수가 나타났다. 중국-파키스탄 국경을 통해 수도 이슬라마바드로 가는 주도로는 이 호수 위로 지나는데, 그 주도로 호수 위 교량이 2006년도에 파괴되어 이 큰 호수를 보트를 타고 건너야 하니 기가 막힐 노릇이다.

사람이 타고 가는 선박은 최소 25명 이상 되어야 출발한다. 이 호수의 이름은 아타바드 Attabad 라고 하며, 선박으로 1시간 이상 걸리는 호수다. 험준한 산악으로 둘러싸여 있어 물이 빠져나갈 곳이 없는 깊고도 파란 호숫길을 1시간이나 달린다. 호수를 건너는 비용은 100루피다.

너무나도 신비롭고 조금은 공포가 느껴지는 아타보드 Attabad 호수를 건너 산비탈에 선박이 다다르니, 바로 부룩크 Bloke 라는 곳이었다. 한국에서 TV로 여러 번 보았던 희귀한 카리마바드 트럭(2층으로 개조하고 아름다운 색깔을 입혀 부를 상징한다)과 일본 차량 스즈키, 미니버스들이 길도 아닌 산비탈에 뒤엉켜 있었다.

이중 어떤 것이나 승객들끼리 합승하여 타고 간다. 나는 이중 미니버스(18인승)를 탔다. 이 버스(요금: 100루피)는 1시간 거리의 험준한 산악길을 목숨을 걸고 무서운 속도로 달렸다. 후일 세계에서 가장 길고 위험한 카라코람 하이웨이 산악길을 통과할 때도 겁이 났지만, 이 쿤자랍 패스 길은 내 생애 가장 큰 모험이었다.

그렇게 4,500여 m의 그 악명 높은 쿤자랍 패스 길을 한참을 달리면(요금: 100루피) 산 아래 계곡이 있고 그곳 검문소에서 검문을 한다. 이를 마치고 한참을 가면 계곡 건너편에 삼거리가 나오는데, 좌측은 알리아바드 Aliabad 로 가는 길이고, 우측은 카리마바드 Karimabad(훈자)로 가는 길이다.

좌측으로 계속 30여 분을 가면 첫 번째 마을인 알리아바드 Aliabad 라는 작은 도시가 나오고, 계속 더 가면 니트 Nilt, 노마이 Nomai 를 거쳐 파키스탄 북부 중앙 도시 길기트 Gilgit 로 갈 수 있다.

다시 이 삼거리에서 세계적 관광 지역인 카리마바드 Karimabad(훈자)로 가려면 우측으로 가야 한다. 이 삼거리에서 스즈키, 택시, 버스, 화물차 등을 타고 우측길을 따라 10여 분을 더 가면(요금: 40루피) 산 언덕삼거리 제로포인트 Zero Point 라는 버스 정류장이 나온다. 이곳 마을이 세계적 휴양지 카리마바드 훈자 Karimabad Hunza 이다. 이 훈자 지역의 도로 좌측은 올드 훈자 Old Hunza 지역이고 우측 안쪽으로 들어가면 속칭 뉴 훈자 New Hunza 지역이다.

이 지역이 세계적 관광 휴양지이자 장수하는 사람들이 모여 사는 곳으로, 일본인들이 많이 살고 있다.
이곳 주차장에서 10m 언덕 아래 조그만 호텔(말이 호텔이지 조그만 여관 오두막집이다.)인 카리마바드 올드 훈자인 Old Hunza Inn에 도착하여 1일 500루피에 방을 정하고 여장을 풀었다. 오늘 하루는 정말 멀고도 험한 긴 여정이었다.

인접 동네 마을 할머니

초대받은 주민 식구들과 함께

파키스탄 북부 국도 다리 붕괴로 보트를 타고 호수를 건너고 있다.

호수를 건너온 사람과 짐을 싣는 개조된 트럭

카리마바드 Karimabad / 훈자 Hunza

훈자는 파키스탄의 북부 고산준령의 설산 아래 구릉지로 형성된 세계적 관광지이며 파키스탄인의 자랑이다. 이곳은 또한 나무 많고 물 맑은 천혜의 자연조건을 갖춘 설산 빙하 지대로, 관광객들이 중국-파키스탄 국경을 넘어 몰려드는 곳이다. 파키스탄인들은 대부분 무슬림이며 이 무슬림에는 수니파, 시아파, 이스마일파가 있는데, 전 국민의 60~70%는 수니파이며 시아파는 파키스탄의 북부 지역에 약 20% 정도가 살고 있다. 이 훈자 지역은 대부분이 이스마일파이다. 파키스탄은 이 종파 간의 반목이 매우 심각하다. 특히 북부 산악 지대의 시아파는 환경이 열악하고 빈곤한 삶을 살며 아프가니스탄과 가까운 곳으로, 성격이 매우 강인하여 남북 간의 화합이 잘 이루어지지 않는 실정이다.

주요 볼거리

알티트 포트 Altit Fort 및 발티트 포트 Baltit Fort, 이글네스트 Eagle Nest, 호파르 Hopar 빙하, 아타바드 Attabad 호수 / 보라트 Borat 호수, 알리아바드 Aliabad 타운

설산이 녹은 물이 흐르는 계곡 다리

카리마바드(훈자) 계곡 전경

알티트 포트 Altit Fort, 발티트 포트 Baltit Fort

카리마바드 아랫마을 북쪽 끝에 우뚝 솟아 있는 발티트 포트 Baltit Fort는 마을 뒤편에서 가장 높은 산꼭대기에 있다. 발티트 포트 Baltit Fort는 높은 곳에 있으므로 관측소 역할을 하며 이에 반하여 알티트 포트 Altit Fort는 중국-파키스탄 국경 방향으로 접근하는 지역에 위치하여 청음 초소 역할을 한다. 그래서 길을 따라 공격하는 적을 근접전에서 격파 내지는 섬멸하는 임무를 가지고 있으며 재래식 야포가 설치되어 있고 벙커 안에는 소규모 병력과 탄약, 군수 시설을 보관하도록 시설이 구축되어 있다. 이곳은 마을 가까이에 있어 걸어가면 된다.

이글네스트 Eagle nest

이글 네스트 Eagle Nest는 마을 뒷산 가장 높은 언덕에 자리잡고 있는 매우 아름다운 곳으로, 신혼여행지다. 훈자 마을에서 걸어서 2시간 거리이며 차로는 30분이면 갈 수 있다. 이곳에서는 카리마바드는 물론 훈자 전 지역을 조망할 수 있어 경관이 매우 좋은 곳이니 꼭 가 보아야 할 곳이다. 산 정상에는 이글네스트 호텔이 있으며 훌륭한 시설과 경관을 자랑한다. 이곳에서 느긋하게 식사를 하며 훈자의 주변 경관을 내려다보면서 한때를 보내는 것도 좋은 추억이 되리라. 자동찻길이 끝까지 있어 택시를 타고 갈 수 있지만, 등산 겸 걸어가 보는 것이 더욱 훈자를 알아보는 계기가 될 것이다.

독수리 둥지라 불리는 유명한 이글 네스트 eagle nest 호텔

알리아바드 타운

카리마바드 훈자에서 길기트로 가는 길로, 30여 분 거리에 알리아바드라는 소읍내가 있다. 이곳은 비록 작은 도시지만, 교통의 요지다. 이곳에서 남쪽으로는 길기트 Gilgit로 가는 버스가 운행되고 있으며, 북쪽으로는 쿤자랍 패스를 통해 중국-파키스탄 국경으로 갈 수 있다. 그리고 서쪽으로는 아프가니스탄으로 갈 수 있는 요충지다.

호파르 Hopar 빙하

1시간 반 거리의 빙하와 기괴한 바위가 엉켜 있는 이 빙하 탐험은 1,500루피로, 교통 및 가이드비가 포함되었으니 2~3명 팀을 구성해 가보는 것이 좋을 것이다.

기타 볼거리

- 울타르봉 Ultar Peak 트레킹 : 가이드 안내로 갈 수 있다.

- 호파르 빙하 Hopar Glacier 트레킹 코스 : 1일 투어로 이글래스까지 다녀올 수 있는 루트이다.

- 훈자의 학교 : Nagasawa Manor Public School & College와 High School 등이 있다.

카리마바드 훈자 슈마야 Sumayar 산마을의 학교 활동 시간

이글 네스트 eagle nest 호텔 휴게실

아타바드 Attabad 호수 / 보라트 Borat 호수

중국-파키스탄 국경을 가려면 필수로 만나게 되는 아타바드 Attabad는 이곳에서 1시간 거리의 쿤자랍 패스를 통과(요금: 100루피)하여 갈 수 있고, 호수를 건너는 보트 선박(요금: 100루피)으로 천혜의 파란 대호수를 조망할 수 있다. 그곳에서 30분(택시 혹은 스즈키: 300루피)을 더 가면 굴미트 Gulmit가 나온다. 굴미트를 지나 좌편 협곡을 지나면 중국 밍사산 鳴沙山의 월하천 못지않은 보라트 Borat 호수가 있다. 설산에 둘러싸인 조그마한 이 호수는 한 폭의 그림이다. 중국 서역 투루판에 수천 년 역사를 자랑하는 모래언덕 밍사산 鳴沙山과 그 인근에 자리 잡은 전설의 호수 월하천이 있다면, 이곳 파키스탄에는 7,000m급 센안냄 Senannem산과 그 아래에 위치한 그림 같은 설산 호수 보라트가 있다. 중국 사람들과 파키스탄 사람들은 이를 두고 서로 제일이라고 자랑한다.

세부 투어 내용

일반적으로 카리마바드 = 훈자로 알고 있지만, 중국-파키스탄 국경에서 길기트에 이르는 기나긴 계곡과 구릉지를 포함하여 이 일대 전역을 카리마바드라고 한다. 그리고 이곳 훈자 타운이 있는 곳은 고대에 훈자 왕국이 있었던 곳으로, 카리마바드의 상징적인 마을이 훈자이므로 훈자 마을을 카리마바드 훈자라고 부른다. 훈자 지역은 올드 훈자 지역과 뉴 훈자 지역으로 나뉜다. 뉴 훈자 지역은 어느 도시나 그러하듯 새로운 길과 시설과 건물이 들어서고 있다. 반면 올드 훈자는 과거의 건물 그대로다. 살구나무 옆자리에 그냥 투박한 오두막집이 있다. 깔끔한 사람이 기거하기에 좋은 곳은 아니다. 그러나 우리가 살아온 과거처럼 나름대로 정겨운 곳이므로 인기가 높다. 훈자는 일본인들이 좋아하고 연구하는 세기의 장수촌이다.

훈자의 하루

이곳 사람들은 매우 친절하다. 귀찮을 정도로 인사를 먼저 하고, 작업을 하느라 흙 묻은 더러운 손으로도 악수를 청한다. 그러면 손목을 잡고 Hello 한다. 어떤 이는 자기 집에 가자고 한다. 가면 흔한 체리를 나무에서 따서 준다. 이곳의 명물은 살구다. 말린 살구, 빨갛게 익은 것 한 봉지면 매우 귀한 과일이다. 뽕나무 열매인 오디, 훈자꿀, 살구 기름이 또한 유명하다. 이러한 현지인과 세계 각국에서 몰려온 사람들과 타 지역에서 온 현지인, 그리고 아름답고도 때 묻지 않는 자연환경, 더더욱 신비한 이곳의 물 등 모든 것이 한데 어우러져 돌아가는 것이 훈자이며, 이것이 훈자에서 일어나는 하루의 생활상이다.

아타바드 Attabad 호수와 승객을 태운 수송 보트

숙소

- **올드 훈자인** Old Hunza Inn Guest House
(훈자 최초 Guest House, 27년 운영)

- **카리마바드 인** Karibamad Inn Guest House
(특히 이 호텔(민박 수준 여관) 식당은 한국 음식과 비슷한 수준의 김치찌개, 수제비 등을 잘 만들어 한국인에 인기다.)

- **게스트하우스** : 한국인이 많이 찾는 가든 롯지, 월드 프루프 호텔 등 타운의 길 중앙통의 좌·우측에 여러 숙박업소가 있다.

세부 투어 및 다음 행선지로 가기 위하여

나는 그간 정들었던 훈자를 뒤로하고 파키스탄 남부로 가기 위해 카리마바드^{훈자}에서 길기트 Gilgit 로 떠났다. 먼저 훈자의 삼거리 버스 정류장 0point 주차장에서 기다리니 스즈키 차가 있어 90루피를 주고 30분이 걸리는 알리아바드로 갔다. 그곳 주차장에서 2시간마다 길기트로 가는 버스가 있다. 나는 그곳에서 미니버스를 타고 길기트로 갈 수 있었다. 3시간 30분이 걸리는 길기트까지의 버스 요금은 220루피다. 포장도로와 비포장도로. 개울을 건너 꾸불꾸불한 길을 돌고 돌아 늦은 오후에 길기트의 시외버스 정류장에 도착하였다.

나는 다시 길키트 시외버스 주차장에서 스즈키 차(요금: 50루피)를 타고 20여 분이 걸려 길기트 시내 시장 옆에 있는 마디나 호텔 & 게스트하우스 Madina Hotel & Guest House 에 도착하여 여장을 풀었다. 싱글의 호텔 요금은 1,200루피였다.

훈자는 어떤 곳인가?

① 경관이 수려하다. 4,000~7,000여 m의 험준한 산악 계곡 지역으로 풍광이 매우 아름답다.

② 산은 한 폭의 그림 같다. 마을 앞뒤로 5,000~7,000m급의 설산들이 둘러 있고 달뜨는 밤이면 한 폭의 그림이다.

③ 이곳은 고지대의 구릉지인데도 불구하고 온 동네 가로세로 수로에는 물이 흐른다. 그 물은 재를 뿌려 놓은 듯 보기 흉한 시커먼 도랑물이다. 그러나 동네 사람들이 이 도랑물을 그대로 마신다. 이 색깔은 특유의 바위에서 나온 것이란다.

④ 동네 여기저기에는 한국 TV 프로그램에서 보여 주었듯이 살구나무가 많고 뽕나무가 많다. 그러므로 상점에는 말린 살구, 오디, 벌꿀이 많고 헐하다. 그래서 나는 벌꿀, 살구, 오디, 젤리, 난 등을 사서 두고 때론 식사 대용으로 삼기도 하였다.

⑤ 동네 사람들은 남녀노소 할 것 없이 모두가 친절하다. 아이, 어른, 여인 심지어 노인들까지 먼저 인사하고 어떤 이는 포옹까지도 요구한다.

⑥ 집에 찾아가면 꼭 차를 대접하려 한다. 이곳의 풍습이며 이슬람권의 문화라고 하였다.

16 길기트 Gilgit

파키스탄 북부 지역의 중심 도시이며, 인구는 150만여 명으로 아프가니스탄으로도 갈 수 있다. 1,200여 년 전에는 불교가 왕성했으나 지금은 거의 모두가 이슬람교를 믿는다. 대부분이 시아파로 국민성도 강하다. 이 도시를 가로질러 흐르는 인더스 강은 히말라야 산맥의 티베트 남서부 해발 4,900m 지점에서 발원하여 흐르는 강(총 길이는 2,900km)으로, 카라코람과 낭가파르바트 산맥 등에서 눈과 빙하가 녹은 물을 싣고 훈자·길기트 지역으로 흐른다. 또한, 길기트는 파키스탄 중부 산악 요충 지역의 도시다.

주요 볼거리

낭가 파르바트 Nanga Parbat, 가르가 마애불 Garuga Buddha, 산두르 폴로 페스티발 Shandur Polo Festival, 치트랄 더 랜드 오브 어드벤처 코스 Chitral The Land Of Adventure Course, 레이크 오즈 스와트 밸리 코스 Lake Of Swat Valley Course, 선셋 파라다이스 레이크 스카르두 Sunset Paradise Lake Skardu

크나큰 절벽 바위에 새겨져 있는 가르가 석불

낭가 파르바트 Nanga Parbat

길기트에서 북동쪽, 버스로 2시간 거리에서부터 시작하는 낭가파르바트(8,126m)는 이곳 파키스탄 등산의 하이라이트다. 등산 전문가들이 아닌 초보자들과 배낭여행객은 히말라야 산자락의 아름다움을 볼 수 있는 이 베이스캠프로 가서 세계에서 두 번째 높이를 자랑하는 K2 봉을 감상하는 멋진 곳이다.

가르가 마애불 Garuga Buddha

길기트 서남부, 택시로 40여 분의 거리에 카르가 마애 석불이 있다. 1,800여 년 전의 불교가 왕성할 무렵 이곳 험준한 바위산 벼랑에 대형 석불을 새겨 놓았다. 그 옛날 장비도 없이 어떻게 허공 바위벽에 이렇게 큰 카르가 석불을 새겨 놓았을까. 불심의 위대한 결과물이리라.

산두르 폴로 페스티발 Shandur Polo Festival

길기트 서부 산악 구릉지 광활한 지역에서 해마다 7월에 열리는 유명 폴로 관련 행사로, 매년 4~5일간 이루어지며 자국뿐만 아니라 세계 관광객들이 몰려오는 대규모 행사이다. 1일차는 폴로 드라이브와 캠프를 하고, 2일차는 산악 드라이브 허들과 캠프를, 3일차는 산허리 구릉지에서 이동하면서 갖가지 묘기와 팀 간 최종 매치를 한다.

기타 볼거리

• 치트랄 더 랜드 오브 어드벤처 코스 Chitral The Land Of Adventure Course

투어 버스로 1일 1회 여러 여행사에서 출발하는 바위 계곡 모험 코스투어다.

• 레이크 오브 스와트 밸리 코스 Lake Of Swat Valley Course

투어 버스로 1일 1회 여러 여행사에서 출발하며 아름다운 산 계곡과 호수를 둘러보는 코스다.

• 선셋 파라다이스 레이크 스카르두 Sunset Paradise Lake Skardu

길기트 서쪽, 투어 버스로 7시간 거리에 위치하며 석양의 아름다운 풍광의 비경을 경험할 수 있는 투어 코스다.

길기트 시내 관광

이슬람 성당, 하천, 시장, 그리고 또 다른 시가를 돌아 하천을 건너는 멋진 나무다리 위로 걸어 보는 것이 길기트 시내 필수 관광 코스다. 처음 마디나 호텔 앞에서 우측으로 시장을 통과하여 시장 거리를 걸어가면 2개의 큰 모스크가 나오며 그 우측으로는 멋진 강변 코스가 나온다. 강변을 따라 다리를 건너면 또 다른 풍광의 마을을 볼 수 있다. 그곳 마을을 20여 분 돌아보고 강 위로 세워진 멋진 나무다리를 따라 건너오면 길기트 중앙 시장이 있는데, 이 시장은 과일, 특히 수박이 매우 달다.

가는 방법

길기트 주변의 관광 코스는 여행사 차량, 스즈키, 택시 등을 이용하며 주로 여행사 투어에 참여하여야 한다.

세부 투어 내용

아침에 호텔 동료 배낭여행객과 안내인을 포함하여 4명이 호텔에서 택시를 대절하여(요금: 1000루피) 가르가 마애 석불을 보기 위해 출발하였다. 40여 분을 달려 계곡 바위산 절벽에 새겨져 있는 가르가 마애 석불과 주변을 한동안 투어하고 내려오는 길에 길기트의 이름 모를 산골 설산 계곡에서 목욕을 하며 어린아이마냥 즐거운 시간을 보냈다. 다음 날 길기트 시내 관광을 나섰다. 이슬람성당, 시장, 그 유명한 인더스 강 변과 그 위로 놓여 있는 멋진 강변 나무다리 그리고 시장 안의 여러 상품과 과일가게 등은 필수 관광 코스다.

갠지스강 지류를 가로지르는 다리

훈자에서 만난 중국의 충칭 처녀 래니아와 가르가 석불에서

숙소

• 마디나 호텔 & 게스트하우스 Madina Hotel & Guest House

주소 : 길기트 버스 터미널에서 스즈키를 타고 30여 분 시내의 시장 입구에서 내리면 된다.
(필자가 기거한 곳)

길기트의 이슬람 모스크

세부 투어 및 다음 행선지로 가기 위하여

아침 8시 50분에 다음 행선지인 파키스탄의 수도 이슬라마바드로 가기 위하여 택시를 타고(요금: 200루피) 길기트 종합버스 터미널에 도착하니 이슬라마바드로 가는 니코 버스Nico Bus가 있었다. 이 버스는 한번 타면 24시간이 조금 더 걸리는 것으로, 세계에서 가장 악명 높은 카라코람 하이웨이의 험준한 산악길을 무서운 속도로 달린다. 하이웨이라면 멋진 아스팔트 길을 생각하는데 이건 전혀 다르다. 카라코람 하이웨이는 4,000m 높이에서 수도 이슬라마바드까지의 험준한 비포장 산악길을 말한다.

구글 지도에 나오는 그 험준한 카라코람 하이웨이를 24시간에 주파하면서 7번에 거친 야간 검문을 받기란 불편함이 아니라 참으로 고통이었다. 날이 새고 아침 7시에 이슬라마바드/라왈핀디 종합버스 정류장 피어워다이Pirwuadhai에 도착하였다. 나는 시내 중심가에 있는 해디촉Hedi Chouk에서 아주 큰 리젠트 호텔Regent Hotel (요금: 800루피)로 가서 여장을 풀었다.

갠지스강 지류 따라 걷고 있는 여행객들

17 이슬라마바드 Islamabad / 라왈핀디 Rawalpindi

파키스탄의 수도는 1959년까지는 카라치, 67년까지는 라왈핀디였으며 67년 이후 현재까지 이슬라마바드이다. 이 지역은 구시가지인 라왈핀디Rawalpindi와 신시가지인 이슬라마바드Islamabad가 공존하고 있다. 중앙에 철로길 고가도로를 중심으로 분리되어 있다. 구시가지인 라왈핀디는 이슬람 전통 시가지이며 물가 또한 훨씬 헐다. 그래서 주로 라왈핀디에 머물면서 생활하고 업무는 신시가지인 이슬라마바드에서 이루어진다. 재래시장인 라자바자는 각종 생활품, 피복, 식품, 세공품, 유명 돗자리, 장신구 등이 유명하다. 구시가지 곳곳에는 이슬람 성당이 있고 성당에서는 낮이나 저녁이나 쿠란 소리가 확성기로 울려 퍼지고 있어 여기가 이슬람 국가임을 실감하게 된다.

주요 볼거리

샤카파리안Shakarparian 메모리얼, 파키스탄 박물관, 세계 제일의 이슬람 사원 샤파이잘 모스크Shah Faisal Mosque, 간다라 문명의 중심 탁실라Taxila 유적 등

파키스탄의 수도 이슬라마바드 전경

샤카파리안Shakarparian 메모리얼

오늘은 이곳에서 유명한 샤카파리안 Shakarparian 메모리얼, 파키스탄박물관, 세계에서 제일 큰 이슬람 사원샤 파이살 모스크Shah Faisal Mosque를 투어하기로 하였다. 아침에 호텔에서 200루피를 주고 택시를 타고 30분을 달리니 우측으로 파키스탄 국립 박물관이 있었으며 그 뒤로 위락 시설이 있었는데, 안으로 더 들어가니 거대한 샤카파리안 메모리얼 타워가 나타났다. 어느 나라나 그러하듯 전승 기념비와 현충원이 크고 높고 웅대하게 자리 잡고 있었다. 돈이 없는 나라에서 국가 조형물은 더 크게 짓는 법이다. 이곳도 예외는 아니었다.

입장료 : 250루피, 자국인 : 25루피

세계 제일의 이슬람 사원 샤파이잘 모스크Shah Faisal Mosque

샤파이잘 모스크는 세계에서 가장 큰 이슬람 사원이다. 이 건축물은 파이살 왕이 지원한 예산 5,000만 달러로 터키 건축가 반다트 달오케이Vedat Dalokay에 의해 설계된 곳이다. 제일 큰 모스크답게 아름답고 수려한 이슬라마바드 마갈라 산 아래 웅장한 자태로 자리 잡고 있었다. 모스크 외곽 4면에는 4개의 흰 대리석 기둥이 서 있는데, 높이는 88m이며 넓이 190㎡에 10만 명이 동시에 예배드릴 수 있는 웅대한 건물이다.

간다라 문명의 중심 탁실라Taxila 유적

라왈핀디의 북서쪽 35㎞ 지점에 있는 탁실라Taxila는 바위 위의 도시라는 의미로, 인도 동부 지방에서 오는 길과 서아시아 지역에서 오는 길, 중앙아시아에서 오는 길이 마주하는 전략 요충지 및 중요 교통 요지에 건설된 고대 간다라 왕국이다. 이곳으로부터 번영했고 찬란했던 고대의 간다라 문명이 상기 3개 길을 따라 아시아 전역으로 퍼져나갔다.

간다라 왕국은 기원전 5세기경 페르시아의 아케메네스의 다리우스 왕 비문에 속주Socju라는 도시로 번성하였으나 인도 왕국의 침략으로 패퇴하여 역사의 뒤안 길로 사라지게 되었다. 이후 찬란했던 간다라 문명은 서서히 쇠퇴하여, 지금은 유명한 머리가 둘 달린 독수리를 비롯하여 청동기 유물, 구리, 철, 도자기, 불경 관련 자료와 각종 기기 및 염주 등이 대표적인 산물로 남아 전해 온다. 아시아 전역을 지배하는 문명의 3대 산맥이라면 중국 서역의 실크 로드 문명, 탁실라의 간다라 문명, 인도 북부에서 아시아에 이르는 불교 문명을 들 수 있으며, 이 3대 축이 어우러져 오늘날의 아시아 문명으로 발전할 수 있었던 것이다.

교통

- 라왈핀디 시외버스 정류장은 파이자바드 버스 정류장Paizabad Bus Station과 파이자바드 스카이웨이 버스 정류장Faizabad Skyway Bus Station이 있다.

• 라왈핀디-라호르 : 한국 대우 버스 4시간 30분 소요(요금: 850루피), 일반버스 5시간 30분 소요(요금: 450루피)

숙소
• 알아잠Al-Azan 호텔
신시가지 변두리 하시촉Hethi Chowk에 위치함.
(도미토리 없음, , 배낭여행자 전용이다. 환전·여행 정보 수집 양호, 이 호텔 인근에 알팔라Al-Falah 호텔과 아시아 유나이티드 호텔Asia United Hotel이 있다.)

• 리젠트 호텔Regent Hotel
라왈핀디 코마티촉Commaty Chowk 금융가 중앙통에 위치함.

(교통·관광·전망·식당 이용이 편리)
(필자가 기거한 곳)

세부 투어 및 다음 행선지로 가기 위하여 리젠트 호텔에서 아침 7시 30분에 툭툭을 타고 파이자바드 스카이웨이Faizabad Skyways 시외버스 정류장에 도착하여 라왈핀디에서 파키스탄 동부 국경 도시 라호르Lahore로 가는 대우 버스표(요금: 850루피)를 구입하였다. 대우 버스표는 비싼 요금이나 에어컨이 시원하고 간식도 준다. 4시간 30분이란 긴 시간동안 길고도 먼 파키스탄 남부 평야를 달려 늦은 오후에 라호르 시외버스 터미널에 도착하였다.

리젠트 호텔

샤카파리안 메모리얼 기념비 앞에서

모스크 참관, 이슬람 친구들과 함께

리젠트 호텔에서 바라본 라왈핀디 전경

세계 최대 최고의 이슬람 사원, 샤파이잘 모스크

18 라호르 Lahore

라호르Lahore는 고대 인도 무굴 제국의 수도로서, 파키스탄 동부 이슬람 문명권의 유명한 국경 도시다. 고대 인도 무굴 제국의 3대 황제 악바르가 건축한 궁전인 라호르 성은 이슬람 문명의 대표적인 성이다. 악바르는 종교가 다른 적장의 딸을 아내로 데려와 힌두교와 이슬람교 사이의 갈등을 치유하고 위대한 국가를 건설한 황제로, 무굴 제국의 빛나는 황제였으며, 그의 업적을 기리는 영화는 인도에서 매우 유명하며 한국에서도 상영된 바 있다. 또한 인도 제5대 황제인 샤 자한(타지마할을 건축한 황제)이 이룩한 샬리마르 정원에는 분수대가 412개나 조성되어 있으며 이 아름다움은 이슬람 문명의 극치이자 세계적으로도 유래가 드물 정도이다. 이곳은 1981년에 세계 문화유산으로 등재되었다.

주요 볼거리
바드 샤히 모스크, 라호르 성, 라호르박물관, 라호르 음악 축제, 샬리마르 정원

라호르의 바드샤히 모스크

라호르 성 Lahore Fort

라호르 성은 인도의 델리, 아그라와 함께 인도 무굴 제국(1526-1707)의 3경으로 꼽히는 곳이다. 현재 인도와 파키스탄 간의 영토 분쟁도 옛 무굴 제국의 영토를 회복하고자 하는 인도인들의 국가관과 파키스탄 간의 대립으로, 이 지역은 늘 긴장 선상에 있는 도시다.

가는 방법
버스, 툭툭(요금 : 200루피)
입장료 : 200루피, 자국민 : 10루피

세부 투어 내용
라호의 자랑인 바드샤히 모스크와 라호르 성을 투어하기 위하여 라호르 시외버스 주차장에서 툭툭을 타고 서양 배낭여행객이 선호하는 라호르의 리갈 촉에 위치한 인터넷인 Internet Inn 게스트 하우스(요금: 500루피)로 가서 방을 정하였다. 한동안 샤워와 영양 보충, 휴식 한 후 이곳 라호르 시내의 샤히드 마자르 Baba Shahid Mazar 음악홀에서 연중 1회 공연하는 그 유명한 연주회가 저녁 7시에 있다고 하여 여러 배낭객들과 같이 음악 축제 공연장으로 갔다. 이 음악 축제는 매년 1회 3일간 하는 것으로 이곳 라호르에서는 매우 유명한 축제다. 내용은 여러 장르로 되어 있는데, 허쉬를 복용하고 몽롱한 가운데 추던 춤들이 변모하여 오늘날의 이 음악 예술제로 자리 잡았다고 한다.

바드샤히 모스크와 라호르 성을 투어하고 구시가지를 보기 위해 뉴질랜드에서 온 알렉스 Alex와 함께 툭툭을 타고(요금: 200루피) 모스크로 갔다. 멀리서 보아도 웅장한 붉은 벽돌로 조성된 모스크와 라호르 성곽은 대단하였다. 먼저 웅장한 성문을 들어가니 직사각형의 성곽으로 된 성과 사이사이에 모스크 문 그리고 이슬람의 성전이 있고, 우측 중앙에 중앙홀이 있었다. 주변을 둘러보니 그 옛날의 화려했던 이슬람 문명이 상상되었다. 주변을 둘러보고 밖으로 나와 길게 늘어선 라호르 성을 견학하였다. 그 옛날의 찬란했던 치세가 보이는 듯이 위엄이 있는 성이었다.

라호르의 하루
라호르 리갈 촉(거리 이름)에 있는 Internet Inn 게스트 하우스는 서양 배낭족들이 론리 플래닛을 들고 찾아오는 조그마한 배낭 여행자 숙소다. 여행 정보가 한데 모인 만남의 장소로 즐겨 찾는 게스트 하우스인 셈이다. 나는 이곳저곳을 다녀 보았으나 서양인들이 이용하는 호텔이 무척 저렴하고 편리하며 정보가 많아 이들이 주로 머무는 론리 플래닛의 게스트 하우스를 자주 이용한다.

파키스탄-인도 국경을 넘기 위하여
파키스탄과 인도는 적성국이다. 그러므로 국경 넘기가 매우 까다로운 편이다.

10시 30분에 라호르에서 오스트리아 여인 세리와 같이 인-파 국경 와가보더 Wagah Border와 아타리보더 Atari Border로 가기 위하여 택시(요금: 1,000루피)를 타고 가벼운 마음으로 국경으로 향했다. 가는 길옆에는 긴 수로가 연결되어 풍부한 물이 수로를 따라 흐르고 그 옆에는 푸른 나무들이 서 있다. 그 너머로는 라호르 외곽의 부촌으로 보이는 집들이 한가롭다.

드디어 파키스탄 국경을 넘어 인도에 도착하여 국경 세관에서 길고도 지루한 세관 검문을 받았다. 왜 그렇게 작성할 서류가 많은지 20여 년 전에 돌아가신 아버님의 내력도 다 기재해야 하니 피곤하다. 어찌 되었거나 우리는 이런저런 복잡한 절차를 거치면서 드디어 인류 문명의 발상지이며 고대 문명이 살아 있는 광활한 대지 인도땅에 도착하였다. 오 파키스탄이여, 아듀

라호르의 바드샤히 모스크

인도-파키스탄 국경 와가보더Wagah border의 파키스탄 성문

파키스탄의 공식 행사 시 음악 공연 장면

인도-파키스탄 국경 아타리보더Atari border국경 하기식관람좌석

라호르의 성채 타워 전경

인도
(Republic Of India)

⇨ 인구 12억 4천만여 명, 면적 3,287,263㎢(한국의 15배)로, 수도는 뉴델리New Delhi이다. 주요 도시는 뉴델리New Delhi, 콜카타Kolkata, 뭄바이Mumbai, 마드라스Madras 등이며, 주요 민족은 인도 아리안족(중북부 70%), 드라비다계(남부 25%), 몽골계(동북부 3%) 등이다. 언어는 힌디어(32%) 외 15개 언어를 사용하며 일반적으로 영어를 사용한다.

⇨ 1947년 8월 15일 영국으로부터 독립을 하였다. 정당은 의원 내각제로 상하원 제도이다. 중요 정당은 인도인민당BJP, 국민회의당Congress India, 연합전선United Front이 있다. 국방 인원은 총 130만여 명으로 육군 110만, 해군 11만, 공군 6만여 명이다.

⇨ 국민 총생산량이 3,966억 달러로 1인당 416달러이며 화폐는 루피INR이다. 주요 자원은 철광석, 석탄, 석유 등이다.

⇨ 무역은 수출이 365억 달러이며 수입은 430억 달러이다. 기타 한국과는 1973년 12월 10일에 수교를 시작하였고, 대사관은 뭄바이에 있다.

암리차르 Amritsar

인도 북부 펀자브 주의 행정 도시로서, 인구는 65만여 명이다. 파키스탄에서 50여 km 동북부에 있으며, 수도 뉴델리로 연결되는 중간 지점에 있어 행정, 문화, 교육 및 상업과 교통의 중심 도시다. 1848년에 영국령에서 인도로 편입되었으며, 1984년도에는 시크교도들의 폭동으로 400~1,000여 명이 학살당한 도시다. 15세기에는 고대로부터 인도 북부 힌두교의 신애 信愛 사상과 이슬람교의 신비 神秘 사상이 한데 어우러진 시크교의 중심 성지인 이곳에 그 유명한 황금사원 Golden Temple이 있다. 이곳은 광활한 평원이고 물이 풍부하여 밀, 콩, 옥수수 등이 생산되어 인도에서는 경제적으로 꽤 부유한 도시다.

주요 볼거리

황금사원 Golden Temple, 인도/파키스탄 국경 와가보더 하기식, 만세라 Mansehra 힌두 사원, 잘리안왈라 Jallianwala 공원, 암리차르 재래시장

암리차르의 황금사원 경내에서

황금사원 Golden Temple

이 황금사원은 힌두교와 이슬람교의 융합으로 만들어낸 걸작으로, 1577년 시크교의 제4대 교주 람다스Ramdas가 세웠다. 이후 1604년 아르잔 데브Arjan Dev 교주가 연못 외곽에 성전 건물을 대리석으로 짓고 사원의 상부에 황금 750톤을 씌워 세기적 사원이 되어 오늘에 이른다.

이곳 성전은 힌두 사원 전면을 동쪽으로, 이슬람 사원의 전면을 서쪽으로 향하고 있다.(해가 뜨는 동녘은 이승, 해가 지는 서녘은 내생을 뜻하므로 어느 나라나 사원은 서쪽을 향하고 있다. 베트남 왕조의 모든 성전 유물은 서쪽을 향하고 있으며, 내세를 의미하고 있다. 캄보디아의 앙코르와트도 서쪽으로 문이 나 있다.) 특히 밤이 되면 찬란한 조명 아래 빛나는 이 황금사원과 연못 외곽으로 둘러 서 있는 흰 대리석 사원, 널따란 대리석으로 조성된 길은 환상적이다. 죽기 전에 꼭 보아야 할 세계 50대 관광 지역으로 손색이 없다.

암리차르의 황금사원도 웅장하지만 황금사원 숙소인 호텔 또한 10여 층으로 대단했다. 이곳 호텔 숙소는 먹고 자는 것 모두가 공짜다. 그러니 인도 북부로 오는 여행객은 대부분이 이곳에 머물려고 한다. 나는 이곳에서 참으로 색다른 체험을 하였다. 이곳 숙소는 10여 층으로 된 대규모 호텔이다. 그리고 방은 여러 종류이며 3~4명에서 7~8명이 잘 수 있는 여러 크기가 있는데, 이곳 숙소로 오는 사람 순서대로 남녀 구분 없이 방을 배정한다.

가는 방법
파키스탄 라호르에서 약 50㎞, 와가보더 국경에서 약 30㎞의 거리다.
델리에서 기차로 4시간 30여 분 거리다.

암리차르의 황금사원 전경

황금사원 식당에서 배식을 기다리고 있다.

만세라 Mansehra 힌두 사원

힌두신을 모시고 있는 이 사원은 황금사원에서 서북쪽 택시 20여 분 거리에 있는 암리차르에서 유명한 사원이다. 입장료 50루피를 지불하고 사원 안으로 들어가니 입구에는 크고도 위용이 있는 힌두신 상이 위엄 있는 자태로 세워져 있었다. 2층에 오르니 갖가지 신들이 나타난다. 입을 벌리고 잡아먹을 듯이 다가오는 신, 큰 혀를 내밀고 인상을 쓰는 신, 뱀을 목에 걸고 음흉한 표정으로 손을 뻗고 있는 신, 짐승들과 어우러져 괴기한 표정을 짓고 있는 신, 온갖 신들이 지옥을 방불케 할 정도로 섬뜩한 표정으로 다가오는 사원이었다. 힌두교는 다신교라더니 수많은 신이 나를 어지럽게 하였다.

가는 방법
택시 : 20분 소요, 80루피
릭샤 : 30분 소요, 50루피
입장료 : 50루피

잘리안왈라 Jallianwala 공원

이 잘리안왈라Jallianwala 공원은 황금사원에서 10여 분 정도 걸으면 갈 수 있는, 가까운 거리에 있는 피의 역사를 간직한 공원이다. 1919년 4월 13일 영국 통치 시절, 인도인들이 비폭력으로 시위할 무렵 무모한 시민 1,000여 명을 무자비하게 학살한 현장이다. 그때 사살된 이들을 추모하기 위하여 이곳에 충혼탑을 건립한 것이다. 그 사건 이후 인도의 네루 수상의 비폭력 저항으로 1947년 8월 15일 영국으로부터 독립 하게 된다. 역사의 아이러니는 이후 65년이 지나 네루의 외동딸 간디 총리가 시크교도의 분리 독립 저항 시에 400여 명을 사살한 비극으로 재현되었고, 그 결과 간디가 시크교도에 의해 사살되는 비극을 맞이한 곳이다.

가는 방법
황금사원에서 도보로 이동
입장료 : 40루피

숙소
•암리차르 황금사원
요금 : 무료 (기부 제도 시행)

세부 투어 내용
다음 행선지는 남쪽으로 7시간 30분 거리인 인도의 수도 뉴델리다. 이곳 사원 안에도 뉴델리로 가는 기차표 판매소가 있다. 나이가 60세 이상이면 할인을 해 준다. 기차비가 150루피다. 3,000원에 8시간짜리 기차표를 사다니 과연 인도의 시니어 기차 요금은 매우 저렴하였다.

아침 일찍 황금사원을 마지막으로 한 바퀴 돌고 나서 릭샤를 타고(요금: 50루피) 암리차르 기차역으로 갔다.
기차역에는 표만 팔고 개찰하는 사람이 없어 시간이 되면 그냥 좌석 번호를 찾아 타면 된다. 오후 3시 10분 기차를 타고 7시간 반 동안이나 길고도 먼 인도 남녁으로 달려 밤 10시 30분에 인도 수도 뉴델리에 도착하였다.

만세라 사원의 남성 힌두신

만세라 사원의 여성 힌두신

만세라 사원의 여러 힌두신들

인도 105

뉴델리 New Delhi

고대 인도 제국을 200여 년간 지배하였던 무굴 제국의 수도인 델리의 인구는 1,285만여 명이며 면적은 1,483㎢이다. 언어는 힌두어, 영어, 펀자브어, 우르두어를 사용하며 종교는 힌두교, 이슬람교, 다신교 외 샤머니즘을 신봉하고 올드델리와 뉴델리가 함께 공존하고 있는 거대한 도시다. 1947년 영국으로부터 독립한 인도의 델리는 최근 중국과 더불어 급속도로 발전하고 있다. 이곳의 교통 역시 매우 발달하여 세계 어느 곳이나 갈 수 있는 항공 교통과 거미줄 같은 국내 철도와 버스 노선이 편리하다. 특히 철도망은 뉴델리 중앙역 New Delhi Central Railway Station을 중심으로 인도 전역으로 편리하게 연결되어 있다.

주요 볼거리

간디 라지 가트 Raj Ghat, 간디 박물관, 붉은 요새 Red Fort, 모티 마스지드 Moti Masjid, 자마 마스지드 Jama Masjid, 찬드니 초크 Chandni Chowk, 잔타르 만타르 Jantar Mantar, 로디가든 Lodi Garden, 뉴 델리 코노트 플레이스 New Delhi Connaught Place, 인디아 게이트 India Gate, 인도 국립 박물관, 네루 플레이스 Nehru Place, 바하이 사원 Bahai Temple, 델리 대학교 Delhi University, 꾸뜹 미나르 유적군 Qutub Minar Complex

붉은 요새 내부 영빈관 전경

간디 라지 가트 Raj Ghat

이곳은 특별한 볼거리는 없으나 인도 독립과 인도인들의 정신이 녹아 있는 크나큰 기념 광장이다. 이 광장은 나무가 조금 있는 넓은 잔디밭이며 역사적 유물들이 전시된 공원이다. 중앙 언덕 둑 아래 기념 타워가 크게 서 있고 중앙 지하에는 기념관이 있는데, 그곳에 유물 전시관이 있다. 인도인들이 국가의 큰 행사를 할 때면 대규모 인원이 운집할 수 있는 이 기념 공원에서 한다.

가는 방법
델리 기차역 메인 바자르 입구나 하레 라마 hare Rama 호텔에서 릭샤 이용(요금: 100루피)
입장료 : 무료

간디 박물관

간디의 라지 가트가 있는 자유 공원을 나와 걸어서 10여 분 거리에 간디 박물관이 있다. 온갖 종류의 간디 일대기를 이 박물관에 전시해 놓았다. 1층에는 간디의 동상과 문헌이 있고, 그 옆에는 간디의 유품들이 전시되어 있었다. 2층에는 그의 일생에 관한 것들이 전시되어 있다.

입장료 : 40루피

붉은 요새 Red fort

인도의 고대 무굴 제국의 황제인 샤 자한 Shah Jahan (1592~1666)이 델리에 건축한 왕궁이다. 이는 올드델리 최고의 건축물로서 일명 랄 낄라 Lal Quila 라고 부른다. 샤 자한은 중국의 진시황제에 버금가는 위대한 인물이다. 그는 무굴 제국의 통치 전성기를 지나 말년에는 타지마할 Taj Mahal, 아그라 성 Agra Fort 등 세기적 건축물을 축조하면서 국고를 탕진하여 국민들의 원성을 산 인물이다.

가는 방법
델리 기차역 메인 바자르 입구나 하레 라마 hare Rama 호텔에서 릭샤 이용(요금: 100루피)
간디 박물관에서 25분 거리에 있다.
입장료 : 외국인 250루피, 내국인 : 40루피

모티 마스지드 Moti Masjid

모티 마스지드 Moti Masjid 는 이슬람교도인 황제 샤 자한의 아들 아우랑제브가 후일 아버지를 구속하고 왕위를 찬탈한 아픔을 기도로 승화하기 위해 건축한 이슬람 건축물이다. 이 건물에 이슬람식 기도실을 조성하여 그곳에서 아버지를 숙청한 참회의 기도를 드렸다. 그는 사치스럽던 그의 아버지 샤 자한에 비해 매우 검소한 자로 역사에 기록되고 있다.

간디 라지 가트 정문 | 간디 박물관 전시관 내부
붉은성 문 앞

자마 마스지드 Jama Masjid

자마 마스지드 Jama Masjid 성은 붉은 요새와 타지마할을 비롯하여 샤 자한 황제가 건축한 세기적 걸작이다. 이 성은 라호르의 성체와 유사한 것으로 성체 좌우에는 거대한 두 타워가 서 있으며 타워 꼭대기에서는 델리시 전경을 볼 수 있는 전망대가 있다. 성채 앞 광장에는 분수대가 잘 조성되어 있다.

가는 방법
붉은 광장에서 약 25분 거리
델리 기차역 메인 바자르 입구 및 하레 라마 Hare Rama 호텔에서 릭샤 이용(요금: 100루피)
입장료 : 100루피, 카메라 사용료 : 300루피

세부 투어 내용
올드델리 중앙 기차역 앞에서 릭샤를 타고(요금 : 50루피) 메인 바자르에 있는 7~8분 거리의 하레 라마 Hare Rama 게스트 하우스에 도착하였다. 이곳은 서양인들이 만남의 광장으로 이용하는 배낭여행 호텔이다. 요금이 저렴(팬 룸: 400루피 / 에어컨 룸: 500루피)하고 시내 중앙에 위치하여 교통이 편리하고 여행 정보가 많은 곳이다.

호텔에서 릭샤(요금: 100루피)를 타고 다음 행선지인 붉은 요새 Red Fort 로 향했다. 붉은 요새는 말 그대로 붉은 벽돌로 조성된 세기의 걸작으로 유명한 성이다. 입장료는 국내인은 40루피, 외국인은 250루피다. 붉은 요새 Red Fort 안으로 들어가니 과히 무굴 황제 샤 자한의 위용이 넘쳐흘렀다. 성 안은 조그만 도시다. 여러 대문이 있는 성을 지나면 광장이 나오며 그 다음에 또 다른 게이트가 연속적으로 나온다. 세 번째 성의 타워 상부에는 샤 자한 때 사용하였던 고대 무기 전시 박물관이 있었다. 각종 무기며 복장이며 그 때의 유명 장수들이며 역사적 인물의 사진이 전시되어 있었다. 이후 여러 게이트를 지나 마지막 성채에는 샤 자한이 앉아 집무를 했다는 황제의 좌석인 흰 대리석 옥좌가 있었다.

찬드니 초크 Chandni Chowk

이곳은 유서 깊은 만물 재래시장이다. 보석류, 여행 기념품, 장신구, 옷가게 등 없는 것이 없었다.
도자기, 청동, 동물의 뼈로 만든 골동품, 종교 유물, 꽃시장, 향신료 시장, 도깨비시장들이 어우러져 있으며, 온갖 상점, 상인, 물건, 관광객, 릭샤, 가축 등이 뒤엉킨, 인도에서만 볼 수 있는 유일한 곳이다.

가는 방법
붉은 요새에서 도보로 10분 거리에 있다. 지하철 찬드니촉역에서 도보 5분 거리
델리 기차역 메인 바자르 입구나 하레 라마 Hare Rama 호텔에서 릭샤 이용(요금: 50루피)

잔타르 만타르 Jantar Mantar

전철역 파텔 초크 Patel Chowk 에서 10여 분을 걸어가서 잔타르 만타르 천문대로 갔다. 이 천문대는 델리에서는 유서 깊은 곳이나 인도 서부 도시 자이푸르의 잔타르 만타르보다 규모나 시설 면이 빈약하였다. 그러나 주 건물과 주변 광장은 매우 아름다웠다. 몇 장의 사진을 찍고 다

음 코스인 로디 가든으로 갔다.

가는 방법
전철역 파텔 초크Patel Chowk로 가서 도보로 10여 분을 간다.
입장료 : 100루피

로디가든 Lodi Garden
정원 공원인 로디가든Lodi Garden은 간디 기념관 인근에 있다. 로디가든으로 들어가면 입구에서부터 많은 나무와 꽃들이 만개해 있고 오솔길이 사이사이 나 있어 젊은 연인들의 산책 코스로 유명한 여성스런 공원이다.

입장료 : 무료

뉴델리 코노트 플레이스 New Delhi
Connaught Place

코노트 플레이스는 1931년 영국의 총독 러셀Russel 경이 건축가 에드윈 루티엔스Edwin Lutyens를 시켜 조성한 신도시이다. 이곳은 공원 겸 도시 중앙 광장으로, 원형을 중심으로 한 신도시로 러시아 모스크바의 중앙 거리 형태를 닮았다.

뉴델리는 올드델리의 복잡하고 불규칙한 도시의 면모를 일신하는 새로운 이상형의 도시로 지었으며, 이곳은 금융, 상업용, 건물과 쇼핑센터, 은행, 호텔, 여행사, 식당가 등 고급 시설이 자리 잡고 있다. 물가는 조금 비싼 편으로, 서양 사람들이 선호하는 곳이다.

가는 방법
뉴델리역에서 사이클 릭샤 : 50루피. 지하철 라지브 초크에서 하차하면 된다.
라마 게스트 하우스에서 가까운 전철역 알케이 아쉬람 마그R. K. Ashram Marg역에서 한 역 다음인 라지브 초크에 내리면 바로 코노트 플레이스Connaught Place이다.
요금 : 5루피

찬드니 초크 시장 전경

아그라의 타지마할 자마 마스지드

아그라의 타지마할 부근 아그라성

자마 마스지드 성의 타워 꼭대기에서 바라본 델리구 시가지 전경

인디아 게이트 India Gate

인도의 중앙 교차로에 세워져 있는 인디아 게이트는 1차 세계 대전에서 전사한 9만여 명의 인도 병사들을 추모하는 게이트로, 높이가 42m이며 안에는 전사한 군인들의 이름이 새겨져 있다. 이 게이트는 1921년 에드윈 루티엔스 Edwin Lutyens가 설계한 것이다. 이 게이트 전면 20여 m 거리에 또 다른 아치형 기념비가 세워져 있는데, 이는 1971년에 인도군이 인도-파키스탄 전쟁에서 전사한 병사들을 위해 세운 기념비다.

가는 방법

인도 델리 기차역이나 하레 라마 Hare Ramas 호텔 근처 전철역 알케이 아쉬람마그 R. K. Ashram Marg에서 2개역 거리에 있는 센트럴 시크리테리엇 Central Secretariat역에 내리면 게이트가 보인다. 걸어가면 약 15분이 걸린다.

인도 국립 박물관

1960년 12월에 개관한 이 박물관은 원형으로 세워진 3층 건물로, 약 20만 점이 전시되어 있다. 인디아 게이트서 300여 m 거리에 있다. 일층 입구 복도에는 힌두신의 하나인 비슈누 신상이 서 있으며, 인더스 문명, 마우리아 문명, 무굴 제국 등의 유물들이 전시되어 있다. 고대 유물로는 동물의 뼈, 보석, 장신구, 도자기, 청동기 유물 등이 전시되어 있었고, 특히 방마다 불교, 아소카, 이슬람 관련 유물들이 많았다. 인도 화폐의 종류와 발전 과정을 비롯하여 2~3층에는 고대 중앙아시아 유물, 특히 고대 국가들의 유물로 무기, 장비, 복장, 생활필수품들이 전시되어 있었다.

가는 방법

인디아 게이트에서 도보 10분
입장료 : 300루피

인디아 국립 박물관 모습

국립 박물관 표지판

인디아 게이트 India gate

꾸뜹 미나르 유적군 Qutub Minar complex

바하이 사원 Bahai Temple

바하이 사원 Bahai Temple은 이슬람교의 한 종파로서 분리된 바하이교라는 종교의 성전이다. 이는 이슬람교의 신흥 종교로서, 창시자는 바하울라 Baha Ullah이며 전 인류의 형제화, 전 종교의 통일화를 강조하고 있다. 그는 신앙의 중심은 오직 하나인 하나님뿐이며, 예수, 석가, 바하 울라, 무함마드 등 모든 이들은 하나님의 뜻을 이 땅에 알리기 위해 온 성인이라고 한다.

가는 방법
코노트 플레이스에서 오토릭샤 이용(요금: 120루피), 433버스 이용

델리 대학교 Delhi University

인도의 델리 대학교는 명실공히 세계 제8위의 대학으로, 규모가 어마어마하다.
러시아 모스크바 대학교와 같이 웅장하지는 않지만, 고풍스러우면서도 고색창연하다. 더욱이 명문 스테파노칼리지 Stefano College는 마치 로마의 가톨릭 성당같이 고풍스럽다.

델리 대학 남쪽의 캄라 나가르 Kamla Nagar 대학 주변은 매우 현대적이며, 패스트푸드며 통신 기기 상점으로 붐비는 지역에 있다.

가는 방법
델리역에서 오토릭샤(요금: 100루피)로 지하철 비수와 비달에서 사이클 릭샤(요금: 50루피)로 가면 된다.

꾸뜹 미나르 유적군 Qutub Minar Complex

꾸뜹 미나르 유적 단지 Qutub Minar Complex는 델리를 정복한 이슬람의 최대 승전탑이다. 높이는 72.5m로 인도 타워 중 가장 크다. 이곳의 석주는 위대하고 웅장하고 거대하다. 그러나 주변의 사원이나 흙으로 된 성벽들은 허물어져 있으며, 특이한 것은 성터가 명당이어서 그런지 1,000년이 넘어 보이는 고목이 꾸뜹 미나르 유적군을 지키고 서 있다.

가는 방법
버스 : 505번 버스로 갈 수 있다.

숙소

- 하레 라마 호텔 Hare Rama Hotel

주소 : 메인 바자르 Main Bazar 중앙 지역 골목에 위치하여 교통이 편리하고 시장이 가깝다.

- 호텔 나브랑 Hotel Navrang

주소 : 644-c 마할라 보왈라 6 Mahalla Bowalia 6, 토티 초크 Tooti Chowk
전화 : +91 (11) 2358-1965

- 뉴 링고 게스트 하우스 New Ringo Guest House

주소 : 903 갈리 찬크리 메인 바자르 Gali Chancli, Main Bazar
(한국 배낭여행객 추천)

세부 투어 및 다음 행선지로 가기 위하여
뉴델리 코노트 플레이스로 가기 위해 호텔에서 5분 거리인 전철역 아쉬람 마그 역에서 출발하여 코노트 플레이스에 도착했다.

한 시간 동안 코노트 플레이스 투어를 마치고 나는 다시 라지브 초크의 코노트 플레이스에서 전철을 타고 시크리테리엇 역에서 내렸다. 센트럴 시크리테리엇 역에서 15분을 더 걸어가니 인디아 게이트가 중앙 사거리에 하늘을 찌를 듯이 우뚝 서 있었다. 가히 대국답게 높이 42m로 매우 웅장했다. 그 주변에 길이며 수로며 나무들이 잘 조성되어 있었다. 그리고 그 앞 20여 m에는 또 다른 인도–파키스탄 전쟁 중 전사한 병사를 기리기 위한 기념비가 있었다. 그리고 인근에 있는 인도 국립박물관은 1960년 12월 18일에 새롭게 개관했다. 1층에 인도 고대 인더스 문명 유적들이 전시되어 있다. 마우리아Maurya, 굽타Gupta, 무굴Mughul 제국으로 이어진 갖가지 유물들이 전시되어 있었고, 다음으로는 기원전 3,000~2,000년 경 인더스 강가 상류의 하라파 문명과 하류의 모헨조다로 문명 등의 유적지에서 출토된 유물들이 전시되어 있었다.

다음 행선지인 네루 플레이스Nehru Place로 갔다. 성전은 이슬람교의 한 종파로서 분리된 바하이교라는 종교이다. 이 종교 창시자는 바하 울라Baha Ullah(1817~1892)이다. 신은 오직 하나님뿐이다. 그러므로 모든 종교가 통합할 것을 촉구하며 예수, 석가, 무함마드는 모두가 하나님의 뜻을 알리기 위해 이 땅에 온 성인이라고 하였다. 한국 용산에도 현존하며 약 2만여 명의 신도가 있다고 한다.

나는 호텔 근처에 있는 전철역 아쉬람 마그에서 라지브 초크로 가서 환승하여 투워드 후다 시티 카터Towards Huda City Catter로 한 역을 더 가서 유적지 꾸뜹 타워가 있는 꾸뜹 미나르 전철역에서 내렸다. 그곳에서 릭샤(요금: 릭샤 50루피)를 타고 10분 만에 꾸뜹 유적지(요금: 250루피)에 도착하였다. 그 거대한 아소카의 전설이 묻어 있는 꾸뜹 미나르 아소카 석주를 투어하였다.

입구에 서 있는 72.5m 높이의 거대한 석주를 보면서 인도의 찬란한 역사를 느껴 보지 않을 수 없었다. 그러나 세월은 이길 수 없었는지 주변에는 허물어진 옛 성터만이 그 옛날의 화려함을 보여 주는 듯했으며, 근처에는 1,000년이 넘어 보이는 고목이 이곳을 지키고 서 있었다.

이후 저녁 6시에 그간 정들었던 델리를 떠나 인도 북부의 3경의 하나인 자이푸르로 가기 위해 릭샤를 타고(요금: 150루피) 1시간을 달려 시외버스 정류장으로 가서 자이푸르행 시외버스를 타고(뉴델리–자이푸르 버스 요금: 400루피) 밤새도록 달리고 또 달렸다.

꾸뜹 미나르 유적군

신은 오직 하나님 한 분이다라며 종교 통합을 주장하는 바하이 사원 Bahai temple

바하이 사원 Bahai temple 내부 전경

인도 113

21 자이푸르 Jaipur

자이푸르는 델리, 아그라와 함께 북인도의 골든 트라이앵글 3경 중 하나이다. 무굴 제국 전성기 이후 신흥 세력으로 부상한 에드워드 7세(Edward 7)의 강력한 영도로 분리 독립한 세력이 새로운 도시를 건설하여 발전해 온 곳으로, 이곳만의 독특한 정치, 문화를 발전시켜온 특이한 핑크빛 도시다.

자이푸르에 이르는 광활한 들판 전경

자이푸르의 핑크빛 도시 전경

세부 투어 내용

눈을 떠 보니 새벽 4시다. 아직도 버스는 낯선 인도 서부를 달리고 있었다. 6시 30분에 자이푸르 버스 정류장에 도착했다. 버스 정류장에서 배낭을 메고 릭샤를 타고(요금: 50루피) 내가 머물 코콘 게스트 하우스Cocoon Guest House로 갔다.
중하급 게스트 하우스였다. 가격도 저렴하고 도시 중앙에 위치하여 교통이 편리하여 요금 300루피를 주고 여장을 풀었다. 내가 머무는 호텔에서 100여 m 거리에 자이푸르시에서 운영하는 투어 기관이 있었다. 큰길에서 100여 m 좌편 길을 따라가니 자이푸르 경찰서가 있었고 그 다음 건물이 자이푸르시티투어 건물이었다.

1일 1회 아침 9시에 출발하는 버스가 있기에 표를 사서(요금: 300루피) 바로 차에 올랐다. 시티투어 스케줄을 보니 9시부터 오후 6시까지 11개 코스를 관광하는 조건이었다. 나는 인도 전역에서 온 관광객과 어울려 자이푸르 주변 투어를 같이 했다.

가는 방법
기차 : 델리-자이푸르 5시간 30분, 자이푸르-푸쉬카르 3시간 30분
버스 : 델리-자이푸르 6시간, 자이푸르-푸쉬카르 4시간

락슈미 나라얀 사원 Lakshmi Narayan Temple

시티투어 인원은 약 25명 정도로 버스길을 약 30여 분 달려가니 락슈미 나라얀 힌두 사원Laxmi Narayan Temple이 나타났다. 이 사원은 자이푸르 북동쪽의 산성이 있는 아담한 자리에 위치하며 입구에는 여러 곳에서 온 관광차가 주차장에 서 있었다. 안으로 들어가니 사원 그 자체가 형형색색 아름다웠다. 사원 안에는 힌두의 비슈누신이 있었고 그 뒤로 3명의 다른 신이 나란히 있었는데, 사람들은 이곳에 대고 주문을 외고 절을 계속한다. 입구 테라스는 긴 대리석으로 되어 있었다.

입장료 : 60루피

Hawa maha 궁전

이 하와 마할, 일명 바람의 궁전Wind Place은 5층 건물로, 1799년 스와이프라탑 싱 Sawai Pratap Singh이 건축하였다.
어디서나 바람이 잘 통하도록 설계된 테라스가 유명하며 색깔이 특이한 궁전이다. 이곳에서 내려다본 시가지는 온통 핑크색 건물들이 장관을 이룬다.

입장료 : 40루피

델리에서 자이푸르에 이르는 소도시

잔타르 만타르 천문대

이 천문대는 고대 인도 자이싱 2세가 조성한 곳으로, 기후, 기상, 천문, 지리 등을 집대성해 발전시키기 위해 세운 천문 관축소다. 그는 건축, 천문학, 의학 등 다양한 분야에서 탁월한 사람으로 유럽의 미켈란젤로와 견줄 만한 위대한 학자로 추앙받고 있다. 이 잔타르 만타르는 델리와 아그라를 비롯하여 인도에 총 6개 지역이 있으며 그중에서 가장 규모가 크고 아름다운 곳이 이곳이라고 한다. 주변에는 시청, 박물관, 힌두 사원, 재래시장이 한데 어울려 특이한 관광 문화 지역을 형성하고 있었다.

입장료 : 60루피

시티 궁전과 중앙 박물관 City Palace & Central Museum

이 건물의 형태와 색깔은 특이하였다. 이 궁전은 고대 자이싱 2세 왕이 건축하였다고 하며 이후로 마하라자 Maharaja 라는 왕조가 이곳에서 통치하였다고 한다. 1887년에 건축되었다는 이 박물관은 빅토리아풍의 외관과 무굴 제국 양식의 건물 구조가 매우 인상적이었다. 특히 만싱 Man Singh 1세의 붉은색 곤룡포는 갖가지 장신구들로 인상적이었으며 그때의 찬란했던 문화를 보는 듯하였다. 박물관 입구에 전시되어 있는 은 항아리는 세계에서 가장 큰 것으로 기네스북에 등재되어 있다고 한다.

입장료 : 40루피

암베르 성 Amber Fort

자이푸르 북쪽 11km 지점의 산 정상에 위치한 궁전 겸 고대성으로 1037년경 고대 카츠와하 Kachwaha 왕조가 건설한 성이다. 그러나 필자가 보기에 러시아 상트페테르부르크 인접 핀란드만에 있는 겨울 궁전에 비하면 초라했다. 이곳의 매력은 그 크기가 아닌 색상과 아름다움에 있다 하겠다. 특히 이곳의 이슬람식 낙원 정원은 말 그대로 낙원의 정원을 연상되었으나 지금은 모든 것이 허물어져 있었다.

입장료 : 무료

나하가르 성 Nahargarh Fort

1734년에 건축된 이 성은 구시가지 북쪽에 위치한 웅장한 성이다. 이 성은 자이싱 2세에 의해 건설된 것으로, 일명 호랑이성 Tiger Fort 이라 불리며 고대 자이푸르 북서부 전역을 관장했다. 이 성은 자이푸르 구시가지 북서쪽 언덕 위를 따라 적의 공격을 방어하기 위해 구축한 인도 서부 전선 방어성으로 유명하다.

요금 : 무료

자이가르 성 Jaigarh Fort

자이가르 성은 중국 만리장성의 축소판이라 할 수 있는 곳으로, 암베르성 위쪽으로 펼쳐져 있다. 이성에서 내려다보면 암베르 성이 한눈에 보인다. 인도 라지스탄 주의 서쪽에 위치한 고대 군사 요충지로서 조드푸르의 메헤랑가르 Meherangarh 성, 자이살메르의 자이살 성 Jaisal Castle 과 함께 인도 서부의 유명한 3대 성이다.

자이푸르 시의 특색

자이푸르 시는 핑크색 도시로 많은 건물이 핑크색 페인트로 칠해져 있고, 시내에는 아름다운 건물과 길, 공원들이 잘 조성되어 있었으며 시 외곽에는 힌두, 이슬람 관련 사원이 곳곳에 있다. 산성에는 방호를 위한 성들이 구축되어 있어 매우 색다른 관광지이다. 그래서 자이푸르는 델리와 타지마할이 있는 아그라와 함께 인도 북부의 삼경이라 말한다.

숙소

- 코쿤 게스트 하우스 Cocoon Guest House

주소 : 자이푸르 시외버스 터미널 근처
(팬룸, 2~3층 게스트 하우스로, 식사가 가능하고, 청결한 편이며 주인도 친절했다.)

세부 투어 및 다음 행선지로 가기 위하여

새벽 5시 반에 호텔에서 체크아웃하고 오토릭샤를 타고(요금: 50루피) 기차역에 도착하였다. 한참을 기다린 후 전일 구매한 기차표(자이푸르-아그라행 7시 특급열차: 450루피-아침 식사 포함 가격)를 가지고 기차에 올랐다. 시원한 아침 공기를 가르며 드넓은 인도 서북 지역에서 지나가는 평원을 바라보며 다시 동남쪽으로 달려 다음 행선지인 타지마할의 도시 아그라로 향했다.

아그라행 기차를 타고 1시간을 달리니 아침과 음료수 그리고 신문 잡지를 주었다. 인도 북서부에서 인도 중앙남부로 가는 길이다. 그 유명한 타지마할 Taj Mahal의 도시 아그라 기차역에는 아침 11시에 도착하였다. 나는 타지마할 가까이에 있는 샨티 Shanti 호텔로 가기 위해 릭샤를 타고 (요금: 50루피) 20여 분을 달려 성수기에는 어림도 없다는 샨티 호텔에 도착하여 (요금: 500루피) 여장을 풀었다.

자이싱 2세가 세운 구시가지 언덕의 호랑이성

자이푸르의 북서부 호랑이성의 표지판

인도 서부 고대 군사 요충지 자이가르성 전경

22 아그라 Agra

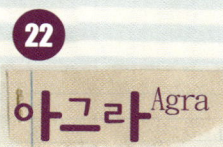

고대 무굴 제국의 옛 수도인 타지마할의 도시 아그라는 현재 인도의 수도인 델리, 북서부에 위치한 자이푸르와 함께 인도의 골든 트라이앵글로, 3경이라 불릴 만큼 매우 아름답고 독특한 도시다.

이곳에서 가장 유명한 타지마할은 고대 인도 제국의 위대한 황제 샤 자한의 황비 무덤으로 죽기 전에 보아야 할 세계 유명 관광지로 손꼽히고 있는 찬란한 걸작품이다.

주요볼거리

타지마할 Taj Mahal, 아그라성 Agra Fort, 무삼만 버즈 Musamman Burj

인도가 낳은 불가사의 타지마할

118 ✱ 아시아 대륙 찾아 문명 기행

타지마할 Taj Mahal

타지마할은 무굴 제국의 제5대 황제 샤 자한Shah Jahan의 아내 뭄타즈 마할Mumtaz Mahal의 무덤으로, 세계 문화유산의 하나이며 인도인의 위대한 건축술을 자랑하는 고대 무굴 제국의 역사적 유적이다. 뭄타즈 마할은 지혜와 미모를 겸비한 가녀린 여인으로 샤 자한의 사랑을 독차지하였으며 출산 도중에 세상을 떠나게 되었다고 한다. 너무나 충격을 받은 샤 자한은 사랑했던 그녀를 위해 세상에 없는 가장 화려한 묘를 건설하여 그녀에게 바친 것이다.

타지마할은 이란의 우스타드 이사Ustad Isa가 설계하여 세계 여러 나라 기술, 특히 중국의 도자기 전문 장인들을 참여시켜 완성한 걸작이다. 야무나 강 변에 세워진 타지마할은 동서 300m, 남북 560m대지 위에 세워진 건축물로 중앙 돔 코너에는 4개의 큰 석주가 세워져 있다. 그리고 사원 바로 앞에는 거울같이 반짝이는 타지마할 연못이 있다. 타지마할의 안쪽 벽면의 대리석 내부에는 신비로운 문양과 보석이 있어 매우 신비로운 비경이었다. 신을 찬양하기 위해서 장식한 것이라고 한다. 현 세계가 멸망하고 심판의 날이 오면 뭄타즈 마할과 샤 자한이 다시 부활할 것이라는 예언이 새겨져 있다고 하니 놀라지 않을 수 없다.

가는 방법
타즈간즈나 샨티 호텔에서 도보 5분 거리에 있다.
입장료 : 750루피

아그라성 Agra Fort

아그라성은 고대 무굴 제국의 제3대 황제 악바르Akbar가 1566년에 건축한, 야무나 강 언덕 위의 위대한 성이다. 이 성 길이는 2.5km이며 높이는 20m이다. 이 성은 타지마할을 건축한 인도 무굴 제국의 샤 자한 황제가 말년에 그의 아들 아우랑제브에 의해 이곳 궁전에 7년이나 구금되어 비운의 최후를 맞이하게 된 슬픈 역사가 있는 비운의 성이다.

가는 방법
타지마할에서 릭샤 요금은 50루피이며 도보로는 25분 거리이다.
입장료 : 300루피(타지마할 입장권을 보이면 50루피를 할인해 준다.)

무삼만 버즈 Musamman Burj

무삼만 버즈는 아그라성 중에서 샤 자한이 구금되어 지내던 역사의 현장이다. 그의 아들 아우랑제브는 큰형 다라 시코Dara Shikoh를 몰아내고 아버지인 샤 자한을 체포하여 이곳에 구금하였다. 샤 자한은 1666년 서거하기까지 7년 동안 무삼만 버즈에 머물렀다.

인도의 자랑 아그라 성

기타 볼거리

• 제항기르 궁Jehangirs Palace : 악바르 황제의 아들 살림Salim을 위해 지은 궁

• 디와니암Diwan-I-Am : 국내외 중요 사절들의 공식 접견실

• 자마 마스지드Jama Masjid : 샤 자한의 딸 자한 아라Jahan Ara를 위해 지은 궁

아그라 시 가는 방법

아그라는 교통의 요지로, 전국 주요 도시와 버스, 기차 노선이 잘 연결되어 있다. 그중에서 기차가 더 편리하다.
기찻길이 연결되어 있는 곳은 델리, 자이푸르, 푸쉬카르, 바라나시, 카주라호 등이다.
버스길로 연결되어 있는 곳은 마뜨리, 괄리오르, 자이푸르, 하르드와르, 시크리, 카주라호 등이다.

숙소

• 호텔 샤 자한Hotel Shah Jahan
주소 : south gate taj ganj
전화 : +91-562-233-3071

세부 투어 및 다음 행선지로 가기 위하여

나는 아그라 터미널에 도착하여 30여 분 거리에 있는 샤 자한이라는 호텔로 갔다. 타지마할에서 5분여 거리인 샤 자한 호텔은 이슬람인이 운영하는 호텔이다. 이 호텔의 요금은 팬 방은 400루피, 에어컨 방은 600루피이다. 그리고 트윈 고급은 1,200루피다.

이 호텔 옥상 라운지에서는 타지마할 윗부분이 잘 보여 성수기는 예약이 어렵도 없다. 또한 주머니가 허약한 배낭객은 이곳에서 사진을 찍으면서 비싼 타지마할 입장료를 대신하기도 하는 곳이다. 이곳의 또 다른 장점은 타지마할 입장료를 한 번 사면 3일 동안 출입이 가능하므로 걸어 다니기에 편리한 곳이다. 뒤편의 작은 길을 따라가면 그 유명한 야무나 강이 나오며 석양이 물드는 저녁 시간의 뱃놀이는 더욱 환상적이다. 강물 위에 은은히 비치는 달빛 아래서는 야무나 강에 떠 있는 타지마할을 건질 수도 있다. 마치 이태백이 강변에 떠 있는 달을 건지려 하듯이…

아침 6시에 준비를 하고 타지마할 서문으로 들어갔다(요금: 750루피) 타지마할은 1632년부터 건설하여 22년이나 걸려 1954년에 세계 최고의 걸작으로 탄생하였다. 총 공사비는 100만 루피로 약 72억 원이 투입되었다고 한다. 당시 72억이면 천문학적인 예산이다. 그리고 연간 20만여 명의 인력과 1,000여 마리의 코끼리가 동원되었다고 하니 놀라지 않을 수 없

다. 입구 중앙에는 아름다운 대리석 무덤이 동쪽 해 뜨는 방향과 서쪽으로 일직선으로 누워 있었다. 이승은 동쪽이요, 내세는 해 지는 서쪽이다. 그러나 이 멋진 대리석 무덤도 도굴을 염려하여 가짜로 만들어 놓았다고 하며 실제로는 지하에 무덤이 있다고 한다.

이후 이 가이드가 플래시로 타지마할 대리석 내벽을 측면에서 비추니 대리석 안에서 여러 색깔의 꽃문양이 2~3센티 크기로 수놓아 있는 것이 선명하게 보이며, 꽃잎 사이에 빨강, 파랑, 노랑, 자주 등 보이지 않던 진한 색깔의 꽃문양이 보였다. 천기누설의 신비한 비밀을 훔쳐보는 듯했다. 아, 그래서 타지마할이구나 하고 속으로 생각했다.

나는 이날 오후에 오토릭샤를 타고(요금: 50루피) 아그라성으로 갔다. 입장료는 250루피다. 타지마할 입장권이 있어서 50루피 할인받은 가격이다. 아그라성은 요란했다. 무굴 제국의 대 황제 샤 자한이 라호르성과 붉은 요새, 타지마할 등 필생의 건축물을 지으면서 국고를 탕진하고 정치적 갈등을 빚은 갖가지 이유로, 지금의 파키스탄의 라호르를 중심으로 한 소왕국을 통치했던 샤 자한의 셋째 아들 아우랑제브가 혁명을 일으켜 대 황제인 아버지 샤 자한을 체포하여 이곳 아그라성에 7년 동안을 구금하였던 곳이다. 대 황제 샤 자한은 사랑하는 여인 뭄타즈 마할의 무덤마저 자유롭게 볼 수도 없도록 모든 창문에 쇠창살을 설치하여 가

두었으니, 한때는 전 인도를 호령했던 대황제는 이곳에서 결국 그렇게 처참한 생을 마감하였다.

다음 날 오토 릭샤(요금: 50루피)를 타고 아그라칸트 기차역으로 갔다. 그리고 다음 행선지인 인도 중앙 남부의 카주라호로 가기 위하여 밤 23시 20분발 카주라호행 열차(요금: 590루피)에 몸을 실었다. 밤차는 특급 에어컨 침대칸이라 매우 쾌적했다.

23 카주라호 Khajuraho

세계적으로 유명한 섹스물 유적군의 도시 카주라호는 고대 찬델라Chandelas 시대에 건립하였다고 한다. 이 지역은 크게 3개 군(서부 사원군, 동부 사원군, 남부 사원군)으로 구성되어 있으며, 서부 사원군은 초기 수많은 사원군이 있었으나 14세기 이슬람군이 파괴하여 지금은 22개의 사원들이 남아 있다고 한다. 특히 라크슈마나Lakshmana와 바라하Baraha 사원 입구에 있는 비슈누신의 세 번째 화신인 멧돼지 모습이 특이하였다. 이곳 사원군의 성애 표시는 대부분이 상상을 초월하고 있다. 남녀 간, 그룹 간, 사람과 동물 간, 사람과 상상의 신들 간에 이루어지는 성애 장면은 희대의 음란물을 능가하여 가히 놀라지 않을 수 없었다. 인도 성자인 간디는 카주라호를 두고 이런 욕망의 찌꺼기가 또한 삶의 즐거움이 왜 성스러운 사원에 있을까라고 개탄하였고, 인도의 시성 타고르는 아무리 더러운 유산도 삶의 흔적이니 부끄러워할 필요가 없다고 하였다.

주요 볼거리
서부 사원군, 동부 사원군, 남부 사원군, 카주라 호 주변 자연 풍경

사원 외벽에 새겨 놓은 온갖 형태의 섹스 장면

서부 사원군

서부 사원군의 대표 사원은 찬드라굽타 사원이다. 이곳의 사원군에는 힌두교 사원, 자이나교 사원, 비슈누 사원들이 혼합되어 있다. 20여 개의 사원으로 이루어져 있으며 라크슈마나 사원과 바라하 사원 등이 대표적이다. 총 108가지의 섹스 자세를 여러 사원 외벽에 새겨 놓았다고 하였다. 불교에서는 인간의 죄업에는 108가지의 번뇌가 있다고 하는데, 인도의 비슈누 종교물에 새겨진 성애물이 108가지라니 참으로 기이한 일이라 아니할 수 없었다. 그리고 이곳 사원군의 입구에 세워진 비슈누신의 화신인 멧돼지 상이 매우 인상적이었다.

동부 사원군

이곳 사원군은 힌두 사원과 자이나교 사원이 혼재된 곳으로, 파르스와나트 사원 Parshwanath Temple과 아디나트 Adinath Temple 사원을 비롯하여 여러 사원으로 이루어져 있다. 교리는 무소유로, 옷도 입지 말아야 한다고 하였다. 이 사원군 주변에는 이슬람 마을이 있고 이슬람 사원들이 있었다.

남부 사원군

남부 사원군은 카주라호에서 약 5㎞ 거리에 위치한 사원군으로, 대표적인 사원은 차트르부즈 사원 Chaturbhuj Temple과 비슈누 사원, 둘라데오 사원 Duladeo Temple이다. 이 주변에는 허물어진 채 방치된 사원들이 여기저기에 있었다.

인도 남부 카주라호의 찬드라굽타 서부 사원군 전경

성애를 즐기는 조각상

비슈누 신의 화신인 멧돼지 상

카주라호 의 찬드라굽타 사원

카주라호의 다양한 성애물 사원

사원 벽면에 새겨진 갖가지 성애물

비슈누 사원군

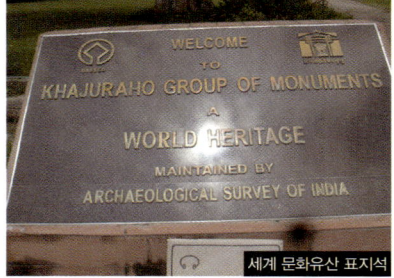
세계 문화유산 표지석

세부 투어 및 다음 행선지로 가기 위하여

아그라의 기차역인 아그라칸트 Agra Cantt 역에서 23시 20분발 카주라 호행 기차를 타고 인도남역으로 밤새도록 달려 6시간 후인 아침 5시에 카주라 호 기차역에 도착하였다. 역전에서 릭샤를 타고(요금: 70루피) 30여 분을 달려 샨티호텔에 도착하였다.
비수기라 그런지 자국 로컬 투어객 몇 명 이외에는 관광객이 없었다. 나는 바닥이 대리석으로 된 꽤 고급 호텔 룸(요금: 500루피)을 잡았다. 그리고 오후에 이스트게이트 서쪽 사원군 지역을 둘러보았다.

대부분의 카주라호 사원들은 전쟁과 성애 조각물로 장식되어 있었는데, 남녀 일대일 성애 조각, 그룹 섹스 조각, 사람과 동물이 한데 어울려 성애를 즐기는 조각, 심지어 동물과 혼음, 더 나아가 용 같은 상상의 동물들과도, 그리고 천상의 희귀한 상상의 신들과 성관계를 하는 수많은 섹스 장면도 새겨져 있었다. 왜 그럴까 하고 이유를 들어 보니, 전쟁이 그칠 줄 몰랐던 그 당시의 상황과 관련이 있다고 한다. 이곳은 우리나라 방송에서도 여러 번 보도했듯이 우리의 유교 사상에서는 상상도 못할 은밀한 음란물의 극치를 이루고 있었다.

아침 10시경 대표적인 서부 사원군으로 갔다. 대표적인 사원으로는 라크슈마나 사원과 바라하 사원이 있다. 특히 이 사원군 입구에 있는 비슈누신의 화신인 멧돼지 상이 꽤나 인상적이었다. 이곳은 카주라호의 대표적 사원군으로 입장료가 자국민은 10루피이나 외국인은 250루피이다.

다음으로 동부 사원군으로 갔다. 이곳의 대표적인 사원으로는 파르스와나트 사원과 아디나트 사원이 있다. 이들 사원은 자이나교 사원과 비슈누 사원들이었으며 이 주변의 여러 곳을 돌고 나니 이곳에서 유명한 카마수트라 사원이 있었다. 카마는 섹스다. 수트라는 기술 혹은 기교를 말한다. 즉, 카마수트라란 섹스 기술을 말한다.

나는 카주라호의 북쪽, 버스로 4시간 거리에 위치한 소도시 잔시와 오르차에 가 보기로 하였다. 이 호텔에서 20여 분 거리에 있는 카주라호 시외버스 정류장에서 아침 8시에 출발하는 오르차로 가는 시외버스를 타고(요금: 170루피) 갔다.

오르차 Orchha

잔시와 카주라호 사이에 위치한 인도의 숨은 비경 중 하나로, 인구 2,000여 명의 작은 마을이다. 잔시에서 18㎞ 거리로 릭샤를 이용하여 갈 수 있다.(요금: 100루피/오토 릭샤: 150루피). 버스는 20루피로 갈 수 있다. 오르차에서 제일 유명하다는 람라자 사원 Ram Raja Temple 으로 가니 입장료가 250루피다. 자국민은 10루피다. 언제나 외국인에게는 입장료가 비싼 편이다.

오르차의 대표적인 이 사원 입구 광장에는 흙벽돌로 된 테라스 광장이 있었고, 돌계단을 돌아 올라가니 종교인이 한데 모여 종교 행사를 한 것으로 보이는 광장이 있었다. 그 사면으로 세워진 성벽을 따라 인도 특유의 고대 무굴 제국의 문명이 서린 탑 위에 아름다운 정자가 세워져 있다. 이 정자 너머로 동쪽에서 서쪽으로 유유히 흐르는 긴 강 너머 여러 곳에 우뚝 서 있는 여러 사원은 한 폭의 그림이었다. 서남쪽 강변에는 오르차 시내가 한눈에 들어왔으며, 들판에는 뜨거운 이곳 기후에 적응하며 이름 모를 식물들이 신기하게 자라고 있었다.

이곳의 대표적인 사원은 Ram Raj, Jahangir Mahal, Praveen Mahal, Chaturbhuj, Phool bagh 등이 있으며 이 외에도 허물어진 사원들이 여기저기에 있었다. 그 옛날의 화려했던 시절은 가고 텅 빈 성터만 우리 같은 뜨내기 나그네의 발길만 기다리고 있을 뿐이다. 이후 150루피를 주고 잔시로 가서 한동안 투어한 후 저녁 늦게 잔시 시외버스 정류장 샤뿌나뿌리 SAPUNA BURI 에서 카주라 호로 다시 돌아왔다. 다음 날 행선지인 바라나시로 가기 위하여 이 호텔에서 바라나시로 가는 기차표를 구매하여 카주라 호 기차역에서 출발한 밤 기차는 비 오는 인도의 동북부의 바라나시를 향해 밤새도록 달렸다.

오르차의 유명한 람 라자 사원

자한기르 사원 Jahangir temple

24 바라나시 Varanasi

인도 여행이라면 바라나시이다. 바라나시를 보았다면 인도를 본 것이며 바라나시를 보지 않았다면 인도를 본 것이 아니라고 말할 정도로 인도의 혼이 살아 숨쉬는 수천 년의 역사 도시다.

바라나시를 가로지르는 갠지스 강에는 사람들과 가축들과 한데 어우러진 쓰레기와 배설물, 타다 남은 시체 더미와 악취, 온갖 더러운 빨래, 온갖 잡동사니들이 떠 있는 강물이 유유히 흐르지만, 그 속에서 빨래하고, 몸을 씻고, 그물을 마시면서 살아가는 곳이 바라나시다.

기원전 600여 년부터 브라만교를 신봉하는 사상가들이 모여들었던 곳이며 붓다가 해탈한 후에 바라나시 인근의 사르나트 Sarnath 에서 처음으로 4성제를 설교한 곳이며 힌두교와 불교, 브라만 등 이들의 심오한 사상과 철학이 녹아 있는 진리를 배우려고 수많은 인도인은 물론 전 세계인들이 모여드는 도시다.

주요 볼거리

판치 강가 가트 Panch Ganga Ghat, 마니카르니카 가트 Manikarnika Ghat, 다사스와메드 가트 Dasaswamedh Ghat, 하리시찬드라 가트, 아시가트 두르가 사원 Durga Temple, 시마나스 사원, 베나레스 힌두 대학 BHU:Benares Hindu University, 바라트 칼라 바반 Bharat Kala Bhavan 박물관, 바라나시 황금사원 등

바라나시 기차역

가는 방법
바라나시는 항공기와 기차로 갈 수 있다. 기차는 델리, 카주라호, 시트나, 아그라, 뭄바이, 카트만두, 소나울리 등 대부분의 유명 지역과 연결되어 있다. 바라나시의 기차역으로는 중심가에 바라나시 정크션 역 Varanasi Junction Railroad Station이 있고, 서부 지역 역은 바라나시 시티 역 Varanasi City Railroad Station과 카시 기차역 Kashi Railroad Station이 있으며, 시외곽 16km 지점에 무갈 사라이 역 Mughal Sarai Railroad Station이 있다.

판치 강가 가트 Panch Ganga Ghat
판치 강가 가트는 웅장한 위용을 자랑하는 알람기르 모스크 Alamgir Mosque 이슬람 사원이다. 이 사원은 인도의 타지마할을 건축한 무굴 제국의 제5대 황제 샤 자한의 아들 아우랑제브가 기존 라마 사원 Rama Temple을 허물고 갠지스 강 언덕에 건설한 이슬람 전통 사원이다.

가는 방법
마니카르니카 가트에서 북쪽으로 약 5분 거리에 있다.
입장료 : 무료

마니카르니카 가트 Manikarnika Ghat
이곳은 바라나시 화장터로 유명하며 강가의 화장터 중 가장 유명한 곳으로 힌두인들은 이곳에서 화장하는 것이 소원이며, 이곳에서 화장하면 다시는 한 많은 이 세상에 태어나지 않는다고 믿고 있다. 1,200년의 역사를 가지고 있는 이 화장터의 골목길 좌우에는 제재소를 방불케 할 정도로 집집마다 장작을 산더미처럼 쌓아 놓고 갠지스 강 변 가트에는 매일 4~5군데에서 시체를 태우고 있다.

가는 방법
다사스와메드 가트에서 북쪽으로 약 5분 거리에 있다.

운무가 드리워진 새벽 갠지스 강변에서

바라나시 시가지 전경 / 바라나시의 갠지스 강가

다사스와메드 가트 Dasaswamedh Ghat

바라나시의 중앙 부분에 위치한 다사스와메드 가트는 수많은 인파가 몰리는 곳이자 이승을 이별하는 마지막 종교 순례자들의 힌두 종교 행사를 벌이는 곳으로 꼭 가 보아야 할 곳이다. 이곳은 수많은 사람이 주문을 외우며 강의 더러운 물을 신성시하며 마시기도도 하고 집으로 가져가기도 하는 특이한 곳이다. 저녁 6시 30분부터 힌두제가 열리며 세계 각지에서 이를 보려고 몰려드는 곳이다. 힌두제를 지내는 장면은 가히 환상적이다.

가는 방법
보트로 가는 방법과 도보로 가는 방법이 있다.

두르가 사원 Durga Temple

이곳 두르가 사원은 시바의 아내인 두르가 Durga를 기리는 사원으로 일명 원숭이 사원이라고도 한다. 힌두교도가 아니면 본당 출입은 통제된다. 이곳은 힌두 대학으로 가는 길목에 있으며 조그만 하천 돌다리를 건너면 있다.

가는 방법
중심부 강가에 있어 릭샤를 타거나 걸어갈 수 있다.

베나레스 힌두 대학 BHU, Benares Hindu University

인도의 민족주의자인 판디트 말라비야 Pandit Malavia가 창설한 곳으로 인도 철학, 산스크리트 어, 인도의 전통, 인도 문학과 예술에 중점을 두는 유명한 인도 대학이다.

가는 방법
아시카트나 고돌리에 등에서 릭샤로 가면 가까운 곳이다.

바라트 칼라 바반 Bharat Kala Bhavan 박물관

고대 무굴 제국의 각종 유물과 바라나시의 고대 모습들이 전시되어 있고 2층에는 러시아 화가들의 그림과 유적들이 전시되어 있다.

가는 방법
힌두 대학에서 약 20여 분 소요. 릭샤를 이용하거나 걸어서 갈 수 있다.

황금사원 Golden Temple

이 사원은 1776년에 아할리아 바이 Ahalya Bai가 조성한 사원으로 고대 파키스탄 라호르의 지배자였던 마하라자 란지트 싱이 황금 800kg을 들여 만든 유명한 사원이다.

가는 방법
릭샤나 오토 릭샤가 편리하다.

숙소

• 산카타 게스트 하우스 Sankatha Guest House

주소 : 10,60, bramhnal,manikamika ghat
전화 : +91 (542) 320-4836

• 옴 홈 게스트 하우스 Om Home Guest House
주소 : 마니카르니카 가트 안 골목
전화 : +91 (542) 289-2568

세부 투어 및 다음 행선지로 가기 위하여

바라나시 중앙역인 바라나시 정크션 역에 내리니 내 마음은 설렌다. 우선 바라나시라는 간판이 보이는 기차역을 뒤에 두고 사진을 찍었다. 인도에 오면 바라나시를 가 보아야 인도를 본 것이라며, 여러 책자에서 소개된 도시가 아니던가. 왜 그런 말이 나왔을까. 무엇보다 유구한 역사 속을 유유히 흐르는 이들의 생명줄인 갠지스 강이 눈에 들어온다. 이 강물에서 생의 마지막을 장식하는, 1,200년이 넘는 역사와 전통을 가진 강가 화장터, 대부분의 인도인이 믿고 있는 힌두교의 중심 사상을 배우는 힌두 대학, 고대 무굴 제국에서부터 현세에 이르기까지 갠지스 강변에 이루어 놓은 수많은 사원과 역사적 이름을 가진 건물들. 그리고 면면히 전해 내려오는 정신적 지주인 인도 철학 사상과 특이한 종교인들과 특이한 행동으로 표현하는 요가 등이 그 어느 도시보다도 다양하다고 말할 수 있는 곳이기 때문이다. 특히 바라나시는 그 무엇보다도 화장터가 유명하다. 인도인은 이승의 삶을 마칠 때는 1,200여 년의 전통이 녹아 있는 이곳 갠지스 강가 화장터에서 온몸이 불태워져 갠지스 강물에 녹아 흐르기를 간절히 기원한다고 한다. 그래야만 다시는 한 많은 이승에 태어나지 않고 윤회를 벗어난다고 믿기 때문이다.

한동안 휴식을 하고 4시경에 갠지스 강가로 나갔다. 시체를 태우기 위해 장작불이 활활 타오른다. 그 옆에는 시신을 태우는 불 무더기가 3곳에서 타오른다. 또 그 옆에는 나란히 시신들이 누워서 타오르는 불길에 올라갈 준비를 하고 대기하고 있었다. 수많은 사람이 이를 구경하기 위해 주변에 서성이고 있었다. 인간의 마지막 길이 너무 처량하고 허무해 보였다.

이후 그 유명한 힌두제를 지낸다는 다사스와메드 가트 강가로 갔다. 이미 수백 명의 내외국인들로 발을 디딜 틈도 없었다 힌두제를 지내는 제주는 어떻게 선발했는지 서양인같이 키가 크고 흰 얼굴에 모두가 미남들로, 5명의 제주가 단상에서 동시에 실행한다. 처음에는 힌두 관련 노래를 구성지게 부르더니 향불을 피우고 갠지스 강을 보고 5명이 절을 한다. 피리를 불고 장구를 치며 종을 치고 오키트를 분다. 구성지다. 다음에는 고동 같은 악기로 강을 향해 부-웅- 하고 길게 불면서 분위기를 띄운다. 구성진 제주 들의 주문에 맞춰 가트 양편 건물에 매달린 큰 종은 딩-딩- 하면서 구슬픈 종소리를 띄워 보낸다. 연이어 꽹과리 소리, 북소리, 고동 소리가 한데 어울려 메아리치는데, 제주들이 특이한 동작으로 너울너울 음률에 맞춰 춤을 추면서 읊조리는 힌두제의 주문 소리는 그렇게 갠지스 강물 위로 구성지게 울려 퍼져 갔다.

정말이지 이곳에서 인도인들의 또 다른 면을 엿볼 수 있었던 색다른 체험이었다. 이곳 바라나시에 가면 20~30여 개의 가트 중에 이 다사스와메드 가트에서 저녁 6시 30분에 열리는 이 힌두 제전에 참여를 추천한다.

25 사르나트 Sarnath

불교 4대 성지의 하나인 사르나트는 싯다르타가 보드가야(지금은 네팔의 인도 국경 20㎞ 지점에 있다)에서 해탈(깨달음)을 이룬 후에 제일 처음으로 수제자들에게 설법을 한 곳이다. 기원전 6세기경 지금의 네팔 소나울리 인근 룸비니에서 카필라 왕자로 태어난 고타마 싯다르타 Gautama Siddhartha 는 29세에 절대자유를 찾아 출가했다. 온갖 고행과 정진으로 35세 때에 보드가야에서 대각大覺을 이루었다. 기원전 623년 4월 15일 새벽 4시경 인도의 북동부 지역 보드가야의 보리수나무 아래서 북두칠성을 바라보던 중 보름달이 뜰 때였다. 이를 두고 대각, 득도, 정각, 깨달음, 해탈이라고 한다. 이 대각의 핵심은 불교 교리의 핵심인 4성제를 말한다. 이후 싯다르타는 맨 처음으로 진리를 깨달으려고 같이 노력하였던 5명의 도반을 찾아 그가 깨우친 4성제를 설파하였고, 설교를 들었던 모든 도반이 감명을 받아 제자가 된 곳이 바로 사르나트이다. 이후 45년 여 동안 정진과 설법을 하였으며 80세에 인도 북부 지금의 고라크푸르의 쿠쉬나가르에서 인멸하시였다.

주요 볼거리

다마라지카 스투파 Dharmarajika Stupa, 아소카 석주 Ashokan Pillar, 물라간다꾸띠 비하르 Mulagandha Kuti Vihar, 고고학 박물관

붓다가 해탈한 후 처음 설법을 한 사르나트에 세워진 다마라지카 스투파

다마라지카 스투파 Dharmarajika Stupa

붓다가 해탈 후 최초로 설법한 곳에 대형 스투파를 조성하여 놓은 것이 다마라지카 스투파다. 이는 무굴 제국 아소카 왕의 작품으로 30m의 높이다. 이 스투파에는 기원의 역사를 기록해 두었다고 하나 아직 해독되지 않았고, 이곳에 있었던 붓다의 사리함과 불상은 제2 도시인 콜카타 박물관에 전시되어 있다.

아소카의 석주는 현재 대부분 파괴되어 석주의 기초인 기단만 남아 있는 상태이다. 석주 상단에 있었던 사르나트 황금색 사자상은 인도 화폐에 새겨져 있으며 현재 사르나트 입구에서 100여 m 거리에 있는 고고학 박물관 입구 현관 맨 앞에 전시되어 있다.

입장료 : 260루피

물라간다꾸띠 비하르 Mulagandha Kuti Vihar

1931년에 세워진 물라간다꾸띠 비하르는 마하보디가 세운 것이며 사원 입구의 거대한 종과 벽화는 일본 불교계에서 지원한 것이다. 이 사원 뒤쪽의 보리수나무는 보드가야의 마하보디 사원에 있는 보리수 종자를 가져와서 심은 것으로, 붓다가 해탈한 그 보리수나무의 후손이 되는 나무이다.

입장료 : 60루피

아소카 석주 베치도

스투파 있는 한국 사찰 입구 표지판

물라간다꾸띠 비하르

사르나트 인근 한국 통도사 분원 전경
꾸띠 비하르 사원의 붓다 상

아소카 석주 최상단 독수리금속 조각

아소카 석주가 세워졌던 기단
아소카 석주 역사의 기록 석판

고고학 박물관

이 박물관의 핵심 전시물 중 하나는 아소카 왕이 붓다가 해탈 후 처음으로 설법한 사르나트에 세운 조각상이다. 아소카 석주 상부에 세웠던 사르나트 사자상이 전시되어 있어 유명하며 이 사자상은 인도 화폐에도 새겨져 있다. 안쪽 전시실에는 무굴 제국 시대의 불상 유적들을 전시해 놓았는데, 매우 오래되고 정교한 것들이다.

가는 방법

주소 : 아소카 석주 자리에서 100여 m 앞 입구. 도로 가까이 있다.
입장료 : 5루피

- 바라나시의 정크션 역 앞 버스 정류장–사르나트 : 40분 소요, 요금 : 10루피

- 바라나시의 정크션 역–사르나트 : 오토릭샤 30분 소요, 요금 : 50루피

- 바라나시 고돌리아–사르나트 : 오토릭샤 (20~30분), 요금 : 100루피

숙소

바라나시에서 주로 1일 투어로 다녀온다. 잠잘 때는 중국/미얀마/한국 사찰 숙소를 이용해 보자.

세부 투어 및 다음 행선지로 가기 위하여

아침에 사르나트로 가기 위해 오토릭샤를 타고(요금: 50루피) 바라나시 기차역으로 가서 사르나트 핵심 요지인 다마라지카 스투파로 갔다. 스투파는 붓다가 해탈 후 첫 설법을 한 장소를 기념하기 위하여 세운 거대한불탑을 말한다. 입장료는 100루피다. 이곳에서 부처는 해탈의 핵심인 4성제, 즉 고집멸도苦集滅道를 설파하였으며 이를 이루는 방법인 8 정도八正道를 설파하였다.

나는 이곳 스투파를 돌면서 다시 한 번 4성제인 고집멸도와 8 정도를 암송해 보았으며 또한 반야심경 260자 마하반야 바라밀다 심경을 읊어 보았다.

다음으로 다마라지카 스투파에서 70여 m 거리에 있는 아소카 석주를 보러 갔다. 전 인도를 통일한 아소카 왕이 이곳 사르나트를 둘러보고 붓다의 진리를 최초로 설법한 이 위대한 곳을 기념하기 위하여 거대한 기상으로 세운 석주, 그 석주맨 위의 황금색 사자 4마리가 동서남북으로 서 있고 그 위에 횃불이 타오르고 있지 않았던가. 그 유명한 석주맨 위 핵심부인 독수리 횃불상이 바로 100여 m 앞에 있는 고고학 박물관 안쪽 메인홀 입구에 전시되어 있다. 그리고 지금 통용되고 있는 인도 화폐에도 그 문양이 새겨져 있다.

이후 도보 5분 거리(약 300m)에 위치한 물라간다꾸띠 비하르 사원에 들어가니 붓다의 일생이 그림으로 걸려 있는데, 문양이 매우 아름다웠다. 고요한 바다에 이는 물거품 같은 중생의 끝없는 욕망을 불사르고 오직 정진하여 도道에 이르렀던 붓다야말로 대 인류의 선각자요, 대성인이었다. 인근에 있는 야외 사찰에는 붓다가 5명의 수제자에게 4성제와 8정도를 설법하는 장면의 불상이 있었으며 갖가지 역사와 기록이 새겨진 동판이 있었다.

이를 돌아보고 이후 20여 분 거리에 있는 한국통도사분원인 녹야원과 일본 사찰, 태국 사찰 등 여러 외국 사찰을 들러본 후 다시 사르낫트 입구의 고고학 박물관으로 갔다.(요금: 5루피) 입구에는 그렇게도 보고 싶었던 아쇼카 석주가 맨 꼭대기에 있었고, 4마리의 황금사자상과 그 위로 타오르는 횃불 상징을 볼 수 있었다. 그 외에 여러 부처상과 기타 유물들도 매우 정교하고 아름다웠다. 호텔로 돌아오는 길에 바라나시기차역으로 가서 보드가야로 가기 위해 가야행 기차표를 구입한 후 릭샤를 타고 30여 분 거리의 원숭이 사원과 유서 깊은 힌두 대학 교정을 돌아보았다.

나는 숙소를 나와 펀치 강가 왼쪽 위에 우뚝 서 있는 아우랑제브의 게이트로 갔다. 그 옛날의 화려했던 시절을 떠올렸다. 그러나 세월의 무상함이여. 이제는 한낱 폐허 같은 빛바랜 고성만이 갠지스 강을 내려다보고 있었다. 참으로 세월의 무상함이다.

다음 행선지인 보드가야로 가기 위하여 밤 11시 반에 릭샤를 타고 바라나시 기차역으로 갔다. 1박 2일 예정으로 붓다가 해탈한 곳인 인도 북동부에 위치한 보드가야를 가기 위해서다. 먼저 이곳 바라나시 기차역 물품보관소에 배낭을 맡기고(요금: 35루피) 맨몸으로 1박 2일간 해탈의 대 성지인 보드가야행 기차를 타고(요금: 145루피) 인도 북동부의 대평원을 달려 가야기차역에서 내렸다. 그리고 다시 릭샤를 타고(요금: 100루피) 한 시간을 더 달려 붓다가 해탈한 성지 보드가야에 도착하였다.

인도 사르나트의 고고학 박물관 입구 전경

26 부다가야 Buddha Gaya

불교의 4대 성지 중 하나인 보드가야는 인도의 고타마 싯다르타가 룸비니에서 태어나 온갖 역경을 극복하고 해탈에 이른 곳이다. 그러나 12세기 이슬람의 침공으로 이 지역이 모두 이슬람화되었고 16세기에는 인도에서 번창한 힌두교에 의해 점령되어 경전으로 전해오던 심오한 불교 사상이 쇠락의 길을 걷게 되었다. 이에 분노한 스리랑카 불교도인 다르마팔라 Dharmapala 는 1953년부터 수십 년에 걸쳐 인도 공화국과의 긴 법정 소송에서 승리하여 보드가야 일대를 다시 성지로 환원하였다. 현재 이곳에는 세계 여러 나라의 불교 사찰이 있으며 한국은 이곳에 고려사란 불교 사찰을 두고 있다.

붓다가 해탈한 성지 마하보디 사원

마하보디 Mahabodhi 사원

마하보디 사원은 붓다가 대각大覺을 이룩한 자리에 세워진 4대 불교 성지 중 으뜸이라 할 수 있는 웅장한 사원이다. 고대 아소카왕이 이 사원을 건설했으나 파괴되어 힌두 사원으로 변모하였다가 미얀마 왕실에 의해 4차례의 개보수 과정을 거쳐 1882년에 현재의 마하보디 사원으로 탄생하였다.

가는 방법
바라나시나 인도의 제2대 도시인 벵골만의 콜카타에서 기차로 가야역으로 가서 버스나 릭샤로 보드가야로 가야 한다.
요금 : 가야-보드가야 버스 요금 : 80루피, 오토릭샤 요금 : 150루피

보드가야 국제 사원 지구 Bodhgaya
International Temple Complex

불교 4대 성지 중 이 보드가야에는 국제 불교 사원 구역이 있다. 이곳에는 세계 여러 국가의 불교계에서 자국의 불교 사찰을 세운 곳으로, 한국, 중국, 대만, 일본, 티베트, 부탄, 방글라데시, 네팔, 베트남, 미얀마 등 많은 국가가 자국의 사원을 세워서 불도를 숭상하고 있다.

가는 방법
보드가야 주변에 여러 국가의 사원이 있으므로 시간 여유를 두고 천천히 돌아보자.

숙소
보드가야에서는 잠자리를 못 구하면 국제 사찰에서 기부하고 잘 수 있다.

- 미얀마 사원
주소 : 버스 정류장 부근에 위치

- 고려사
주소 : 보드가야 로드
(숙식이 포함, 요금은 기부 형식이며 봉사 금액이다.)

- 딥 게스트 하우스 Deep Guest House
주소 : 버스 정류장 부근
전화 : +91 (631) 240-0463

세부 투어 및 다음 행선지로 가기 위하여
나는 마하보드가야 사원으로 갔다.(마하란 대자대비한, 크나큰, 무한대의 뜻이다) 입장료는 없었다. 인도에서 입장료가 없는 곳은 이곳뿐이다. 대자대비한 보드가야 해탈 사원에서 입장료 따윈 필요가 없다고 주최 측은 말했다. 경계 문에 들어서니 너무나 감개무량하다. 참으로 경이롭고 웅장하면서도 조용하고 안정되어 마치 고향에 온 느낌이다. 나는 인도에 온 후 이렇게 웅장하고 품위가 있는 아름다운 모나스트리 불탑은 처음이며 매우 평화로워 보였다.

보드가야에서 다시 바라나시로 돌아오는 기차표가 없어 바라나시 인접 역인 무굴사라이역을 통해 어렵게 바라나시역으로 돌아와서 기차역 보관소에 맡겨둔 배낭을 찾았다. 이후 인도의 북동쪽 네팔 근교에 위치한 고라크푸르로 가는 밤 11시 9분 행 특급 열차표를 구매하지 못해 입석표(요금: 45루피)를 구매하였으나 연착하여 0시 50분에 비 내리는 인도 북녘을 밤새도록 달렸다.

붓다의 해탈 후 7주간의 비밀

(이 내용은 마하보디 사원 경내에 부처께서 해탈 후 7주간 머물렀던 7 장소에 있는 7개의 팻말 내용이다.)

① 기원전 623년 4월 15일 싯다르타는 보드가야의 보리수나무 아래 금강좌에 앉아 북두칠성을 바라보며 명상을 하던 중 보름달이 떴을 찰나 온 세상이 번쩍하고 광명이 비침과 함께 해탈하셨다. (해탈의 핵심은 윤회의 고리에서 벗어나는 4성제를 깨달은 것이다.)

② 해탈 후 1주일간 반야나무 아래서 자신이 깨달은 해탈에 대해 다시 한 번 사유(깨달은 바를 확인하는 것)하시었다.
내용은 4성제(고집멸도)이며 이를 실천하는 것은 8 정도(정견正見, 정사유正思惟, 정어正語, 정업正業, 정명正命, 정정진正精進, 정념正念, 정정正定)이다.

③ 3주차에 길을 걸으며 자신의 육체(영, 육)에 관하여 명상을 하시었다.

④ 4주차에 보리수나무를 등지고 인연의 법칙(12 연기법)을 정리하셨다.

⑤ 5주차 브라만(카르마 : 죄업)이란 누가 만드는 것이 아니라 본인이 만든다는 것을 깨달으셨다.

⑥ 보드가야에서 깨달은 법을 세상에 전파할 것인지 아니면 그만둘까를 명상하실 때에 하늘에서 천둥 번개가 요란했다. 이때 모든 살아 있는 생명체들이 부처님을 에워싸며 경배하였으며 뱀의 왕인 킹코브라가 꼬리를 내리며 온몸으로 부처님을 비와 바람으로부터 막아 주었다.

⑦ 7주차 명상을 하실 때에 2명의 상인이 와서 떡과 꿀을 봉양하였다.
이제 거룩한 부처님과 거룩한 진리가 이루어졌다. 그러나 이를 전파할 수행자 집단은 아직 이루어지지 않았다는 것을 알게 되었다.

이러한 7가지의 비밀의 장소가 이곳 보드가야 마하보디 사원에 있고, 해당 장소에 팻말이 붙어 있었다. (팻말은 힌디어와 영어로 되어 있다.)
(이후 수행자 집단을 육성하기 위해 싯다르타는 걸어서 바라나시의 사르나트 Sarnath로 가서 첫 번째로 4성제와 8 정도를 설파하시었다. 필자 주)
(출처-보드가야 고려사 정○ 스님 제공)

불탑 3가지 종류

① 템플 : 불탑 안에 부처가 모셔 있고 다른 불교 장식 조각품들이 불탑 안에 새겨져 있는 곳, 불국사 석굴암 같은 곳을 말한다.

② 파고다 : 불탑 외부에 부처나 불교 장식 조각품들이 새겨져 있고 불탑을 오르는 계단과 장식물이 불탑 외부에 설치된 곳을 말한다.

③ 모나스트리 : 불탑 안과 밖 모두에 부처나 불교 장식 조각품들이 새겨져 있고 계단이나 종, 전망대 등이 조성되어 있으며 스님들이 함께 거주하는 곳을 말한다.

해 질 녘에 바라본 보드가야의 마하보디 사원

② 쿠쉬나가르 Kushinagar

쿠쉬나가르는 성인 싯다르타가 80세가 되어 죽음을 예견하고 열반한 곳으로, 불교 4대 성지 중 마지막 장소이다. 안내 책자에 의하면 그 당시 인접 지역에 7~8개의 나라가 중국의 춘추 전국 시대처럼 각축을 벌이고 있어 자신의 사후 서로 사리를 차지하려는 전쟁으로 변질될까 염려하여 이 외진 곳을 택했다는 것이다. 그래서 붓다가 인멸하신 후 전쟁은 없었다고 한다. 이곳은 지금까지도 교통이 열악하고 가기가 매우 어려운 곳이다.

주요 볼거리
열반당 : 니르바나 만디르 Nirvana Mandir, 람바르 스투파 Rambar Stupa

붓다가 인멸한 쿠쉬나가르의 백탑 사원

열반당 : 니르바나 만디르 Nirvana Mandir

붓다가 열반한 자리에 세워진 길이 6.2m의 와불이 있다. 붓다가 잠자는 듯 편안히 누워 있고, 그 열반당 뒤에는 열반탑이 있다. 붓다의 열반을 비통해하며 울부짖는 조각상은 붓다가 가장 아끼는 제자 아난다이다.

람바르 스투파 Rambar Stupa

열반당에서 도보 30분 거리에 람바스 스투파가 자리 잡고 있다.
이곳은 말라Malla족 왕들의 대관식을 치르는 곳으로, 붓다의 다비식을 치른 곳이며 또한 붓다가 목욕했다는 히라이냐바티Hirainyavati 강이 지금도 유유히 흐른다. 7세기에는 중국의 법승 현장도 이곳에서 정진하면서 불사리를 친견하였다고 전해지고 있다.

가는 방법
고라크푸르-꾸쉬나가르 : 버스 1시간 30분
요금 : 30루피 (고라크푸르를 통해서만 갈 수 있다.)

숙소
불교의 성지로서 불교의 기본인 보시와 자비를 실천하는 곳으로, 이들 숙소에는 무료로 잠을 잘 수 있다. 미얀마, 중국, 일본, 태국, 한국의 대한사 등이 있다. 숙박료는 받지 않으나 십시일반 기부를 한다.

• 인터내셔널 컬쳐럴 게스트 하우스 International Cultural Guest House
주소 : 주도로 Main Rd
전화 : +91-5564-272164

• 파틱 니와스 호텔 Pathik Niwas Hotel
주소 : 주도로 Main Rd
전화 : +91-5564-271038

세부 투어 및 다음 행선지로 가기 위하여

바라나시-고라크푸르 행 밤 기차를 타고 이국의 낯선 밤길을 달려 아침 8시가 되어서야 고라크푸르에 도착하였다. 8시 20분에 고라크푸르에서 쿠쉬나가르로 가는 교통수단은 직행버스, 완행버스, 오토릭샤가 있었는데, 요금은 50루피, 시간은 1시간 20분이 걸렸다. 조그마한 타운인 쿠쉬나가르에서 또 릭샤를 타고(요금: 50루피) 백탑 사원으로 갔다. 그곳에서 부처께서 주무시는 듯 편안한 자세로 사멸하신 후 백탑 사원 안쪽에 길게 그리고 편안하고도 인자하게 누워 있는 와불을 친견하였다.

한 인간으로 태어나 극한의 역경을 거쳐 무한대의 진리인 대각을 이루시고 윤회의 고리를 끊고 해탈의 경지를 이루었다. 인간으로 태어난 업 때문에 생로병사의 과정을 거쳐 이곳에서 인멸하시다니…

이곳 백탑 사원 주위에는 조용한 분위기의 정원이 잘 조성되어 있었다. 이로써 인도와 불교 4대 성지 섭렵하면서 하나하나씩 역경을 거치면서 얻는 성취감은 여행의 또 다른 기쁨이었다. 이후 고라크푸르로 다시 와서 네팔의 국경 도시 소나울리로 가는 13시 20분 발 버스를 타고 한여름의 무더위를 등에 업고 네팔 국경 도시 소나울리를 향해 북쪽으로 가고 또 갔다.

인도-네팔 국경 소나울리Sonauli 넘기

고라크푸르에서 탄 국경 버스는 3시간을 달려 4시 20분에 국경 도시 소나울리에 도착하였다. 잠시 휴식을 하고서 릭샤 한 대를 50루피를 주고 대절하여 국경 수속을 하러 인도의 영사관(조그만 오두막집 사무실이다.)에서 여권을 체크하고 남은 돈을 바꾸고 국경을 넘었다. (국경이라지만 실은 같은 2차선 도로로 연결되어 있다.) 3분 거리의 네팔 출입국관리소에서 미화 40달러를 주고 사진 한 장으로 1개월짜리 네팔 비자를 만들었다. 입국 서류 한 장을 작성하니 5분 이내에 뚝딱이다.

이곳 소나울리 국경은 국경도 없이 그냥 그 도로에 검문 차단기만이 국경임을 실감하게 하였다. 인도 땅에서 타던 릭샤를 타고 그대로 지나가니 이곳이 네팔이라고 한다. 국경 통과를 10여 차례를 해 보았으나 이런 허술한 국경 넘기는 처음이다. 쉬우면 여행객에게는 기쁜 일이 아닐 수 없다. 이후 필자는 네팔 투어를 마치고 다시 인도 땅 다르질링으로 갔다.

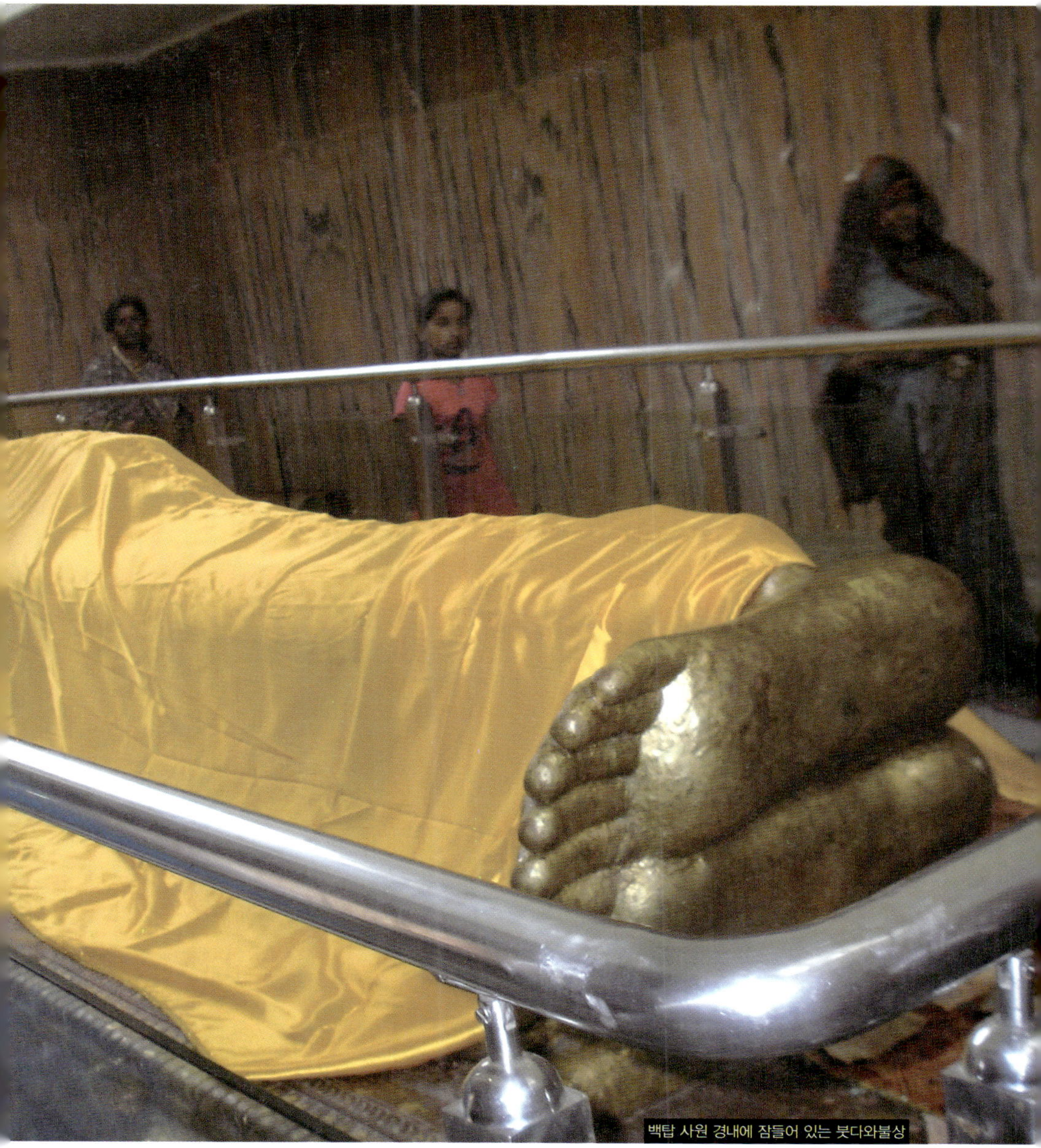

백탑 사원 경내에 잠들어 있는 붓다와불상

다르질링 Darjeeling

다르질링은 해발 2,200m의 히말라야 산맥 중 칸첸중가Kanchenjunga를 비롯해 8,000m 급 이상 4개 봉을 볼 수 있는 인도 북동쪽 끝에 자리 잡은 휴양 도시이며 홍차의 생산지다. 이곳은 과거 영국인들이 살인적 더위의 인도 남부를 피하여 녹차를 생산하면서 휴양하기 위해 육성한 곳이다. 이곳은 산악 외진 곳으로 뉴잘파이구리(버스 4시간 소요), 실리구리(버스 4시간 소요)로 가서 인도 제2대 도시 콜카타나 다른 지방으로 이동할 수 있는 곳이다. 이곳의 중요 볼거리는 히말라얀 동물원, 해피 벨리, 차이 공장, 히말라야 등산학교HMI, 히말라얀 타이거 힐Tiger Hill, 일출 및 일몰 감상 등이다.

 인도 동부는 네팔의 바크타푸르를 거친 후 여행한 곳입니다.
(여행도시일정과 다르게 나라별로 나뉘어져 있습니다.)

인도 최북동부 히말라야 산자락의 다르질링 차이밭

다르질링 차이

다르질링은 세계 3대 차이 생산지(중국의 윈난성의 치먼홍차, 스리랑카의 우바차이, 인도의 다르질링차이) 중 하나다. 중국의 윈난성 차이는 발효 차이로 유명하며 이는 아시아 지역과 히말라야 산맥을 넘어 중동으로 팔려나간다. 스리랑카 차이는 품질 면에서 세계 제1이며 많은 양이 인도와 영국으로 수출된다. 영국에서는 이를 수입하여 인도의 특이한 향신료를 넣어 명실공히 세계에서 제일 비싼 영국 상표로 가공하여 판매하고 있다.

카트만두에서 인도 다르질링으로 가는 길

이곳 다르질링의 짜이(Chai)는 홍차가 유명하며 대부분이 콜카타, 델리, 뭄바이 등으로 판매되며 일부는 영국으로도 수출하고 있다. 그러나 근래에는 아프리카 킬리만자로의 케냐 홍차가 이곳 인도 시장에까지 진출하고 있다. 영국인은 우유와 짜이(Chai)를 같이 마시지만, 인도인은 우유와 짜이(Chai)를 같이 끓여 마신다. 그러나 요즈음의 인도 젊은이들은 더위 때문에 서양 음료인 코카콜라, 환타, 스프라이트를 마시는 추세다. 그래서 현지 짜이(Chai)의 최상급은 대도시로 판매되고 중·하급 짜이(Chai)가 대부분 이곳에서 판매하기 때문에 가격 면에서 인도 대도시나 면세점에서 구매하는 것이 좋다.

세부 투어 및 다음 행선지로 가기 위하여

다르질링은 최근에 자체 독립을 하려고 폭동을 일으켜 4일 전부터 인도 정부가 다르질링으로 출입하는 모든 도로를 봉쇄하였다고 한다. 그러더니 15시간이나 버스를 타고 국경을 넘어 온 나에게 네팔로 다시 돌아가란다. 기가 막힐 노릇이다. 나는 깜짝 놀라 이런저런 이야기를 하던 중 다르질링이 아닌 다른 도시, 즉 국경 최북단 관광 및 휴양 도시 시킴(Sikkim)이란 곳으로 가서, 그중에서 인도 최고의 휴양 도시인 강토크 시티(Gangtok City)로 가는 것이 좋겠다고 하여 그곳으로 가기로 했다.

다르질링 주변의 차이 밭을 투어하고 실리구리로 갈 생각이다. 이후에는 인도 북동 지역의 교통 중심지 실리구리로 가서 버스를 타고 인도 최북단 시킴이라는 휴양 도시로 가서 며칠을 즐기면서 구경하다가 다시 실리구리로 올 예정이다. 그다음 방글라데시 국경을 넘어 방글라데시 비자를 받아 열차를 타고 방글라데시 수도 다카로 가서 그곳 다카에서 다시 인도 콜카타로 가려는 계획을 세운 것이다.

34 실리구리 Shiliguri

네팔-인도 국경 카카루비타kkaruvita 국경 마을에서 30루피를 주고 버스를 타고 50여 분을 달려 인도 동북부 교통 중심 도시 실리구리에 도착하였다.

오후에 실리쿠리에서 시외버스를 타고(요금: 135루피) 인도 최동북 끝자락의 휴양 도시 강토크시로 향했다. 시킴으로 가는 길은 천국이다. 파키스탄의 카라코람의 위험 속에서의 아름다움, 바이라바에서 포카라를 거쳐 카트만두에 이르는 산악 계곡의 아름다움에 비해 이곳 실리구리에서 시킴으로 가는 6시간 30여 분 동안의 아름다움은 정말 환상적이다. 산악과 계곡, 울창한 산림 사이로 흐르는 강, 그 속의 운무, 나는 이곳에서 인도의 또 다른 면을 보았다. 밤 11시에 인도 최동북부 휴양도시 강토크 시에 도착하여 중급 호텔을 정하여(요금: 800루피) 여장을 풀었다.

실리구리에서 휴양지 시킴Sikkim의 강토크 시로 가는 길에서 지체하고 있다.

강토크 시로 가는 길의 아름다운 자연 계곡 전경

인도 145

35 시킴 Sikkim / 강토크시티 Gangtok City

시킴의 강토크 시는 55만 명이 사는 인도 최동북부 끝자락 국경 휴양 도시로, 대체로 부유한 도시다. 힌두교, 불교, 이슬람교를 믿으며 살아가는 도시로 인도의 부유층이 휴양 차 몰려오는 곳이기도 하다.

과거 18세기에 네팔의 침입으로 몰락한 시킴 왕국은 다르질링을 영국에 넘겨주고 독립했으나 다수인 네팔인들과 서로 다투면서 지냈다. 1975년 주민 투표로 인도로 편입되었으며 오늘날에는 인도 북부의 휴양 도시로 변모하여 발전하고 있다.

강토크 시의 아름다운 시가지 광장

아름다운 시킴의 휴양 도시 강토크 시

세부 투어 내용

아침 7시에 일어나 강토크 시 번화가에 갔다. 거리는 차가 없어 깔끔하다. 서양 여행객들이 어떻게 알고 왔는지 많은 여행객이 있었다. 시가지 언덕 중앙로 양옆으로 벤치가 200여 m 이상 길게 놓여 있고 나무들이 줄지어 서 있으며 좌우에는 상가들이 나란히 있었다. 물론 차, 자전거, 인력거 등이 없는 보행자 거리다. 아주 잘 정비되어 있었으며 약국이 매우 많았다. 나는 400여 m의 산꼭대기로 올라갔다. 빙빙 돌아가는 도로를 따라가는 도중 길에서 스낵으로 아침을 먹었다. 수많은 계단과 도로를 따라 1시간을 오르니 고색창연한 인도 북부 힌두 사원인 체니 모나스트리Chenie Monastry가 있었다. 동자승들이 서로 글도 가르치고 있었으며, 수도원은 조그마 하지만, 학습 열풍이 대단했다. 그곳 정상 사찰에서는 강토크 시가 한눈에 들어온다. 시 방향은 고급 휴양시설이, 그 앞산 계곡으로는 나무와 수풀이 우거지고 그 사이로 1급수 강물이 흐른다. 인도에도 이런 청정지역이 있는가 생각해 보았다. 하긴 그 넓은 인도 땅에 무엇이 없겠는가.

인도 북동 국경 찬그라반다 보더 Changrabandha Border — 방글라데시 국경 넘기

그저께 밤늦게 강토크시에서 실리쿠리로 돌아와 시외버스 정류장 근처 게스트 하우스에서 잠자고 아침 6시에 일어나 인도-방글라데시 국경 찬그라반다 보더로 가기 위하여 실리구리 시외버스 정류장으로 갔다. 아침 8시 30분에 출발하는 버스를 타고 11시 30분에 인도-방글라데시 국경 찬그라반다 보더에 도착하였다. 국경 주변 식당에서 아침 겸 점심을 먹고 부슬부슬 내리는 비를 맞으며 배낭을 메고 15분가량 걸어 인도 국경 세관에 도착해 보니, 아뿔싸, 이곳 찬그라반다 국경에 있는 방글라데시에서는 비자를 취급하지 않는다고 한다. 오직 인도 벵골만의 동부 제2대 도시 콜카타에서만 발행한다고 한다. 어쩌랴. 확인하지 못한 내 잘못인 것을. 다시 배낭을 메고 비를 맞으며 10여 분을 걸어 3시간도 더 걸리는 찬그라반다 국경에서 직행버스를 타고 실리구리로 다시 돌아왔다. 그리고 바로 실리구리 기차역으로 가서 지역 대학생의 도움을 받아 하룻밤을 달리는 인도의 제2대 도시인 벵골만의 콜카타행 에어컨 침대 기차표(요금: 500루피)를 구입하여 길고 긴 밤 기차에 몸을 실었다.

강토크 시에서 기거한 호텔

잘파이구리 기차역 전경(실리구리 근처 역)

36 콜카타 Kolkata

인도 동부 벵골만의 제2대 도시인 콜카타는 1772년부터 1912년까지 150여 년간 영국 지배하에 있었던 영국풍 도시다. 영국으로부터 독립한 후 캘커타Calcutta로 불리던 도시 이름을 콜카타Kolkata로 바꾸고 인도의 제2대 도시로 발전했다.

그러나 빈곤한 동파키스탄인, 방글라데시인, 네팔인들이 몰려오면서 다시 빈곤의 도시로 변하여 어려운 처지에 있다. 이 도시의 인구의 50%가 집이 없으며 그중 50%는 길거리에서 잠을 잔다. 시내의 길거리에는 수많은 잡상인과 노동자들이 넘쳐난다. 이들은 수많은 버스, 택시, 오토릭샤, 사이클 릭샤, 인력거 등으로 살아가기가 더욱 어려운 형편이다. 그러나 풍요로운 벵골만의 자연조건과 발달한 서부 도시의 항공, 철도, 버스 등의 교통망은 인도 전역뿐만 아니라 해외 어디라도 쉽게 갈 수 있어 제2의 부강한 도시로 점차 발전하고 있다.

주요 볼거리

인디언 뮤지엄Indian Museum, 샤히드 미나르Shahid Minar, 에덴 공원Eden Garden, 벌라 천문관Birla Planetarium, 성 바오로 성당St. Paul Cathedral, 빅토리아 메모리얼Victoria Memorial, 타고르 하우스Tagore House, 쉬탈나트 자이나교 사원Sheetalnath Jain Temple, 닥신네스와르 칼리 사원Dakshineswar Kali Temple, 마더 테레사Mother Teresa

콜카타 에덴공원 주변의 모습

인디언 뮤지엄 Indian Museum

콜카타의 인디언 뮤지엄Indian Museum은 인도 전통 박물관으로 대형 석제, 아소카 왕의 석주인 사자상, 간다라 불상, 청동기 유물, 석물, 종교 유물 등이 유명하다. 특히 카주라호에서 발굴된 성애 조각상, 팔라 왕조 시대의 청동 조각상, 중국의 도자기 진품들이 전시되어 있다.

가는 방법
주소 : 서더 거리Sudder St 5분 거리, 외국인, 배낭객 관광 지역의 서쪽 끝에 있다.
요금 : 250루피

샤히드 미나르 Shahid Minar

이 샤히드 미나르는 네팔과의 전쟁에서 승리한 영국군이 전쟁 승리를 기념하기 위해 건립된 48m 높이의 기념탑이다. 이 승리탑의 꼭대기 전망대는 콜카타 시내를 조망할 수 있는 전망대가 유명하며, 아직도 군사용 망루대로 활용하고 있다.

가는 방법
인디언 뮤지엄에서 에스플래나드 버스 정류장 방향 70여 m 지점으로 7~8분 거리이며 도보로 간다.
입장료 : 무료

에덴 공원 Eden Garden

이국적이고 아름다우며 무성한 숲과 자그마한 호수, 미얀마에서 제공한 불탑 등이 어우러진 아름다운 공원이다. 이 에덴 공원은 성경에 나오는 에덴동산 공원이 아니라 총독 여동생의 이름이라고 한다.

가는 방법
샤히드 미나르에서 서쪽 방향 약 800여 m 거리에 있다.
요금 : 무료

유서 깊은 콜카타의 인디언 뮤지엄

인디언 뮤지엄 입구의 흰 대리석 석상

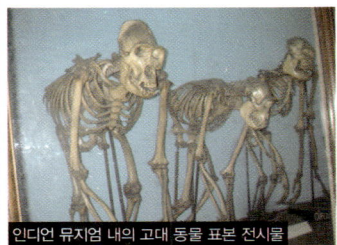
인디언 뮤지엄 내의 고대 동물 표본 전시물

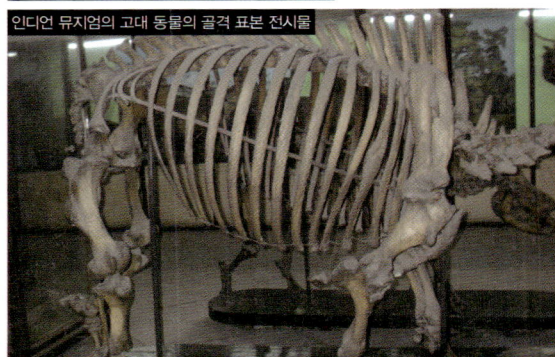
인디언 뮤지엄의 고대 동물의 골격 표본 전시물

벌라 천문관 Birla Planetarium

아시아에서 가장 큰 규모의 천문관으로 개인 건축물이다. 돔으로 건축된 벌라 천문관은 우주 내 행성들의 움직임을 체험할 수 있으며 특히 우주 천체쇼 상영은 매우 실감나니 꼭 관람하기를 추천한다.

가는 방법
인디언 뮤지엄에서 도보 약 20여 분 소요. 에덴공원이나 빅토리아메모리얼 등에서 걸어서 5분 거리이며 성 바오로 성당 앞에 있다.
요금 : 150루피

성 바오로 성당 St. Paul Cathedral

1847년에 건립된 60m 높이의 이 성당은 인도에서도 가장 큰 규모를 자랑한다. 이 성당은 영국의 캔터베리 성당 Canterbury Cathedral의 벨 해리 타워를 본떠 건립했으나 대지진으로 파괴되어 재건축하였다. 백색의 크고 웅장한 건축물로, 매우 아름다운 곳이다.

가는 방법
벌라 천문관 뒤편 가까이에 있다. 도보 3분 거리
입장료 : 무료

빅토리아 메모리얼 Victoria Memorial

1906년에 건설한 인도 지배의 상징인 대영 제국의 빅토리아 여왕 기념관으로, 750만 루피의 예산으로 1921년에 완성하였다. 이탈리아 양식과 무굴양식으로 지어졌다. 내부에는 영국의 역사, 관련 전시장, 초상화, 각종 전쟁 관련 내용 등이 전시되어 있다.

가는 방법
서더 거리 Sudder St에서 도보 약 20분
입장료 : 150루피

타고르 하우스 Tagore House

인도가 낳은 세계적인 시인이며 사상가인 라빈드라나트 타고르 Rabindranath Tagore의 생가이다. 대 철학자이며 사상가인 타고르는 동방의 등불이란 시로 더욱 유명하다. 그는 아시아 최초 노벨상 수상자다. 타고르 하우스 내에 타고르 박물관이 있다.

가는 방법
지하철 Girish Park역에서 하차 후 릭샤 15루피로 갈 수 있다. (지하철역에서 30여 분 거리)
입장료 : 40루피

쉬탈나트 자이나교 사원 Sheetalnath Jain Temple

이 사원은 인도 동부 지역에 건립된 건축물 중 가장 아름다운 건물이라고 한다. 사원 안에는 쉬탈나트 나체 조각상, 이탈리아 베네치아에서 온 샹들리에 등 조각상이 특이하다. 1867년부터 타오르는 영원의 불꽃이 매우 특이하다.

가는 방법
지하철 Shyam Bazar 역에서 하차. 운하 지역 남쪽에 있다. 릭샤를 타고 갈 수 있다.
요금 : 80루피

빅토리아 메모리얼 게이트 gate

동아시아 최대 우주쇼를 볼 수 있는 벌라 천문관

빅토리아 메모리얼 본관

유서 깊은 성 바오로 성당 전경

콜카타에서 유명한 주 우체국

닥신네스와르 칼리 사원 Dakshineswar Kali Temple

1885년 라니 라슈모니Rani Rashmoni에 의해 건축된 이 사원은 힌두교의 영적 스승인 라마크리슈나 파라마한사Ramakrishna Paramahansa가 이곳에서 기거하면서 힌두교를 숭상한 곳이라 한다. 그는 모든 종교의 근원은 하나라고 설파하였다.
이 사원은 주변이 매우 아름다우며, 칼리 사원과 벨루르마트 사이에 운행하는 보트를 타고 강을 따라 유람하면서 투어할 수 있는 멋진 곳이다.

가는 방법
벨루르마트 선착장에서 출발
입장료 : 40루피

마더 테레사 Mother Teresa

마더 테레사 세계봉사단 일행 휴게실에서

마더 테레사 봉사조원 일행

숙소
파라곤 호텔Paragon hotel

세부 투어 내용

인도 북동부 교통의 도시 실리구리 기차역에서 밤 8시에 콜카타행 기차를 타고 밤을 달려 아침 9시 30분에 인도 제2의 도시이며 벵골만의 성도인 콜카타 기차역에 도착하였다. 역전에서 릭샤를 타고 그 유명한 관광객들의 거리인 서더 스트리트Sudder St에 이르러 파라곤 호텔을 300루피에 얻었다. 나는 아침 식사 후 호텔에서 5분여 거리를 걸어 인디언 뮤지엄(요금: 150루피)으로 갔다.

1층에는 기원전 3세기 때 아소카 대왕 시절의 아소카 석주와 사자상이 전시되어 있었다. 진짜 인도 지폐에 나오는 것이다 아소카 석주의 맨 윗부분인 사자상 석주는 바라나시의 사르나트 박물관에 있으니 이것은 모조품으로 보인다.

그리고 기원전 2세기 때의 각종 석제며 서재, 간다라 불상 등이 여럿 전시되어 매우 가치 있는 유산으로 보였다. 팔라 왕조 시대의 청동 조각, 카주라호에서 반입된 성 애물들의 석제 등이 있었다. 2층은 자연사 박물관으로, 고대의 매머드 각종 육상 동물과 새, 물고기 등 희귀한 표본이 전시되어 있었다.

이곳을 나와서 다시 5분여를 걸어 200루피를 주고 메트로 카드를 끊어서 타고 한 역인 만다이Mandai역에 내려 5분여를 걸어가니 에덴공원이 있었다. 이 공원은 초우랑가 지역으로 도시의 소음을 해소해 주는 신선한 그린 공원이다. 공원 정리가 잘 되어 있었고 작은 연못이 있어 청량감을 더했다.

에덴공원에서 10분여를 더 걸어가니 그 유명한 콜카타의 벌라 천문관이 있었다. 150루피를 주고 입장하니 천문관 안에는 우주를 본뜬 돔이 있고, 이곳에서 약 1시간에 걸쳐 태양계, 은하계, 별자리의 모형 등 우주 전체의 흐름을 보여 주었다. 매우 신기하였고 교육적이었으며 실감이 나서 만족스러웠다. 참고로 이 천문관 쇼는 긴 줄을 서서 입장하기 때문에 들어가기가 보통 일이 아니다.

벌라 천문관을 나와 뒷면으로 2~3분을 더 가니 그곳에는 흰 대리석의 성 바오로 성당이 있었다. 이 성당은 1847년에 건축되었다 하며 60여 m의 높이로 된 아름다운 흰 대리석 건물이다.

이 성당은 인도에서 가장 잘 지어진 석조 건축물이며 또한 가장 아름다운 성당이라고 하였다. 성당의 첨탑은 대영 제국의 캔터베리 대성당Canterbury Cathedral의 벨 해리 타워Bell Harry Tower를 본떠 만들었다고 하는데, 매우 정교하고 아름다웠다.

그곳을 나와 정면 좌측으로 10여 분을 걸어가니 대영제국의 자랑거리인 빅토리아 메모리얼 이 웅장하게 자리 잡고 있었다.

입장료는 외국인은 150루피이며, 지역인은 20루피다.

이곳은 대영제국의 전성기에 대영제국을 통치하였던 빅토리아 여왕을 추모하기 위해 1906년에 착공하여 1921에 완성하였다고 한다. 영국은 무굴 제국 시대에 건축된 타지마할을 능가하는 건물을 기대하고 지었으나 평가는 타지마할에 못 미친다고 한다. 어쨌든 웅장하고 위대한 건물임이 틀림없다. 입구 중앙홀에는 빅토리아 여왕의 자태가 흰 대리석으로 만들어져 있고 아래에는 VICTORIA : 1837-1901이라고 새겨져 있었다.

닥신네스와르 칼리 사원

미리암과 멋진 사원을 투어 하면서

아침에 포트윌리엄을 보기 위하여 샤히드 미나르에서 큰길을 건너 좌측으로 걸어갔다.

이곳은 영국군이 1781년부터 1947년까지 요새로 사용했던 곳이다. 그리고 이곳 주변에는 마이단이라고 하는 공터가 사방으로 있다. 이는 인도군이 영국군에 저항하여 공격 시 사계를 이용 무차별 사격을 가하기 위한 계획적 공터이다. 가시거리 확보 차원에서 모든 나무를 베어버린

사계 청소 지역인 것이다. 대단한 계획이라 아니할 수 없다.

나는 포트윌리엄 군사 기지 투어를 마치고 메트로 마이단역에서 칼리 가트$^{Kali Ghat}$로 갔다. 지하철을 나와 약 15분여를 가니 칼리 사원$^{Kali Temple}$이 나왔다. 칼리 사원은 전형적인 벵골식의 건축물로 이루어졌으며 이곳은 콜카타를 수호하는 여신을 모신 곳으로, 콜카타 주민들에게 매우 사랑받는 곳이라 했다.
사원은 그리 크지 않으나 수많은 사람이 참배하려고 줄을 서서 특유의 돈과 꽃을 뿌리며 기도하는 광경이 애절하였다.

인도에서 처음으로 그 유명한 마더 테레사 집에서 봉사하기로 하였다. 스페인, 프랑스, 일본, 노르웨이, 영국, 호주 등에서 온 호텔의 여러 배낭객들이 마더 테레사 집에서 1~7일 정도 봉사하고 떠나는 것을 보고 나도 한번 해 보고 싶었다. 아침 7시에 이곳 스페인 친구들과 같이 마더 테레사 집에 갔다. 매우 정중해 보였으며 경건해 보였다. 아침 8시에 세계 여러 곳에서 온 봉사원 50여 명이 한데 모여 기도와 찬송을 하고 주의사항을 듣고 5개 지역으로 나누어 각 지역으로 가서 봉사하는 것이다.
우리는 팀별로 봉사 지역이 결정되어 버스를 타고 20여 분을 가서 프램담$^{Pram Dam}$이란 요양원 성격의 시설로 갔다. 그곳은 사회적으로 어렵고 힘든 남녀 노인들은 돌보는 곳이었다.

우선 아침에 세계 각국 봉사원들이 한데 모여 기도와 찬송을 하고 그날의 작업 지시를 받는다. 주로 빨래를 짜서 빨랫줄에 걸고 물로 집 안팎 바닥을 청소하며 연로자 및 환자들에게 물과 커피, 우유, 비스킷을 준다. 그리고 식사를 운반, 배식하고 식사한 그릇을 설거지한 후 바닥 전체와 실내외를 청소하는 것이 일이다.
17시에 파크 스트리트 전철역에서 다섯 정거장 거리의 지리쉬 파크역$^{Girish Park Station}$에 내려 20여 분 거리를 걸어서 가니 큰길 옆에 인도 최고 사상가며 시인인 라빈드라나트 타고르의 생가가 있었다. 위대한 사상가요, 시인이며 성자 반열에 오른 타고르는 인도가 낳은 이상주의자다.

인도 벵골주 군 지휘부

군사 퍼레이드 전 식전 행사

그의 아버지는 철학자인 데벤드라나트 타고르^{Devendranath Tagore}이다. 그는 동방의 등불이라는 시를 한국을 가리켜 기록하여 한국인들의 가슴을 일깨운 사상가로서 한국인들이 존경하고 또 사랑하는 인물이다. 이곳은 현재 라빈드라 대학 교정으로도 사용되고 있다고 한다. 그는 아시아인으로서는 처음으로 노벨 문학상을 받았으며, 이를 기념하기 위하여 매년 9월에 이곳에서 축제를 연다. 집은 소문과 달리 그리 크지는 않으나 대 사상가의 집으로 위풍이 당당해 보였다.

8월 15일은 우리나라의 광복절이다. 이곳 인도도 독립 기념일이다. 그래서 콜카타 시내 공원에서 기념 퍼레이드를 한다고 한다. 나는 방글라데시 비자가 언제 될지 몰라 향후 일정이 걱정되었지만, 아직 보지 못한 사원인 쉬탈나트 자이나교 사원 Sheetalnath Jain Temple을 보러 갔다. 마하트마 간디 로드 스테이션^{M. G. Rd Station}에서 5분여를 지나 쉬얌 바자르^{Shyam Bazar}역에서 내려 약 15분여를 걸었다. 사원은 매우 아름다웠다. 사원 안에는 작은 자이나교 특유의 신상을 중앙에 모셔 놓고 좌우에 비슷한 신상들이 좌우에 있었다.

다음으로 건물과 대리석 기둥에 아름다운 문양이 새겨진 또 다른 자이나교 소속의 멋진 사원인 시돌나라^{Sidolnara} 사원을 투어하고 돌아왔다.

아침 일찍 방글라데시 대사관에 갔다. 10루피 주고 비자 양식을 사고 30루피 주고 서류를 작성하여 11시에 제출하고 12시 반에 인터뷰. 다만 모든 것이 돈이다. 1,900루피 비자피를 주고 3층에 올라가 영사를 만났다. 내가 방글라데시 비자 문제로 시간을 뺏겨 스리랑카를 갈 수 없게 되었다며 불만을 터트리니 말도 안 되는 소리로 설명을 한다. 목마른 자가 샘을 파야 한다. 나는 어찌하면 되느냐고 군 출신 간부에게 물어보니 급행료를 내란다. 하는 수 없어 급행료로 1,600루피를 주니 곧바로 비자가 나왔다. 후진국 비자는 돈이다.

매우 아름답고 정교한 시돌나라 사원

내일 새벽 5시에 방글라데시로 출발할 생각을 하니 조금은 긴장되었다. 짐을 꾸려 내 옆방에 있는 일본 처녀 미야코에게 맡겼다. 콜카타-방콕행 항공으로 출발하는 일정을 기다리는 동안 방글라데시를 다녀오기 위해서다. 내가 돌아올 때까지 내 배낭을 잘 보관해 달라고 간곡히 부탁했다. 만일 잘못되면 차후 여행이 문제가 된다. 사실은 방글라데시의 치안이 매우 문제가 있다고 여러 사람이 말해서 내 여행비용의 절반인 여행자 수표를 배낭에 넣어 두고 그녀에게 맡겼다. 모험이었다.

그녀는 어린 나이에 일본의 부모님이 10일 동안 마더 테레사 집에 가서 봉사하고 오라는 명을 받고 왔다고 한다. 그래서 관광은 하지 않고 일과 청소, 봉사만 하고 있었다. 엄격한 부모 밑에서 가정교육을 받은 성실한 일본 처녀였다. 나는 방글라데시로는 아무것도 안 가져가기로 하고 돈 전대와 카메라 그리고 지팡이만 달랑 들고 떠났다. 왠지 방글라데시는 긴장되었다.

인도-방글라데시 국경 넘기

아침 4시가 되어 날이 밝아 오자 나는 일본 처녀 미야코와 작별 인사를 하고 10분 거리의 시외버스 정류장으로 걸어갔다. 5시에 그린라인 버스를 타고 방글라데시 국경으로 갔다. 포장 및 비포장 길을 하염없이 달렸다. 콜카타 시외버스 정류장에서 출발한 지 3시간 30분이 조금 넘어 국경인 페트라폴 Petra Pole에 도착했다. 인도 세관에서 출국 검사를 하였다. 이리저리 끌고 다니며 까다로운 절차를 수행했다. 긴 수속을 마치고 건너 방글라데시 국경, 이미그레이션 인 베나폴 Bena Pole에 도착하여 입국 신고서를 작성하여 제출하고 서류 심사를 받고 다시 소형 승합차를 타고 방글라데시 국경 검문소 칼얀푸르 Kalyanpur에 도착하여 최종 점검을 받았다.

그러고는 방글라데시 쪽에서 대기하고 있는 그린라인 Green Line 버스에 올랐다. 이 버스는 양국을 오가는 협정된 인가 버스로 보였다.

후진국의 국경 넘기란 참으로 어렵고 힘겨웠다. 시간 지체는 물론 여기저기서 암암리에 돈을 요구하고 괜한 일로 트집을 잡는다. 참으로 긴 국경 넘기다. 수속에 2시간 반이 걸려 방글라데시 다카로 향하였다.

콜카타-방글라데시 구간의 아름다운 자연 전경

콜카타-방글라데시 구간의 아름다운 주도로 주변의 전경

시돌나라 사원의 아름다운 대리석 본당

네팔
(Kingdom Of Nepal)

- 서남아시아의 인도와 중국(티베트) 접경 지역에 위치한 나라이다. 기후는 우기와 건기로 이루어진 아열대 몬순 기후이다. 면적은 14만 7천㎢로서 한반도의 약 3분의 2에 해당한다. 인구는 2,212만 명이며 수도는 카트만두Kathmandu(인구 100만여 명)이고, 주요 도시는 포카라Pokhara, 비르간즈Birganj, 비라트나가르Biratnagar, 네팔간지Nepalganj이다. 중요 민족은 아리안족, 티베트족, 몽골족 등이고, 네팔어 외 소수 언어를 사용한다. 종교는 힌두교(89.4%), 불교(9%), 회교(1.6%) 순이며 초등학교(무상교육) 교육은 5년이며 문맹이 81%이다.

- 국민총생산량이 45.8억 달러이며 1인당 217달러이다. 화폐 단위는 네팔 루피NPR이다. 주요 자원으로는 황마, 쌀, 피혁 등이 있다.

- 무역은(1978년 기준) 수출이 3.2억 달러이며 수입은 11.5억 달러이다. 현재 외채는 21.7억 달러이며 한국과의 관계는 영사 협정과 무역 협정이 이루어진 상태이다.

룸비니 Lumbini

붓다가 태어난 땅 룸비니는 소나울리에서 서쪽 방향 약 22km 지점에 있다. 붓다가 대각을 이룬 땅 보드가야와 대각 이후 첫 번째로 설교한 땅 사르나트, 인멸한 땅 쿠쉬나가르, 그리고 이곳 룸비니(네팔 소나울리 22km 지점)는 불교의 4대 성지다. 이곳은 기원전 249년 인도 마우리아 제국의 아소카 왕이 방문하여 아소카 석주를 세워 놓은 곳이다. (현재 돌기둥 기초만 남아 있다.) 이후 서기 636년 현장 스님이 이곳을 방문하여 대당서역기를 썼다. 그리고 현재 이곳은 세계 여러 나라의 사원이 세워져 있으며 세계문화유산에 등재되어 있다.

주요 볼거리
룸비니 사원군

붓다가 태어난 후 이 연못에서 몸을 씻었다.

붓다가 이곳 룸비니에서 태어났다.

룸비니 사원군

면적은 7.6㎢이며 남쪽으로 성원 지구 Sacred Garden, 사원 지구 Monastic Area, 룸비니 마을로 구성되어 있으며 그 중심에 붓다의 탄생지 룸비니 사원이 있다.

가는 방법
소나울리에서 서쪽으로 22㎞ 거리로 버스(약 1시간 10분 소요)나 택시 등으로 갈 수 있다.

숙소
룸비니는 작은 마을로서 걸어간다.
룸비니 가든 Lumbini Garden, 호텔 부다마야 가든 Hotel Buddha Maya Garden, 룸비니 빌리지 로지 Lumbini Village Lodge 네팔 사원, 한국 사원 등

세부 투어 및 다음 행선지로 가기 위하여
불교 4대 성지 중 하나인 석가의 탄생지 룸비니는 소나울리 서쪽 22㎞ 지점에 있다. 소나울리 국경에서 룸비니로 가는 시외버스 정류장까지는 5㎞의 거리다. 오토릭샤를 타고(요금: 300루피) 소나울리 시외버스정류장으로 가서 룸비니행 버스를 타고 1시간을 달려 석가의 탄생지 룸비니에 도착하였다. 서기 636년 현장 스님이 이곳을 방문하고 대당서역기를 쓴 곳이기도 하다. 이곳은 세계 여러 나라의 사원이 있고 세계 문화유산에 등재되어 있다.

룸비니 마을에서 20여 분 거리의 한국 사원으로 가기 위하여 다시 릭샤를 타고 (요금: 150루피) 삼림이 우거진 숲 속 공원길을 들어가니 한국 사찰과 중국 사찰이 있었다. 여행안내 책자에 따르면 그곳에서 숙박과 식사를 할 수 있다고 했다. 한국 사찰에서는 식사는 무료며 숙박 비용은 1일 200루피다.

이곳 한국 사찰에서 아침 식사를 뷔페 (5~6가지 찬으로 된 한국 음식)로 먹고 나니 몸과 마음이 편안하여 정말 살 것 같았다. 자전거를 빌려 타고 룸비니 사원으로 갔다. 붓다가 태어난 곳이다. 주변에 보리수나무가 많고 붓다가 목욕했다는 자그만 연못이 있었다. 붓다가 탄생한 백탑 사원 안으로 들어가 넓은 실내를 돌아가니 흙벽돌 무더기 아래 작은 계단이 있다. 이를 따라 몇 걸음 내려가니 계단 아래쪽에 자그마한 장소가 있었다. 그 조그마하고도 소담한 곳에서 싯다르타가 태어났다고 한다. 그 흙무더기 아래에서 태어나 온갖 역경을 극복하고 마하의 도를 깨우친 위대한 성인이 되시었다니. 놀라지 않을 수 없었다. 밖으로 나와 사찰 옆을 보니 아름드리 보리수나무 아래 여러 스님의 독경 소리가 청아하게 울려 퍼져 나갔다.

이제 그 길고 먼 불교의 4대 성지를 모두 돌아보았다. 위대한 붓다의 발자취를 따라 돌아본 4대 성지 속에 녹아 있는 불교의 위대한 정신은 과연 무엇이란 말인가?

성인 붓다 고타마 싯다르타

고타마 싯다르타는 자신이 홀로 정진하여 진리를 깨닫고 해탈하여 붓다(해탈 이후 부르는 성인의 명칭)가 되었다. 대각大覺이란 싯다르타가 깨달은 4성제와 8 정도의 진리이다. '오직 스스로 불법의 진리를 등불로 삼고 의지하라 세상은 변한다. 끊임없이 정진하라.'라고 설법을 하신 후 이 세상을 인멸하신 대 성인이다.

싯다르타는 기원전 6세기경 인도와 네팔 국경 인근 룸비니의 카필라바스투 Kapilavastu라고 하는 소왕국 사카Saka족의 왕자로 태어났다. 본명은 고타마 싯다르타 Gautama Siddhartha이다. 붓다의 어머니는 그가 태어날 때 사망하여 이모의 품에서 자랐다. 붓다는 모든 사람은 생로병사生老病死인 4고의 필연을 겪는다는 것과 생로병사生老病死의 숙명으로부터 영원한 대자유를 구할 수 있는 길에 대하여 깊이 사색하였다고 한다.

싯다르타는 29세가 되던 어느 날, 왕위 계승권을 포기하고 궁궐을 떠나 영원한 진리를 찾아 길을 떠나게 되었다. 수많은 현자를 찾아다니며 진리를 깨우치려 노력했으나 그 갈망을 채우지 못하게 되자 스스로 고행을 하게 된다. 그러나 이 또한 만족을 줄 수 없었다.
이에 장님 소녀인 수자타를 만나 우유 한 잔을 공양받으면서 고행만이 도를 깨닫는 길이 아니란 것을 알게 되었다고 한다. 이후 인도의 동북부에 있는 보드가야의 큰 보리수나무 아래에 정좌하고 진리를 찾아 깊은 명상으로 온갖 시련을 견디며 정진에 들어가게 되었다. 기원전 623년 4월 15일, 새벽 보름달이 떠오르는 찰나 북두칠성의 북극성을 바라보는 순간 깊은 무아의 정진 속에서 번쩍하고 무상정각無上正覺의 해탈의 경지를 깨달았다고 한다. 정각의 길, 득도의 길, 깨달음의 길, 진리의 길, 해탈의 길을 드디어 깨우친 것이다. 이는 생로병사의 길과 그 카르마에 의한 윤회의 고리를 벗어나 영원의 세계인 니르바나에 이르는 길인 것이었다. 이것이 바로 붓다가 꿈꾸던 대자유이며, 대 진리이며, 대 지혜의 길이었다. 그때의 붓다는 인간의 나이 35세였다.

그 당시 인도에서는 카스트제도가 횡행하여 태어남의 존귀에 따라 계급이 결정되는 브라만교도들이 인도 국민들이 대다수를 차지하고 있었다. 이에 인도의 북부 지역으로부터 인간은 원래부터 귀천이 없는 평등함을 부르짖으며 붓다가 깨달은 대각의 진리에 대한 심오함을 45년 동안 설파하시었다. 붓다가 해탈한 대진리는 4성제이며 이를 이루는 길은 8 정도이었다.

4성제(거룩한 진리)

1. 고성제苦聖諦 : 인간의 존재 자체가 괴로움이다.
2. 집성제集聖諦 : 그 괴로움은 무엇인가. 얻으려는 집착으로부터 오는 것이다.
3. 멸성제滅聖諦 : 고통이 끊어진 상태는 존재하며, 이를 열반이라 한다.
4. 도성제道聖諦 : 열반의 상태로 도에 이르는 길은 8 정도다.

8 정도

1. 정견正見 : 모든 사물을 바로 보는 것, 올바른 이해
2. 정사유正思惟 : 바른 생각, 올바르게 생각하는 것
3. 정어正語 : 바른 말, 거짓말이나 중상모략을 하지 않는 것
4. 정업正業 : 바른 행동, 올바른 도덕성
5. 정명正命 : 바른 생명, 불경의 가르침에 어긋나지 않게 사는 것
6. 정정진正精進 : 바른 마음 정화, 올바른 마음으로 명상하고 수행하는 것
7. 정념正念 : 바른 마음 정진, 욕망과 사념을 버리고 수행으로 정진하는 것
8. 정정正定 : 바른 정진, 바르게 집중하여 명상하는 것

붓다는 대 진리인 이 4성제를 전파하기 위하여 사르나트(일명 녹야원)으로 가서 처음으로 5명의 도반에게 설교하였고, 모두가 감명을 받고 제자가 되었다. 이후 45년여 동안 정진과 설법을 전수하다. 인간으로 태어나 혹독한 고뇌와 정진으로 진리를 깨달은 붓다는 80세의 인간의 나이로 이승의 생을 마감하고 인도 북쪽의 한적한 쿠쉬나가르로 가서 조용히 열반하게 되었다.

그러나 이곳 불교의 4대 성지는 대진리의 성지였으나 10세기 이후 이슬람의 침략으로 점차 역사의 뒤안길로 내몰리며 잊혀 갔다. 그러던 중 1835년 영국 왕립 고고학회에서 다시 발굴하게 되었으며 힌두교가 대세인 이곳에서 1%도 안 되는 불교인들로서는 재기가 어려워 인도가 아닌 인접 불교 국가들에 의해, 특히 스리랑카 불교계를 중심으로 재건하여 불교국가들의 많은 사찰이 세워지게 되었고 지금은 다시 불교 성지로 거듭나면서 새롭게 재조명되고 있는 실정이다.

세부 투어 및 다음 행선지로 가기 위하여
불교의 4대 성지를 꼭 가 보기로 계획하였는데, 목적을 달성한 것 같아서 매우 기쁘다. 이제는 이 붓다의 가르침을 실천하는 나라이며 그 어느 나라보다 불경을 위해 살고 불경을 암송하면서 일생을 보내는 나라의 진면목을 보기 위하여 네팔 속으로 들어가 보기로 하였다. (네팔을 불교의 나라로 알고 있지만, 실제로는 힌두 87%, 불교 9%, 기타 종교를 믿는 나라다.)

이곳 한국 사원에서 아침 6시에 출발하여 릭샤(요금: 200루피)를 타고 룸비니 시외버스 정류장에서 완행버스를 타고 1시간을 달려 바이라와Bhairahawa 삼거리에 도착하였다. 이곳에서 또 50루피를 주고 릭샤를 이용해 바이라와Bhairahawa 시외버스 정류장에 도착하여 다음 행선지인 네팔의 최고 관광 도시 포카라로 가는 완행버스(완행 요금: 430루피)에 몸을 실었다. 산길은 멀고 또 험했다. 12시간을 달려 저녁 8시 반이 되어서야 겨우 포카라 시외버스 정류장에 도착하였다. 포카라의 대표적 관광지 레이크 사이드Lake Side로 가기 위해 택시를 잡으니 요금이 200루피이다.

보시와 선행을 몸소 실천하시는 한국사찰지주 명선행 스님과 함께

산길 아래는 큰물이 흐른다.

인도의 아소카 황제가 이곳을 방문하여 세운 석주 기단일부

포카라로 가는 산길 국도에 버스가 서 있다.

네팔 산악 도로변 전경

29 포카라 Pokhara

네팔의 제2 도시 포카라는 거대한 안나푸르나 산허리 아래 펼쳐진 평원 구릉지다. 7,000m급 설산을 볼 수 있는 이곳 포카라는 설산이 비치는 아름다운 호수와 그 주변의 멋진 산과 마을이 한데 어우러진 천혜의 관광지로 수많은 관광객과 산악인들이 몰려오는 최대 관광 휴양 도시다. 특히 포카라의 자랑인 페와Fewa 호수와 호수 뒤 산 위로 그림같이 보이는 흰 사찰과 갖가지 아름드리나무와 수풀들은 더할 나위 없는 감동을 주기에 충분한 곳이다.

주요 볼거리

페와Fewa 호수, 국제 산악 박물관, 산티스투파Peace Pagoda, 빈디야바시니 사원Bindyabasini Temple, 티베트 피난촌, 베딸레 창고Patale Chango, 굽테쉬르 머하데브 동굴Guptashwor Mahadev Cave

포카라 앞산 정상의 멋진 산티스투파Peace pagoda

가는 방법
카트만두–포카라 : 항공기(20분), 버스(7시간)
인도 국경 소나울리, 바이라바–포카라 : 직행 버스 7시간, 완행버스 8시간 30분
요금 : 480루피

페와^{Fewa} 호수
네팔인의 자랑인 페와 호수는 4.4㎢의 넓이로 일몰 시 노을이 지면 산의 그림자가 호수에 비쳐 가히 환상적이다. 특히 보트를 타고 파란 이 청정 호수를 한 바퀴 돌면서 호수 주변의 자연을 들여다보고 호수 중앙 섬에 있는 비슈누신을 모시는 힌두 사찰을 돌아보자. 그 어느 곳보다도 감미롭고 이색적인 풍광으로 색다른 추억으로 남을 것이다.

가는 방법
주소 : 포카라 시외버스터미널에서 택시 20여 분 거리의 레이크사이드 타운 앞에 있다.
택시 요금 : 200루피

국제 산악 박물관
국제 산악 박물관은 6만㎡로 네팔인의 여러 민족의상, 세계 최고봉들의 각종 사진, 동식물, 각종 산악 등산 자료 등을 관람할 수 있으며, 특히 에베레스트 최고봉 등정 사진들이 전시되어 있다. 그중에서 엄홍길 산악인을 비롯하여 용감한 한국 산악인들의 사진도 전시되어 있으며, 관람하기 전 비디오 상영관에서 무료로 보여 주는 산악 등정 다큐멘터리를 꼭 보아야 할 것이다.

가는 방법
주소 : 포카라 북동쪽 택시 30여 분 거리
택시 요금 : 200루피
입장료 : 300루피

국제 산악 박물관 내부 전경

네팔의 국제 산악 박물관 전경

아름다운 페와 호수와 그 뒤로 보이는 멋진 포카라 시가지 전경

페와 호수 탐색을 위해 보트를 타려 한다.

다음은 티베트와 네팔의 자랑이자 세계 산악인의 숙원이며 세계 종교인의 성산인 수미산을 소개한다.

수미산

수미산은 티베트 서부의 히말라야 산맥에 자리 잡은 신들의 산이 모여 있는, 그 중심에 자리 잡은 성산이다. 동양에서는 이를 수미산이라 하지만 서양에서는 카일라스Kailas산이라 한다. 이 산은 동서양 종교의 상징이자 전설의 산으로, 우주의 중심이며 지구의 배꼽인 성산이다. 해발 6,714m인 이 산은 불교, 힌두교, 자이나교, 본Bon교의 4대 성지인 성산으로 인더스 강의 발원지다. 이 산은 너무도 신성시되고 설산이며 험산으로 오를 수 없는 산이다. 그러므로 이 수미산을 외부와 내부로 한 바퀴 도는데, 내부로 도는 길은 53km이며 코스 중에는 4,675m~5,620m 높이를 돌아보는 코스가 있어 이를 코라kora라고 부른다. 티베트인들을 오보일배(다섯 걸음에 한 번 엎드려 절하는 행위)하면서 그 험난한 길을 오르며 오체투지 한다. 한 번 하면 이생의 죄업이 모두 소멸하고 100번 하면 해탈한다고 믿고 있는 이 산은 거룩하고도 신성한 산이다.

산티스투파 Shanti Pagoda

페와 호수 뒤편 산 정상에 크고 멋진 흰색 사원이 있다. 이 사원은 일본 불교의 일연정종 日蓮正宗에서 사찰과 불상을 건축하여 무상으로 제공한 것이다. 보트를 타고 호수를 건너 이 산꼭대기로 1시간을 등산하면 정상에서 이 멋진 사찰을 볼 수 있으며 이 사찰에서 바라보는 페와 호수와 그 뒤로 보이는 포카라의 전경은 한 폭의 그림이며 환상적이다.

가는 방법
페와 호수 뒷산 정상에 있으며 택시로는 시 외곽을 돌아서 가는 방법이 있다.
보트를 타고 호수를 건너 등산길을 따라 약 40여 분 걸어가면 산 정상에 도착한다.
입장료 : 무료

빈디야바시니 사원 Bindyabasini Temple

빈디야바시니 사원은 칼리라는 파괴의 여신을 모시고 있는 사원으로, 매일 아침에 염소나 닭을 잡아 바친다. 이곳은 한국의 TV에서도 여러 번 방영한 바 있다. 이 사찰에서 지내고 있는 제사의 형태는 인도의 바라나시의 가트에서 힌두 신에게 지내는 제사 형태의 한 변형이다.

가는 방법
포카라 북동쪽 방향 택시 30여 분 거리. 버스 40여 분 거리 (포카라 구시가지 경유)

티베트 피난촌

국제 산악 박물관 후면 300여 m 거리 하천 구릉지에 있는 이 티베트 피난촌은 티베트 독립을 주장하던 이들이 모여 있는 곳이다. 중국이 이들을 무장 진압하자 폭동이 일어나 힘에 저항하던 시민들이 이곳으로 피난을 와서 현재는 국제 피난민으로 비참하고 힘겨운 삶을 살고 있는 곳이다.

가는 방법
국제 산악 박물관에서 10분 거리에 있다.

산티스투파의 붓다상 1

산티스투파의 붓다상 2

붓다의 4성제와 8정도를 이야기하며

산티스투파의 붓다상 3

뻬딸레 창고 Patale Chango

이곳은 페와 호수 남쪽 방향 약 2.2km 지점에 위치한 폭포수다. 특이하게도 폭포수가 지면에 떨어지면서 지하 침식 구조로 인하여 물이 지상으로 흐르는 것이 아니라 땅속으로 바로 사라지는 구조로 되어 있어 유명한 곳이다. 그러므로 일반 폭포처럼 낙차가 크거나 굽이치는 물의 소용돌이가 아닌 크게 볼만한 곳은 못되나 그 많은 물줄기가 땅속으로 사라진다는 특이한 구조의 폭포이다.

가는 방법
주소 : 포카라에서 택시 20분, 자전거 40분 거리이며 뻬딸레 창고 입구 맞은편 큰길 건너 5분 거리의 산입구 계곡에 있음.
요금 : 40루피

굽테쉬르 머하데브 동굴 Gupteshwor Mahadev Cave

굽테쉬르 머하데브라는 동굴은 특이한 구조로 동굴 속에 사원이 있는 곳이다. 사원은 매우 조잡하였다. 자그만 동굴 속을 내려가면 30여 m 굴속에 작은 시바신의 사원이 있다. 보기에는 매우 조잡해 보였으나 이곳 사람들에게는 인기가 많아 많은 로컬 사람들이 향불을 피우며 극진하게 참배하고 있다. 동굴 지하에는 킹코브라가 시바신을 감싸고 있는 특이한 신상이 있다.

가는 방법
주소 : 뻬딸레 창고입구에서 5분 거리, 길 건너 시장 안에 있다.
입장료 : 40루피

포카라 잠자리
숙소
로열 게스트 하우스 Royal Guest House
주소 : 레이크 사이드 페화 호수 중앙 뒷골목에 위치

로열 게스트 하우스 Royal guest house

뻬딸레 창고앞으로 몰려오는 물결

뻬딸레 창고의 폭포로 땅속으로들어간다.

세부 투어 내용

- **레이크 사이드** Lake Side

포카라의 레이크 사이드에 도착하니 관광지답게 건물들은 호텔, 바, 상가, 술집, 재래시장들로 이루어져 있고, 건너에는 아름다운 페와 호수가 창연한데, 그 뒤편에는 아름다운 야산이 있고 산 정상에는 일본 불교계에서 무상 헌납했다는 흰색의 아름다운 산티스투파 사찰이 그림같이 보인다. 숙소를 로열 게스트 하우스(요금: 500루피)로 정했다.

- **산티스투파 사원 투어**

아침 7시에 같은 호텔에 머물던 폴란드의 에바, 스페인에서 온 수잔나와 페르난데스와 같이 호수로 가서 보트를 1일 빌렸다. (요금: 1,000루피) 우리는 그 보트를 타고 호수를 건너 약 1시간이 걸려 정상에 도착했다. 정상에는 아름다운 산티스투파 사원이 있었다.

순백색의 거대한 사원 사면에는 여러 형태의 부처가 새겨져 있었다. 이 위대한 백색 스투파는 일본 불교계에서 조성하여 기증한 것이라 한다. 매우 아름답고 훌륭했다.

- **국제 산악 박물관 투어**

아침 8시에 1,000루피를 주고 자전거를 빌려 북동쪽으로 나 있는 큰길을 따라 달렸다. 20여 분을 가서 묻고 또 물어보면서 30여 분 후 국제 산악 박물관(입장료: 300루피)에 도착하였다. 1층을 둘러보니 네팔인들의 의상과 이들이 사용하였던 갖가지 생활용품 및 장신구와 야크와 같이 어울려 살아가는 모습을 볼 수 있었다. 역대 산악인들이 등정했던 역사관도 있었으며, 세기적 인물들이 전시되어 있었는데, 엄홍길 대장도 있었다.

2층에는 등산이 그리고 이들의 삶이 잘 이루어지도록 빌고 또 비는 바슈누신을 모신 사당이 있었는데, 각종 토기, 청동기, 장신구 등과 관련 서적, 역사 유물이 담긴 내용물들이 전시되어 있었다. 박물관 밖에는 모형 에베레스트 산에 등정 루트를 함께 표시한 조형물이 있었으며 기타 지역은 민속관 같은 집들이 몇 집이 있었다.

- **티베트 피난촌 투어**

티베트 피난촌은 국제 산악 박물관 동남쪽 30여 m 가까운 냇가에 있는 작은 마을이다. 이들의 삶은 기구했다. 이 피난민촌은 티베트 독립을 위해 시위하던 중 중국의 과잉 진압으로 폭동으로 변질하면서 그곳을 피해 온 사람들이 모여 사는 동네이다.

- **뻬딸레 창고** Patale Chango **투어**

자전거를 타고 포카라 북쪽 산 쪽으로 30여 분을 달려가니 큰길 옆 산 계곡에 뻬딸레 창고가 있었다. 이곳은 페와 호수 남쪽 방향 약 2.2 km 지점에 있는 폭포수다. 이곳은 폭포수가 지면에 떨어지면서 지하 침식 구조로 인하여 물이 지상으로 흐르는 것이 아니라 땅속으로 바로 사라지는 특이한 구조로 되어 있어 유명한 곳이다.

- 굽테쉬르 머하데브 동굴 Gupteshwor Mahadev Cave 투어

굽테쉬르 머하데브라는 동굴은 특이한 구조로 동굴 속에 사원이 있는 곳이다. 자그만 동굴 속을 내려가면 30여 m 안쪽에 작은 시바 신의 사원이 있다. 매우 조잡해 보였으나 이곳 사람들에게는 인기가 많아 매우 많은 지역 사람들이 향불을 피우며 극진하게 참배하는 것이 보였다. 동굴 지하에는 자그마한 시바신이 세워져 있고 이 신을 코브라가 감싸고 있었다.

- 바드라칼리 Bhadrakali 사원 투어

아침 10시, 나는 바드라칼리 사원으로 가는 버스를 타고 사원에 도착하였다. 요금은 15루피다. 사원은 야산 꼭대기에 있었는데, 오르는 길인 콘크리트 계단이 장난이 아니었다. 수많은 계단을 걸어 올라가니 큰 사원은 아니지만, 주변의 나무들과 자연 경관이 매우 아름다웠다. 사원은 중앙에 석불과 갖가지 신상들이 있었고, 주변엔 기괴하고도 범상치 않은 석불이 있었으며 나무 사이로 놀이터가 있다.

- 페와 파라다이스 레스토랑 민속 공연

아침에 에바와 스페인 여인 수잔나, 페르난데스와 함께 4명이 페와 호수 하류 아름다운 들녘으로 산책을 나갔다. 우리는 한 아름다운 정원이 있는 방갈로 찻집에서 클래식을 들으며 한동안 다음 여행 이야기로 꽃을 피우며 즐거운 시간을 보낸 후 포카라에서 유명한 페와 파라다이스 레스토랑으로 향했다. 그곳에서 저녁 민속 공연에 참여하여 구경도 하고 같이 춤을 추며 한동안 피로를 풀고 낯선 이국의 밤 한때를 그렇게 멋진 추억으로 남겼다.

세부 투어 및 다음 행선지로 가기 위하여

그간 즐거웠던 포카라 투어를 마치고 이른 아침에 택시를 타고(요금 : 200루피) 포카라 버스 시외정류장에서 7시 30분에 출발하는 카트만두행 버스에 올라 8시간 30분이 걸리는 네팔의 험준한 산악길을 굽이굽이 돌고 돌아 늦은 오후 4시에 네팔의 수도 카트만두에 도착하였다. 카트만두 시외버스 정류장에 내리니 너무 복잡한 미로다. 나는 릭샤를 타고 론리 플래닛이 소개하는 관광객 전용 타운 타멜에 도착하였다.

네팔의 민속 공연

카트만두 Kathmandu

네팔의 수도 카트만두는 1,300m의 구릉 위에 세워진 역사의 도시다. 네팔의 정치·경제·문화 등 거의 모든 것이 이 도시에서 이루어지고 있다. 네팔은 역사적으로나 지리적으로 중국과 인도를 견제·조종·협력하면서 1,000여 년을 지탱해 온 왕국이다. 또한, 세계의 산악인들이 에베레스트 산(8,850m)을 등정하기 위해 이곳 카트만두로 모여드는 세계의 지붕으로 향하는 관문 도시다.

카트만두에는 여행 업체가 무려 250여 개나 있고, 이에 따른 호텔, 레스토랑, 바, 베이커리, 등산 안내 관련 사업들이 그 어느 도시보다 범람하고 있으며 이와 관련한 문화 산업도 급속도로 팽창하고 있다. 또한, 인도의 영향을 받아 인간의 내면을 더욱 중시하는 힌두와 불교가 뿌리내린 불교 사원의 도시다.

특히 카트만두에서 여행객들이 찾고 있는 이곳 타멜은 관광 중심지이며 중급 호텔과 식당, 바, 은행 환전소, 상가, 액세서리 가게, 베이커리, 술집 등이 넘쳐나는 곳으로, 젊은이들과 관광객을 유혹하고 있다.

주요 볼거리

더르바르 광장Durbar Square, 탈레주 사원Taleju Temple, 쿠마리 바할Kumari Bahal 사원, 하누만도카Hanuman Dhoka 궁, 트리부반Tribhuvan 박물관, 스와얌부나트 사원Swayambhunath Temple, 보드나트 사원Boudhanath Temple, 파슈파티나트 사원 단지Pashupatinath Temple Complex

더르바르 광장의 특이한 석상 앞에서

카트만두의 대표적 종교 문화의 광장, 더르바르 광장

더르바르 광장 Durbar Square

더르바르 광장은 크게 3개 광장으로 이루어져 있는 카트만두의 역사적 왕궁 광장이다. 이 광장을 중심으로 여러 사원이 둘러 세워져 있다. 즉, 시바파르바티 사원 Shiva Parvati Temple, 하누만도카 Hanuman Dhoka 사원, 쿠마리 바할 Kumari Bahal 사원 등이다. 그리고 쿠마리 사원 뒤에는 구 왕립 광장이 있고, 우측 뒷면에는 구시장이 있다. 이들 건물은 모두 중세 시대의 건물들이며 거의 모든 건물이 불교, 힌두 관련 건물이다. 이들은 1979년에 유네스코에서 지정한 세계 문화유산이다.

탈레주 사원 Taleju Temple

탈레주 사원은 북동쪽 끝에 위치한 탈레주라는 여신을 모시는 사원으로, 1564년 마헨드라 말라가 건축하였다. 카트만두 사원 중 제일 큰 사원으로 더르바르 광장 입구에 떡 버티고 있다. 높이는 3층이지만, 40여 m나 되는 거대 사원이다. 이 사원은 힌두 사원으로 인도 남부에서 유래된 사원이다. 연 1회만 개방한다고 한다.

쿠마리 바할 Kumari Bahal 사원

쿠마리 사원은 힌두 교리를 따르는 종교의 일환으로 4~5세 여아 중에서 선발 되면 살아 있는 신이 되어 신으로서 대우를 받는다. 국왕도 이 앞에서는 머리를 조아려야 한다. 그러나 초경을 하면 불순하다 하여 폐위되고, 결혼이 불가하여 평생을 홀로 살게 되는 비운을 맞이한다고 하니 어이없는 일이다.

하누만도카 Hanuman Dhoka 궁

고대 왕궁으로 사용되었던 하누만도카 궁의 건립 연대는 5세기경으로 추정하며 리차비 왕조 Licchavis Dynasty 라는 네팔 최초 왕조 시대에 건축되었다는 고대 왕궁이다. 현재에도 네팔의 중요 국가 행사는 물론이고 국빈과 사절들을 접견하는 리셉션 Reception 장소로 이용하고 있다. 하누만도카 북쪽의 5층 건물과 여러 정원과 광장(10여 개 정원)이 하노만도카의 자랑거리이며 입구에 하누만의 상이 서 있다.(요금: 350루피)

트리부반 Tribhuvan 박물관

19세기 후반 라나 왕조가 건립한 이 박물관은 네팔 국가의 국부인 트리부반 국왕을 기념하는 박물관이다. 현 국왕은 그의 손자이다. 그는 네팔의 혼란을 평정한 인물로서, 마치 이란 국왕이나 일본의 히로히토, 필리핀의 국왕, 베트남의 호찌민과 같은 존경을 받고 있는 존재다. 이곳 박물관 소장품은 트리부반 시대의 궁중 유품들이며, 주로 행사 내용을 그린 그림과 지도, 왕의 업적 유품, 트로피, 개인용품들이 전시되어 있다.(요금: 80루피)

쿠마리 바할 사원 전경

스와얌부나트 사원 Swayambhunath Temple

이 스와얌부나트 사원은 카트만두 서쪽 약 2.5km 지점에 위치하며 카트만두 수호 불탑으로, 네팔인들이 가장 신성시하는 유명한 불탑이다. 이 사원은 힌두 정신과 불교 정신이 한데 녹아 있는 사원으로, 오르는 길 좌우에는 원숭이들이 이 사원을 오르내리며 수호자처럼 돌아다니고 있다. 특히 이 사원의 중앙탑은 고대 인도 아소카 왕이 세웠다고 하며 고대에는 이 일대가 호수였고 포카라 호수 중앙에 있는 시뉴 사원과 같이 호수에 떠 있었던 사원이라고 전해져 오고 있다. 스와얌부나트 상단에는 거대한 불탑이 있으며 불탑의 중앙에는 그 유명한 붓다의 눈이 새겨져 있다. 이 눈은 카트만두의 동서남북 사방을 응시하고 있다. 불탑에 새겨진 눈은 불교의 진리는 하나라는 것을 나타내는 것으로, 하나의 세계를 나타내고 있다. 이곳은 카트만두 시가지가 한눈에 들어오고, 북쪽으로는 히말라야 산맥이 보이는 비경이며 환상적인 곳이다.

보드나트 사원 Boudhanath Temple

보드나트 사원은 네팔의 최대 불탑이며 힌두교와 불교를 혼합한 사원의 본산지다. 역사적으로 이 사원은 라사와 카트만두를 잇는 무역로이며 험준한 라사를 거쳐 이곳에 도착하면 감사의 기도를 드리고 미래 생의 안녕을 기원한다. 이 거대한 사원은 세계적으로 몇 안 되는 사원으로, 늘 수천여 명의 신도들과 관광객들이 이 사원을 돌면서 신을 향한 기원을 드린다. 주변에는 크고 작은 사원들이 한데 모여 있으며 주변 동네 거리에는 온갖 상품이 즐비하다.

보드나트 사원

보드나트 사원앞에서

보드나트 사원 입구 관문에 우뚝 세워져 있는 부처 상

파슈파티나트 사원 단지 Pashupatinath Temple Complex

파슈파티나트 사원은 힌두교의 총 본산지로서, 고대 5세기경 리차비 왕조에 의해 건립되었으며, 네팔의 국가 사원이라 할 수 있다. 10여 개의 힌두 사원이 있고 힌두교식 화장터가 있으며 연일 3~4군데에서 화장을 하는 곳이다.

가는 방법
시내에서 혹은 리버 파크에서 1번 버스로 약 30분 소요되며, 그 뒤로는 좁은 화장터가 있는 강이 흐른다.

바그마티 Bagmati 강과 화장터

바그마티 강은 인도 바라나시의 강가에 버금가는 네팔의 화장터가 있는 곳이다. 이 강은 힌두인들의 성지로 이 좁은 강 양편에서는 화장하는 장면을 볼 수도 있고 촬영도 가능하다. 화장터 너머 언덕에는 여러 사원과 흰색으로 칠한 특이한 사원이 있고, 인도 갠지스 강가에서 볼 수 있는, 온몸에 문신과 회칠을 한 힌두인 화두들이 모여 있다. 사진을 찍으려면 돈을 내야 한다.

죽음을 기다리는 집 House Of Dead

파슈파티나트 사원의 후문 지역에는 흰색의 특이한 건물이 있다. 이곳은 죽음을 기다리는 사람들이 머무는 곳이다. 이곳 아래에 있는 파슈파티나트 화장터에서 화장하면 고통스러운 윤회의 고리를 끊게 되어 다시는 이승에 태어나지 않는다고 한다. 사망 후 24시간 이내에 화장하는 것이 힌두의 교리이므로 사전에 이곳에 와서 죽음을 기다린다고 한다.
인생이 무엇이고 삶이 무엇이며 또한 죽음이 무엇인지를 생각하면 인생의 무상함이 느껴진다.

가는 방법
네팔의 국제공항은 카트만두 동쪽 10km 지점의 트리부반 공항 Tribhuvan International Airport 이다. 이곳에서 2대 도시 포카라와 불교 성지 룸비니 등을 갈 수 있다. 공항에서 시내 타멜까지는 약 30분이 걸리며 버스나 택시를 이용할 수 있다. 카트만두의 버스 정류장은 3곳이며 올드, 뉴, 사설 버스 파크가 있다.

세부 투어 내용

카트만두 투어는 더르바르 광장 투어가 핵심이다. 나는 타멜의 호텔에서 3km나 되는 거리를 걸어서 입구에 들어가니 입장료가 750루피다. 이곳 더르바르 광장은 불교 사원, 힌두 사원 등이 어우러진 종교 광장이다. 이곳 불교 사원은 네팔 산꼭대기에 수많은 불탑을 세우고 수세기 동안 심오한 불경의 진리를 암송하면서 꽃피워 오늘에 이른 곳이다. 카트만두인들의 정신적 지주가 되는 이 더르바르 광장은 하누만도카 궁을 중심으로 이루어진 것으로 보인다.

나는 이 더르바루 광장 주변에 있는 탈레주 사원, 트리부반 박물관, 바산타푸르 타워 Basantapur Tower, 마주 데발 Maju Deval, 시바파르바티 사원, 쿠마리 바할 사원 등을 돌아보았다. 이름도 모를 이곳 여러 사원은 각자 그 위용을 자랑하며 광장을 중심으로 저마다 역사적 배경을 가지고 저마다 역사와 특색을 자랑하고 있었다. 이후 한국 TV에서 여러 번 방영한 바 있는 쿠마리 사원으로 함께 갔다. 북동쪽으로 길게 세워져 있었다. 안으로 들어가니 줄이 쳐 있었고 더 이상은 출입 금지였다. 우리는 아쉽게도 살아있는 쿠마리 소녀신을 보지 못했다

나는 카트만두의 상징 스와얌부나트로 가기 위해 버스를 탔다. 10여 분 만에 바라주 광장에 내려 다른 버스를 타고 5분여 만에 스와얌부나트 사원 앞에 내려 걸어 올라갔다. 심심하여 계단을 세어 보니 370여 개다. 오른쪽 코스를 돌아 올라가니 정말 멋있는 사원이 떡 버티고 서 있었다.
부처의 눈을 가진 이 사원은 정말 멋있었다. 서울 남산 같은 곳이다. 카트만두 시가지가 한눈에 들어온다. 경관이 좋고, 북쪽으로 저 멀리 설산인 히말라야 산맥이 보인다. 인간 세계를 내려다보는 천상의 사원 같다고 하면 너무 과장한 것인가… 아무튼, 마음이 경건해지고 주변의 멋진 환경과 함께 세워져 있는 유서 깊은 역사적 고찰이었다.

아침부터 비가 내린다. 파슈파티나트 사원 단지로 가는 버스가 있었다. 약 40여 분을 달려 그곳에 도착하니 사원군 주변에는 많은 상점과 사람들이 인산인해다. (입장료: 1,000루피) 강가 안으로 들어가니 화장터다. 화덕이 세 군데나 된다. 그곳을 지나 더 들어가니 시체를 염하는 장소다. 가족들이 울부짖으며 시신의 발을 바그마티 강물에 담그고 몸은 흰 천으로 감싸 강가에 눕혀 놓는다. 온 몸에 여러 가지 향료를 뿌리면서 주문을 외우고 있었다. 그리고는 꽃 레이스를 시신 위에 올려놓고 가족들이 바그마티 강물을 적셔 몸에 뿌린다. 이곳에서 의식이 끝나면 옆에 있는 화장터로 이동한다. 참으로 이승의 삶을 마감하는 자리다. 허무의 극치다.

그 화장터의 뒤쪽 경사면에는 흰 건물이 있는데, 이 집은 죽음을 기다리는 집이란다. 이곳 화장터에서 화장이 이루어지면 윤회에서 벗어나 다시는 이 세계에 태어나지 않는다고 하니, 이승의 삶이 얼마나 고달픈지를 의미하는 것 같다. 그리하여 이곳 화장터의 인기는 대단하다고 한다.

이후 카트만두의 대표적인 사원인 부다나트 사원으로 갔다. 이곳은 스와얌부나트 사원과 함께 네팔의 대표적 사원답게 그 위용이 대단했다. 나는 다시 한 번 고고창연한 이 사원과 사원 아래로 보이는 네팔 시내를 돌아보고 멀리 보이는 에베레스트 산허리를 감상하면서 한동안 더 머물렀다.

바그마티 강가에 있는 네팔 화장터

바그마티 강변의 파슈파티나트 사원 단지

바그마티 강가 화장터에서 화장이 되겠다고 살아서 기다리는 하얀 집

바그마티 강 언덕의 파슈파티나트 힌두 사원 단지

31 파탄 Patan

파탄은 미의 도시라는 뜻으로, 인구 19만이 살고 있다. 카트만두와 30~40여 분 거리에 있으며 가로질러 흐르는 바그마티 강이 두 지역의 경계선이다. 현지인들은 이 도시를 랄리푸르Lalipur 혹은 얄라Yala라 부른다. 기원전 3세기 인도의 아소카 왕이 세웠다는 수트파가 있는 곳으로 이곳 주민 80%는 힌두 및 불교를 믿고 있다. 파탄의 핵심 지역 역시 더르바르 광장이다. 이곳은 14~17세기 말라 왕조 시 대부분 사원과 불탑들을 세웠다. 사원의 동부 대부분은 왕궁 건물로 이루어져 있고 광장 남부에서부터 빔센 사원Bhimsen Temple이 있다. 길 건너 지하수로 유명한 망가히티Manga Hiti, 시바신을 모신 비슈와나트 사원Vishwanath Temple, 크리슈나 사원Krishna Mandir, 하리산카르 사원Hari Shankar 등이 있으며, 그 남쪽으로 두 개의 기둥에 걸려 있는 대형 종인 탈레주 종Taleju Bell 등이 있다. 다음으로 유명한 파탄 박물관이 있으며 북쪽으로 황금사원Golden Temple이 있고 더 나아가 남서쪽으로 시가지에 이어 동물원 이 자리 잡고 있다.

주요 볼거리

더르바르 광장Durbar Square, 왕궁Royal Palace, 빔센 사원Bhimsen Temple, 망가 히티Manga Hiti사원, 크리슈나 사원Krishna Mandir, 마하부다 사원Mahaboudha Temple, 황금사원Golden Temple, 쿰베쉬와르 사원Kumbeshwar Temple, 동물원, 기타 사원들

우중에도 사원으로 향하는 네팔인들의 심오한 불심 행렬

더르바르 광장 Durbar Square

더르바르 광장 대부분 사원과 불탑들은 말라 왕조(14세기~18세기)에 이루어졌다고 한다. 광장의 사원들을 중심으로 동편에는 17세기에 세운 왕궁과 맞은편으로 여러 사원이 즐비하게 서 있다. 특히 더르바르 남단의 왕궁에 이어 가장 특이한 사원인 크리슈나 Krishna 사원이 있으며 이 사원은 2층에 크리슈나 신을 모시고 있으며 4층에 붓다가 모셔져 있는 석조 사원이 매우 유명하다.

왕궁 Royal palace

17세기에 건축된 광장 동편에 위치한 왕궁은 3개 초크 건물군으로 되어 있다. 북쪽은 나라얀 초크 Narayan Chowk 로 왕이 이 초크의 문으로 대중에 어필한다고 하며 지금은 박물관으로 사용하고 있는 건물이다. 남쪽의 건물은 물초크 Mul Chowk 로 가장 큰 건물이며 축재 시 이곳에서 물소를 잡아 신에게 바친다고 하며, 맨 남쪽 끝은 순더리 초크 Sundari Chowk 로 3층 건물로 구성된 곳이다.

빔센 사원 Bhimsen Temple

상업과 무역의 신을 모신 사원으로, 빔센은 붉은 근육을 자랑하며 말을 들어 올리고, 코끼리를 무릎으로 뭉개는 등 힘이 세다. 3층으로 된 이곳은 직사각형 사원으로도 유명하다.

망가 히티 Manga Hiti 사원

빔센 사원은 지하수로 이루어진 사원으로, 신화 속의 악어 마카라 모양의 다카라가 석면에 새겨져 있고 그 아래는 멀리 설산으로부터 온 샘물이 있으며 사원 옆에는 정자 2개가 서 있다.

크리슈나 사원 Krishna Mandir

1637년 싯다르타 싱 말라 왕이 건설한 크리슈나 사원은 3개 층으로 이루어져 있으며 사원 앞에 세워진 석주 꼭대기에는 비슈누신이 타고 다닌다는 가루다 조각이 있다. 교도가 아니면 들어갈 수 없는 사원으로 외부에서 구경과 사진으로 대신한다.

파탄의 더르바르 광장

망가히티 사원 지하의 설산에서 끌어온 샘물

마하부다 사원 Mahaboudha Temple

1560년대에 세운 이 사원은 인도의 보드가야 사원을 모방하여 세운 것으로, 30여 m 높이에 3,000여 불상이 새겨져 있는 붉은 비슈누신을 모시고 있다. 이 주위 주민들은 불상과 조각들을 만들고 있는 조상들의 후손으로, 지금도 많은 불상 조각 예술품을 새기며 생계를 이어 가고 있다.

황금사원 Golden Temple

이 황금사원의 이름은 머하비하르라고 하며 19세기에 세운 것으로, 정문 입구에는 돌로 된 상상의 동물과 문이 있고, 사원 그 자체가 금색으로 장식된 특이한 사원이다.

쿰베쉬와르 사원 Kumbeshwar Temple

14세기에 세운 이 사원은 시바 신을 모시고 있는 매우 큰 5층 사원이다. 입구에는 시바 신이 탄다는 전설의 난디 소가 떡 버티고 있다. 경내에는 물소와 여신을 모신 사원들과 그 옆에는 랑탕산에서 흘러온 샘이 돌계단 아래에 있어 유명한 사원이다.

가는 방법
카트만두 올드 파크 버스 터미널에서 26번 버스 : 30분 소요
미니 빨강 버스–파탄 더르바르 광장 주차장 : 25분 소요
입장료 : 200루피

세부 투어 내용
타멜에서 26번 시외버스를 타고 30여 분을 달려 바그마티 강을 건너 타멜의 시외 주차장에 내려 이곳의 더르바르 광장으로 갔다.

입구 우측의 빔센 사원이 있고, 좌측은 망가히티라고 하는 수로 사원이 있었다. 이 수로의 우물은 먼 설산에서 온 유명한 물이다. 그리고 그 옆에는 아름다운 2개의 정자가 있었다. 우측 남단에는 비슈와나트 사원으로 연결되어 있고 크리슈나 사원 등에는 코끼리 등 여러 조각이 새겨져 있으며 그 안쪽의 동편에는 고대 파탄 왕국의 왕궁이 크게 자리 잡고 있다. 이 왕궁의 바이랍 게이트를 지나면 3개의 작은 북쪽으로 난 문이 있는데, 이를 지나면 그 끝이 황금 게이트에 이른다. 이곳은 국왕이 친정하는 곳이라 하며 이곳을 돌아 나오면 파탄 박물관이 있다. 광장 북쪽 끝에는 황금 사원이 있는데, 이곳은 불교 수도원이다. (입장료: 200루피)

이곳 더르바르 광장은 십자 형태의 길로 되어 있으며 북쪽 오른편 끝 사원의 외곽에 대형 종이 걸려 있고 이를 지나면 목조 3층 사원인 쿰베쉬와르 사원이 있다. 이 3층 타워는 네팔 3대 사원 중 하나라고 한다. 이를 거쳐 밖으로 나가면 파탄의 구 시가지와 건물과 상가, 크고 작은 일반 사원들을 볼 수 있다. 이곳을 구경하면서 10분여를 걸어가면 큰길이 나오고 그 좌편 20여 m 지점에 타멜과 바크타푸르로 갈 수 있는 시외버스 주차장이 나온다.

32 바크타푸르 Bhaktapur

카트만두의 더르바르 광장, 파탄의 더르바르 광장과 함께 바크타푸르의 더르바르 광장은 역사적으로 정치, 경제, 문화, 종교 활동에 관련된 광장이라는 점에서 유사하며, 또한 서로 경쟁 관계를 유지해 오고 있는 곳이다. 이곳 왕궁은 말라 왕조 시대에 세워졌으며 이곳으로부터 통치가 이루어졌다. 이 광장 입구의 라이온 게이트는 이 도시의 상징문이다. 이곳을 통과하면 긴 시장 골목을 지나 더르바르 광장이 나온다. 이곳의 많은 시설물은 1934년 대지진으로 훼손되었으나 왕궁을 중심으로 아직도 고색창연한 역사의 유적들과 구시가지의 종교 시설과 문화 유적들이 면면히 이어져 오고 있다.

주요 볼거리

더르바르 광장Durbar Square, 왕궁Royal Palace, 타우마디 광장Taumadhi Square, 타추팔 광장Tachupal Square, 기타 종교 시설

바크타푸르의 더르바르 광장의 왕궁 인접 광장

더르바르 광장 Durbar Square

라이온 게이트를 시장 길을 한참 들어가면 더르바르 광장이 나온다. 광장을 중심으로 좌우에는 여러 사원과 불탑들이 있고 북쪽으로 가면 찬란한 왕궁이 보인다.

왕궁 Royal Palace

말라 왕조 때 세운 왕궁과 주변의 여러 궁궐 건물은 매우 아름답다. 특히 수십 개의 나무로 된 창문이 특이하다. 좌측 건물에는 불상과 신상 석물들이 있고 국립 미술관에는 역사적인 네팔의 작품들이 즐비하다.

타우마디 광장 Taumadhi Square

이 광장은 18세기로 추정하는 나야타폴라 Nyatapola 사원과 바이라브나트 Bhairavnath 사원을 중심으로 이루어진 광장이다. 나야타폴라 사원은 5층 건물로 30여 m의 대형 사원이다. 이 주변에 코끼리, 사자, 여신 신상 등이 세워져 있으며 돌계단 꼭대기에 오르면 경관이 매우 아름답다. 시가지와 들판이 한눈에 들어온다.

타추팔 광장 Tachupal Square

타마디 광장에서 10여 분 거리에 위치한 타추팔 광장은 다타트라야 Dattatraya를 중심으로 이루어진 광장이다. 이곳은 1427년에 세운 사원으로, 비슈누 사원이며 맞은편에는 거루두라는 동상이 세워져 있다. 사원 뒤에는 미술관을 비롯하여 여러 건물과 상인들의 상품을 판매하는 상가들이 있다.

가는 방법

카트만두 타멜-파탄 : 올드 버스 파크에서 26번 버스 (요금: 15루피), 타멜에서 택시 (요금: 350루피)
파탄-바크타푸르 : 버스 30분 (요금: 25루피)
입장료 : 1,000루피

세부 투어 내용

바크타푸르의 더르바르 광장으로 들어가기 위하여 입구에서 입장료 1,000루피를 징수하였다. 하염없이 내리는 비를 맞으며 긴 골목길을 지나 광장 안으로 들어가니 수많은 여자가 의식을 치르기 위해 비가 오는 것을 마다치 않고 줄을 서서 사원 입장을 기다린다. 모두가 작은 촛대와 작은 음식과 꽃잎들을 준비하여 음식이 비를 맞을세라 정성을 들이는 모습이 눈물겹다. 이후 우리는 더르바르 광장으로 갔다. 이곳은 카트만두 타멜에서 15km 동부 지구에 위치한 네팔의 3대 고대 왕국 중 하나다. 또한, 1995년에 개봉한 베르나르도 베르톨루치 감독의 영화 리틀 붓다를 촬영한 곳으로도 유명하다. 이곳도 파탄과 같이 더르바르 광장을 중심으로 여러 사원이 모여 있었으며 북쪽 편의 왕궁인 로열 팔라스를 중심으로 한 더르바르 광장과 타우마디 광장, 타추팔 광장을 중심으로 이름 모를 수많은 사원과 중세풍의 갖가지 형상들은 동양의 이상향임이 틀림없다.

특히 바크타푸르 왕궁, 바트살라 두르가, 라이매수아르, 바두르 사원 등이 유명하며 국립아트 갤러리와 박물관(입장료: 100루피) 등은 꼭 들러볼 만하였다.

박물관은 2층으로 되어 있는데, 주로 붓다상과 붓다의 그림, 모든 짐승과 동물들의 생태 싸움, 생성 등이 이채로웠다. 이후 큰길로 나오니 바니소르 버스 정류장이 있었다. 카트만두행 로컬버스에 오르니 요금 25루피에 40여 분이 걸려 다시 타멜 시내로 돌아왔다.

숙소

• 네팔짱nepaljjang (한국인 운영)
주소 : 29 Thamel
전화 : +977 (01) 470-0015, 470-1536
사이트 : www.nepal-jjang.com
(필자가 기거한 곳)

세부 투어 및 다음 행선지로 가기 위하여
아침에 일어나 배낭을 정리했다. 그동안 정들었던 카트만두를 떠나 다시 인도 동북부 끝자락에 있는 녹차 생산의 본거지 다르질링으로 가기 위해서다. 택시를 타고 시외버스 정류장인 발라주 정류장에 오니 급행버스가 1,300루피인데, 이미 출발하였다. 일반 버스가 800루피다. 1시간 차이며, 도착 시간이 하룻밤을 버스에서 보낼 수 있어 일반 버스를 타게 되었다. 그러나 15시간이 걸리는 밤차는 네팔의 동북부 끝자락의 험준한 산악 길을 밤새도록 달리는데 너무도 지루하고 힘겨웠다.

네팔-인도 국경 카카루비타Kkaruvita 넘기
9시 30분에 네팔과 인도의 국경인 카카루비타Kkaruvita에 도착하였다. 네팔 세관 수속을 마치고 내 수중에 있었던 네팔 돈을 다시 인도 돈으로 모두 바꾸었다. 수속은 비교적 간단했다. 네팔에서 다시 인도로 넘어가 인력거를 타고 국경을 넘고 국경의 다리를 지나 인도 세관에 도착하였다. 인도 북동쪽 끝 인도 차이와 휴양지로 유명한 인도 다르질링Darjeeling으로 갔다.

카트만두에서 다시 인도 북동부 다즐링으로 가기 위해 도착한 시외버스 터미널

방글라데시
(Peoples Republic Of Bangladesh)

⇨ 인도 및 미얀마 접경 지역에 위치하며 면적은 147,570 km²이고, 인구는 117만 명이다. 수도는 다카(Dhaka)이며 주요 도시는 치타공(Chitagong), 쿨나(Khulna) 등이며 민족은 벵골인이고 언어는 벵골어 및 영어를 사용하며 종교는 회교, 힌두, 기타를 믿고 있다.

⇨ 파키스탄과의 독립 전쟁에서 승리하여 1971년 3월 26일 독립하였다. 입헌공화제로 의회는 단원제(330명)이며, 주요 정당은 아와미 정당(Awami League), 국민당(BNP) 등이며 국방은 160,000명으로 육군이 95,000명, 해군이 9,000명, 공군이 6,000명이다.

⇨ 국민총생산량은 1995년 기준 276억 달러이며, 화폐 단위는 타카(Taka)이다. 주요 자원은 황마, 피혁, 홍차, 천연가스 등이며, 무역은 1996년 기준 수출이 40억 달러이고, 한국과는 1973년도에 남북과 동시 수교하였다. 현재 수입은 약 2억 5천 달러이며 수출은 약 6억5천만 달러 규모다. 교민은 약 900여 명이며 1,100여 명이 상주하고 있다.

37 다카 Dhaka

다카는 인도 벵골만을 다스리던 팔라 왕조(8~12세기)의 수도였으며 옛 명칭은 바그람푸르이다. 1765년부터 영국이 지배했으나 1864년부터 자치 통치하였다. 다카 주변은 메그나 강, 파드마 강(갠지스강), 야무나 강으로 둘러싸인 평야 지대로 내부에는 달레슈와리 강, 부리 강가 강 등이 있어 물이 풍부한 지역이다. 영국, 프랑스, 네덜란드와 무역이 성행하고 있으며 쌀, 사탕수수, 마, 국영 목장, 보석 등이 생산되는 방글라데시의 신흥 수도이다.

주요 볼거리
랄바그 요새, 벵골 총독 아내 비비 파리의 묘지, 후사이나 달란 이슬람 기념 사원, 다케슈와리 힌두 사원, 대지가온 기독교회, 소르디 공원 Soroodi Park, 람나 공원, 정부 청사 바산드하라, 시티몰 Basundhara City Mall, 기타 이슬람 사원 등

콜카타-방글라데시 가는 사람과 차량은 배를 타고 강을 건너야 한다.

세부 투어 및 다음 행선지로 가기 위하여

콜카타 국경을 넘어 방글라데시의 수도 다카 가까이 도착하자 빠또리아Battoria 강이 나타난다. 큰 배가 부두에서 사람과 짐을 기다린다. 이 배에는 사람과 버스가 같이 탄다. 그리고 약 50분 동안 다카 시가지 부두를 향해 푸른 바다 같은 빠또리아Battoria 강을 건너 다카로 가는 도로 좌우에는 무성한 나무들과 숲, 실개천과 물웅덩이가 자주 보여 물이 많은 들판임을 알 수 있다. 이윽고 저녁 8시에 그린라인 시외버스 정류장인 꼴란푸르Golanpur에 도착했다.

나는 인도-파키스탄 국경을 넘는 그린라인 버스 안에서 다카에서 사업한다는 부부를 알게 되어 그의 소개로 늦은 밤 다카 시내에 있는 중급의 호텔을 소개받아 여장을 풀었다.(요금: 450루피)

시내 투어

아침에 호텔 주인과 상의하여 관광 코스를 작성했다. 다카와 다카 주변을 투어하기로 하였다. 호텔에서 릭샤를 타고(요금: 300루피) 소르디 공원으로 갔다. 공원의 규모는 그리 크지 않았으나 나무들이 여느 공원만큼 무성했다. 나는 약 30여 분을 산책하고 나와 롤보그켈라Lolbog Kellah에 도착하였다. 몇몇 아름다운 건물에 야자수 등 파파야 나무들이 무성하여 이국풍이 물씬하였다. 그러나 규모는 그리 크지 않았다.

다시 오토릭샤를 타고 람나 공원Ramna Park으로 갔다. 이곳은 대로를 따라 조성된 공원으로 그 규모가 매우 컸다. 나무와 숲 그리고 간간이 놀이 공원 물길 등이 조성되어 있었다. 그렇게 아름답지는 않았으나 놀이 공간으로써는 충분하였다. 약 한 시간을 산책하고 나왔다. 다음은 릭샤를 타고 모착 마켓Mouchack Market으로 갔다. 시장에는 수많은 차량, 릭샤, 인력거 등이 교차하였으며 무엇보다 먼지가 많아 부담되었다.

다음은 릭샤를 타고 시내 중앙통에 있는 멋진 쌍둥이 건물인 경제기획원Ministry Of Finance에 들렀다. 건물은 매우 크고 아름다웠다. 대형 건물이 2개나 된다. 그 규모에 비해 경제력 규모는 얼마나 되는지 궁금하였다. 12시가 훌쩍 넘었다. 배가 고프다. 이곳은 외국인이 없어 동물원 원숭이 꼴이다. 호텔 주변에도 식당에도 공원에도 말을 붙이면 여러 사람이 에워싼다. 게다가 인상이 험하고 웃지도 않고 반응이 없다. 약간 겁이 난다. 밤이면 더 무섭다. 나는 더 있기가 싫어졌다. 하룻밤을 더 자도 이 도시에는 특이한 곳이 없었다.

그러나 다카 시내는 규모는 그리 크지 않으나 여느 도시처럼 건물이 즐비하고 오가는 차량과 사람들이 붐비는 도시로 새로운 도약을 위해 생기가 활발하였다. 특히 시 외곽은 어디나 물이 풍부해 보였다. 나는 방콕으로 가는 비행기 티켓 일정 때문에 이곳에 오래 머물 수가 없었다. 3일 투어를 목적으로 왔으나 잘못되면 큰일이다.

이후 나는 다시 버스를 타고 바산드하라 시티 몰Basundhara City Mall에 갔다. 다카의 중심부이니 한국의 명동쯤 되어 보였다. 10여 층의 4~5개 건물이 멋있게 서 있다. 내부는 지하 1층부터 지상 8층까지 있는 현대식 쇼핑몰이다.

이곳의 쇼핑몰은 한국의 백화점같이 멋있었다. 그러나 냉방 시설이 그리 시원하지 않았다. 8층은 식당 층이었다. 그곳을 둘러보니 한국인이 영업한다는 대장금 식당이 있었다. 거기서 비빔밥(요금: 380 루피)을 시켰다. 그곳에서 한국 KOICA 소속 서울 미아리에서 온 두 처녀를 만났다. 가족을 만난 듯이 반가웠다. 그녀들과 같이 점심을 먹고 자리를 옮겨 커피를 마시면서 이런저런 이야기를 1시간여 나누고 헤어졌다.

다시 쇼핑몰을 나와 무작정 시내를 배회하였다. 그러는중 한 가게에서 고상한 이 지역 여인을 만나 이런저런 이야기를 하면서 음료수를 같이 마셨다. 그녀는 40대로 보였으며 금융계에 있다며 영어도 아주 잘하여 대화에는 서로 부담이 없었다. 그녀의 안내로 저녁 늦게까지 다카 시내 구경을 하였다. 그녀는 내게 시내 구경을 시켜주고는 그린라인 버스 정류장까지 데려다 주었다. 그러면서 조그만 사과 2개를 핸드백에서 꺼내더니 내 손에 쥐여 준다. 어디나 좋은 사람은 있게 마련이다. 버스 정류장에서 그녀와 이별 사진을 찍고 이메일을 교환하고 헤어졌다.

숙소
• 청호 게스트하우스 (한국인 운영)
사이트 : blog.naver.com/chunghohouse
전화 : +880 (11) 9985-2891

• 태경이 게스트하우스 (한국인 운영)
사이트 : www.taekyunghouse.co.kr
전화 : +880-1767-800207, 1714-735880

세부 투어 및 다음 행선지를 가기 위하여
10시가 넘으니 이제 돌아갈 시간이다. 밤은 점차 칠흑같이 어두워지더니 비가 내린다. 밤인지라 수많은 현지인 속으로 나가기가 무서웠고 편하지가 않아 계속 역 휴게실에서 기다리다 11시 밤 버스를 타고 다시 날이 새도록 콜카타 국경을 향해 밤길을 달렸다.

아침에 버스 속에서 눈을 뜨니 국경이다. 버스에서 내려 방글라데시 세관 점검을 마치고 국경을 넘어 인도 이미그레이션에 서류 작성 신고하고 검사받고 나오니 2시간이 지났다. 다시 인도 쪽 버스비를 지불하고 버스에 오르니 안도의 한숨이 나왔다. 비는 하염없이 내린다. 그 길을 4시간도 넘게 달려 드디어 내가 머물렀던 콜카타에 다시 도착하니 오후 4시다.
먼저 아침 겸 점심으로 샌드위치를 먹고 망고 주스, 밀크커피를 마시니 이제야 마음이 놓이고 제정신이 돌아온다. 우선 오늘 저녁에 잘 호텔을 구해야 한다. 전에 있었던 파라곤은 있기가 싫었다. 이웃에 있는 골든 로지 호텔의 2층 룸(요금: 400 루피)을 예약하고 파라곤 호텔로 가서 일본처녀 미야코에게 맡겨 둔 배낭을 찾았다. 나는 골든 로지 호텔로 옮겼다.

다카 중앙통의 중앙 시장에서

다카중심가쇼핑몰 백화점에서 바라본 시가지

대장금에서 만난 한국 KOICA 봉사 요원과 식사

다카 시가지 번화가 전경

미얀마
(Union Of Myanmar)

➪ 위치는 인도차이나 서북부 지역으로, 면적은 676,577㎢(한반도의 3.5배)이며 인구는 4,474만 명(96)이다. 수도는 네파도Nepado이며 주요 도시는 양곤Yangon, 만달레이Mandalay(70만), 모울메인Mawlamyine(30만), 바고Bago(20만) 등이다. 주요 민족은 버마족, 몬족, 아리칸족이 있으며, 언어는 미얀마어를 사용한다. 종교는 불교(89.5%), 정령 숭배를 하고 있다.

➪ 영국으로부터 1948년 1월 4일에 독립하였으며, 주요 정당은 민족통일당NUP, 민주국민연맹NLD, 민주 평화 연맹LDP 등이 있고, 국방 인원은 총 39만 명으로, 이중 육군이 35만 명, 해군이 2만 명, 공군이 2만 명을 유지하고 있다.

➪ 경제적으로는 국가총생산량이 112.2억 달러서 1인당 258달러이다. 경제 중점은 사회주의 경제 체계에서 개방 경제를 추구하고 있으며 화폐 단위는 짯Kyat이다. 주요 자원은 쌀, 원유, 동, 연, 아연 등이 있고, 무역 규모는 97년도 기준 수출이 8.7억 달러이며 수입은 18억 달러를 유지하고 있다.

양곤 I Yangon

양곤 시는 과거 오랫동안 미얀마 수도로서, 정치·경제·문화의 중심지로서 아예야르와디Ayeyarwady 강 하구에 있는 도시다. 1824년 영국과의 전쟁에서 패하여 영국이 랑군이라 이름 지어 건설했으나 1989년 독립 후 다시 양곤으로 개명한 후 슐레 파고다를 중심으로 수도로 발전해 왔다. 그러나 2005년 말 수도를 네피도Naypyitaw로 옮긴 이후 신구 문화가 공존하는 도시로 발전되어 왔다. 특히 미얀마의 정신이 녹아 있는 불교의 중심지로 쉐다곤Shwedagon, 슐레Sule, 인야Inya 등 3대 사찰과 깐도지 호수, 박물관과 재래시장이 어우러진 양곤은 유구한 역사와 전통이 살아 숨쉬는 불교 중심 도시다.

특히 이곳 양곤에는 세계 불교 3대 사원(인도네시아의 보로부두르, 캄보디아의 앙코르와트, 양곤의 쉐다곤) 중의 하나인 쉐다곤 파고다Shwedagon Pagoda가 있어 더욱 유명하며 불교 나라답게 어딜 가도 불교 사원과 불탑이 있고 불교 관련 행사로 날이 새고 날이 저물어간다. 또한, 저녁이 되면 시내 곳곳 사찰에서 울려 퍼지는 독경 소리가 이곳이 불교의 나라임을 실감케 한다.

주요 볼거리

쉐다곤 파고다Shwedagon Pagoda, 슐레 파고다Sule Pagoda, 아웅 산 국립묘지Martys Mausoleum, 깐도지 공원 호수Kandawgyi Park Lake

쉐다곤파고다에 줄지어 서 있는 아름다운 불탑

쉐다곤 파고다 Shwedagon Pagoda

쉐다곤 파고다는 칸도기 호수 서편의 싱구타라 언덕에 조성되어 있으며, 이 파고다를 중심으로 80여 개의 크고 작은 사찰과 불상이 있다. 쉐다곤의 쉐는 황금을 말하며 다곤은 언덕을 말한다. 즉, 양곤 언덕의 황금 사원을 뜻한다.

세계 3대 불교 사찰(캄보디아의 앙코르와트, 인도네시아의 보로부두르, 양곤의 쉐다곤)의 하나로, 석가모니 생존 시에 건축된 것이다. 15세기에 이 사원이 건설되었으나 지진으로 일부 파괴되어 1768년도 뷰신 왕이 지금의 파고다를 건축하였다. 둘레는 426m, 높이 98m 원뿔 모양이다. 외부는 황금 도색으로 13톤의 황금이 들어갔다고 하며 탑 꼭대기에는 73캐럿의 다이아몬드를 비롯해 15,000여 개의 보석으로 장식되어 있어 해 돋는 아침이나 석양에는 번쩍이는 황금과 보석으로 장관을 이루고 있다.

경내 북서쪽 면의 마하간다 Maha Gandha 사원에는 23톤의 거대한 종이 걸려 있다. 또한, 수많은 사찰과 부처 관련 조각품들이 있으며 바닥은 대리석으로 매우 깨끗하다. 더욱이 이곳에는 전국에서 몰려든 신도와 일반인과 관광객들이 한데 어울려 정진과 기도와 구경을 하느라 연일 사람들로 북새통을 이루는 불교의 대성지다.

가는 방법
버스, 택시, 슐레 파고다에서 모든 교통편이 있다.
입장료 : 5달러

슐레 파고다 Sule Pagoda

슐레 파고다는 양곤 시 중심 사거리에 있다. 양곤을 건설할 때 이 파고다를 중심으로 설계하였다고 한다. 그래서 시내 여러 건물이 이곳으로부터 뻗어 나가고 모든 버스 차량은 이곳 파고다를 돌아서 오고 가도록 설계되어 있다.

슐레 사원은 200여 년 전 인도의 아소카왕 때 쇼나오우타가 부처의 유품을 가지고 와서 세웠으며 이후 허물어진 것을 개축하여 오늘에 이른다고 한다.

가는 방법
양곤시 중앙로 사거리–모든 버스와 택시가 이곳을 지나간다.
입장료 : 4,000짯

아웅 산 국립묘지 Martys Mausoleum

쉐다곤 파고다 북문 건너에 있는 국립묘지 공원이다. 1983년 한국 전두환 대통령 당시 한국 각료들의 아웅 산 폭파 사건으로 유명한 곳이다. 미얀마 독립의 영웅인 아웅 산 Aung San 장군과 각료들이 잠들어 있는 국립묘지이다. 지금은 그의 딸 수치 여사가 정치적 대표 인물로 주목받고 있다.

가는 방법
슐레 파고다 사거리에서 버스나 택시로 간다.
입장료 : 무료(매년 7월 19일 개관 행사)

세계 불교 3대 사원 중 하나인 쉐다곤 파고다

깐다지 공원 호수 Kandawgyi Park Lake

이 호수는 2,500여 년이 된 인공 호수로, 쉐다곤 사원 건립을 위해 땅을 파낸 자리에 자연스럽게 물이 고인 것이 그 유래다. 이 호수에는 커러웨익 Karaweik 이라는 배가 있다. 이 배는 힌두신 비슈누가 타고 다니던 가루다 Garuda 라는 새의 모양으로 제작된 것으로, 밤이 되면 대형 문화행사가 열리고 대연회장으로 운영한다.

가는 방법
슐레 사거리에서 택시나 버스로 갈 수 있으며, 이곳에서 여러 명승지로 갈 수 있다.

세부 투어 및 다음 행선지로 가기 위하여
양곤 국제공항에서 입국 수속을 마치고 우선 1,000달러를 미얀마 돈 짯으로 환전하였다. 화폐 단위가 높아 지폐가 한 아름이다. 30여 분이 걸리는 시내까지 택시를 타니 7,000짯을 요구한다. 호텔은 슐레 파고다 사거리 근처에 있는 20달러짜리 일본 게스트 하우스인 오키나와 게스트 하우스 Okinawa Guest House 에 머물기로 정하였다.

쉐다곤 파고다로 가기 위해서 호텔 근처 슐레 파고다 사거리 버스 정류장에서 쉐다곤으로 가는 버스(요금: 100짯)를 타고 쉐다곤 인근 버스 정류장에 내려 걸어갔다. 도로에서 쉐다곤 파고다 입구까지는 언덕이므로 수많은 계단이 있었다. 계단은 대리석으로 1구간이 12계단이다. 구간은 10구간이므로 총 120계단이 있었다. 사찰 안쪽으로 들어가니 사각으로 된 기저면에 426m의 둘레에 높이 98m의 거대한 황금 사원이 있었다. 이사원은 세계 3대 불교 사찰 중 하나다. 사찰 주변에는 7, 80개의 크고 작은 사찰이 있었으며, 그 사찰 안에는 수많은 형태의 부처 조각상이 있었다. 특히 경내 북서쪽에 마하간다 사원이 있는데, 그곳에는 무게가 23톤이나 되는 거대한 종이 걸려 있다. 주변 바닥은 대리석으로 매우 깨끗하다. 전국에서 몰려든 신도와 일반인과 관광객들로 언제나 분주한 불교의 요람이다.

이곳에서 본 세상은 지상에서 볼 수 있는 속세의 불교 조각물이 아니라 하늘의 불탑이며 마치 하늘나라의 어느 불교 세상에 온 것 같았다. 참으로 놀라지 않을 수 없었다. 다음으로 슐레 파고다로 갔다. 슐레 파고다는 양곤시의 중앙에 위치하며 로터리 구실을 한다. 높이 46m의 거대한 황금빛 원형 사원으로 양곤시의 중심인 랜드마크이다. 파고다 형식이 이 사찰은 고가도로 방향에서 계단을 따라 외곽에서 안으로 들어갈 수 있다. 동남부에는 소규모 공원이 있고 대형 타워가 있다. 많은 시민이 아침에는 기체조를 하고 오후에는 나무그늘에서 휴식을 취했다. 사거리 주변에는 호텔, 은행, 여행사, 상가 등이 있고 가까운 지역에 시장이 있다.

나는 오후 7시에 다음 행선지인 바간으로 가는 리무진 시외버스에 몸을 실었다. 도로는 보통 정비된 아스팔트길이다. 큰 나무들이 없었으며 간혹 상점과 식당, 일반 가정집이 띄엄띄엄 보였다. 2시간을 달리니 밤 9시다. 가는길 버스 휴게소에서 저녁을 먹고는 다시 밤새도록 달리고 또 달렸다.

가는 방법

미안마는 육로로 갈 수 없다. 인도 콜카타나 태국, 방콕 등의 공항에서 항공 루트로만 입출국 할수 있다.

숙소

- 오키나와 게스트 하우스 Okinawa Guest House

주소 : 32nd st, pabedan township
전화 : +880-374-318

고속도로변 휴게소의 야간 조명

양곤 시장의 노점상 풍경

사원 경내의 붓다 와불상

39 바간 Bagan

만달레이 남서쪽 193km 지점에 42km²의 광범한 지역에 세워진 고대 도시다. 세계 3대 유적지 중의 하나로, 2,220여 개의 사원이 산재해 있는 사원의 도시이다. 1044년 최초 바간 왕조의 아나우라타 Anawrahta 왕에 의해 건설된 미얀마 최초 수도다. 이곳 바간으로 들어가는 모든 외국 관광객은 10달러의 입장료를 내야 한다.

자전거로 불탑 사이를 투어

수많은 불탑들이 위용을 자랑한다.

온천지가 불탑으로 이루어진 세계 3대 불교 유적지의 도시 바간

가는 방법
양곤 시외버스 정류장-바간 : 14시간 소요

세부 투어 내용
아침 5시 30분에 바간을 채 못 가서 양우Yang Woo라는 시외버스 정류장에서 내렸다. 버스 정류장에서 15분여 거리에 있는 핀사 루파Pyinsa Rupa라는 호텔에서 우리 일행은 1인당 10달러에 싱글 룸을 구하였다. 호텔 방에 짐을 정리하고 샌드위치로 아침을 때우고 난 후 하루에 500짯을 주고 동행하는 미국인 친구와 자전거를 세를 내어 바간 투어에 들어갔다. 바간은 불탑의 세상이다. 이곳은 불탑이 세계에서 가장 많은 곳이다. 100년 전만 해도 4,000여 불탑이 있었다고 한다. 그러나 지진이나 그간의 세월에 붕괴되고 허물어져 지금은 2,200여 개의 불탑이 이 고장에 있다고 하니 놀라지 않을 수 없다. 온 세상이 불탑으로 둘러싸여 있는 느낌이다. 세계 각국에서 온 배낭객들 모두가 오토바이, 역마차, 자전거를 타고 수많은 불탑과 사원들이 조성된 광대한 들판 길을 투어한다. 이곳에는 조그만 2차선 아스팔트 길이 구불구불 불탑 사이로 나 있고 그 길을 따라가면서 그 길 좌우에는 수많은 사원과 불탑들을 찾아보는 것이다.

이후 돌아오는 길에 마을 입구의 바간에서 가장 유명한 쉐지곤Shwezigon 사원으로 갔다. 양곤에 쉐다곤이 있다면 바간에는 쉐지곤 사원이 있다. 정말이지 대단하다. 주변의 크고 작은 여러 탑이 찬란하다. 넋이 나갈 정도다.

한참을 쉬고 난 후 해지는 장면을 볼 수 있는 유명한 파고다 불래들Bulethi에 갔다. 주변 경관은 어느 다른 외계에 온 듯 수평선 너머 360도 사방으로 수많은 템플이 멀리 혹은 가까이에 펼쳐져 있다. 온 천지가 불탑이다. 바간에 와서 해돋이를 달마양지Dalma Yang 사원 꼭대기에서 보고 일몰을 불래들 사원 꼭대기에 올라서 보았다면 이미 2,200여 템플의 절반은 본 꼴이 된다.

아침 일찍 쉐지곤 사원을 다시 한 번 돌아보고 난 다음 오후에 제티Zety라는 바간 외곽 강가의 유명 템플을 투어하려고 햇빛이 작열하는 길을 따라 힘겨운 투어를 하고 돌아와 저녁 8시가 되어 다음 행선지인 미얀마의 제2대 도시인 만달레이로 가기 위해 밤 9시 버스에 몸을 실었다. 가는 길은 비포장도로가 반이나 된다. 그래도 그 큰 관광버스가 잘도 간다. 10시간이 걸리는 거리를 도로가 정비되어 8시간에 주파하였다.

바간의 최고 사원인 쉐지곤 파고다

40 만달레이 Mandalay

인구 70만의 도시 만달레이는 이라와디^{Irrawaddy} 강의 동부에 있는 미얀마 제2의 도시다. 미얀마의 정치와 행정의 중심 도시는 현재 수도인 네피도이지만, 실제로 미얀마의 정치와 경제를 이끄는 도시는 양곤이며, 이 만달레이는 산업과 문화와 종교의 중심 도시다.

약 2,500년 전 부처가 아난존자와 같이 다녀갔다는 만달레이는 1857년 민돈^{Mindon} 왕에 의해 건설된 고대 도시이다. 만달레이 시 중심에는 거대한 왕궁을 중심으로 남부 몬트 거리^{South Mont St} 주변의 시가지와 서쪽 변에 위치한 만달레이힐, 평원 뒤로 흐르는 강변의 풍광으로 이어지며, 이곳이야말로 만달레이의 투어의 하이라이트다.

주요 볼거리
만달레이 궁전^{Mandalay Royal Palace}, 민군^{Mingun} 사원군, 만달레이 언덕^{Mandalay Hill}, 만달레이 주변 주요 파고다, 야시장 쩨조^{Zegyo Market}

만달레이 강변 뒤로 보이는 멋진 왕궁 전경

만달레이 궁전 Mandalay Royal Palace

1857년 민돈 Mindon 왕에 의해 건설된 이 왕궁은 성벽 한 면이 3km이며 높이는 8m인 직사각형으로 조성된 곳으로 성 밖 외곽에는 외부인의 출입을 막을 수 있도록 3m의 수면으로 둘러져 있는 요새다. 1945년 3월 20일 일본군이 왕궁을 태워 소실되기도 하였다. 이후 보수하여 오늘에 이른다. 남문 앞에는 독립 타워가 우뚝 서 있고 그 인근에는 만달레이 박물관이 있다.

만달레이 언덕 Mandalay Hill

해발 236m의 야산 언덕인 이곳이 2,500년 전 붓다가 왕림한 곳으로, 2,400년 후엔 이곳에 대도시가 된다고 했다고 한다. 비록 낮은 곳이나 오르는 계단은 4단계로 이루어진 1,729의 계단으로 오른다. 그 꼭대기 정상에는 민돈 왕이 부처님의 뜻을 기리기 위해 쉐야또 Shweyattaw 파고다를 조성하였는바, 이 사원은 매우 고색창연하고 아름답다. 이 언덕에서는 만달레이 시내가 한눈에 들어온다.

사원에 세워진 특이한 색상의 붓다

기타 볼거리

- 마하무니 파고다 Mahamuni Pagoda

만달레이 남쪽 3km 지점에 높이 3.8m의 거대한 부처 사원으로 유명한 곳으로, 일명 파야지 Phayagyi 사원이라 한다.

- 산다무니 파고다 Sandamuni Pagoda

만달레이 힐 남쪽에 있는 캬욱타지 사원 Kyauktawgyi Pagoda 과 마주하고 있는 이 사원은 흰색의 특이한 사원이다. 파고다 내부에는 청동상의 부처가 있으며 벽면에는 불교 경전이 새겨져 있는 거대한 사원으로 유명하다.

- 야시장 쩨조 Zegyo Market

만달레이 서쪽 시계탑 서부 지역에 위치한 중앙시장인 쩨조 야시장은 중국으로부터 들어오는 생필품과 과일, 농산물 등 다양한 상품들이 넘쳐나는 곳이다. 인근의 시계탑은 영국의 빅토리아 여왕 즉위 60주년 기념으로 세운 타워이다.

가는 방법

양곤-만달레이 : 17시간소요
바간-만달레이 : 10시간 소요
양곤-인레 호수 : 18시간 소요

숙소

- 이티 호텔 ET Hotel

주소 : 만달레이 23과 24번 거리 사이인 83번 거리(83st)에 있다.
전화 : +880-02-65006, 66547
(필자가 기거한 곳)

만달레이 언덕 위의 멋진 사원

만달레이의 시장 풍경

세부 투어 및 다음 행선지로 가기 위하여

만달레이 시외버스 정류장에서 20여 분을 달려 시내 ET 호텔에 도착했다. 만달레이 시에서 중급 호텔이다. 호텔 요금으로 팬 방을 15달러로 정하고 여장을 풀었다. 미얀마는 어느 호텔, 어느 게스트 하우스라도 아침은 무료로 제공한다. 반가운 일이다. 하긴 이곳 물가에서 호텔비용은 매우 비싼 편이라서 아침을 제공하는 것으로 보인다.

민군Mingun 사원군

아침 일찍 바로 투어에 들어갔다. 먼저 1,000짯을 주고 모토를 타고 10여 분을 달려 강가 보트장으로 갔다. 그곳에서 민군 파고다로 가는 배를 타고(왕복요금: 5,000짯) 강을 따라 1시간 정도를 출렁이는 강물을 따라 배는 정처 없이 흘러가서 목적지인 강가에 정박하니 소달구지를 끌고 나온 농부는 그것이 택시라면서 타라고 한다. 섬 입구에는 매우 큰 사원이 강변을 향해 우뚝 서 있었다. 그 뒤로는 이름 높은 민군사원인 바위산이 있고 그 속에 부처가 모셔져 있었다. 다음 계곡 안으로는 세계에서도 이름 높은 크기의 대형 종이 걸려 있었다. 한적한 외딴 섬 안의 불심이 매우 인상적이다. 이후 강변을 산책하고 다시 보트를 타고 돌아왔다.

민군 템플을 다녀온 이후 나는 바로 만달레이 힐로 가기로 하였다.
만달레이 강가 선착장에서 바로 모토를 타고 40여 분을 달려 만달레이 힐을 오르는 입구에 도착할 수 있었다.

만달레이 힐Mandalay Hill

나는 혼자 그 수많은 계단을 올랐다. 만달레이 힐이 그렇게 높지는 않은데 그 계단은 1,729계단으로 아마 내가 지금까지 가 본 중에 가장 많은 계단인 것 같다.
30여 분을 오르다가 중간에 로컬 안내인을 만나 그의 안내를 받으며 올라갔다. 약 10여 분을 더 오르니 드디어 만달레이 힐이 나타나고 아름다운 만달레이 템플이 나타났다. 너무나 아름답다. 나는 놀라지 않을 수 없었다. 정말이지 만달레이 힐에서 내려다본 만달레이 시 전경은 참으로 아름다웠다. 이 만달레이는 오랫동안 미얀마의 수도였다. 그러던 그 수도가 양곤으로 옮겨갔으며 그 후 다시 네파도로 다시 옮겨간 것이다. 양곤에 이어 미얀마에서 2번째 큰 도시인 이곳은 부처가 아난다와 2,500년 전에 다녀갔다는 언덕으로 유명한 곳이다.

나는 오늘 왕궁과 주변 시내를 투어하기로 하고 왕궁으로 갔다. 작은 국력임에도 왕궁은 매우 크고 찬란하다. 왕궁 성벽의 길이가 3㎞라고 하니 놀랄 일이다. 일반인들이 왕궁 접근을 막기 위해 왕궁 외곽 쪽에는 땅을 파서 물길을 만들었다. 형태는 캄보디아 앙코르와트 입구 외곽의 물길과 같다. 그러나 그 규모는 더 엄청나다. 이후 양우 지역의 나무다리 철교와 주변의 이름 높은 사원들을 돌아보고 다음 행선지인 인레 레이크 시티로 가기 위하여 여행사로 가서 12,000짯의 요금을 지불하고 저녁 7시 버스표를 구매하였다.

만달레이 버스 정류장에 도착하여 저녁 7시 버스를 타고 인레 레이크를 향해 칠흑 같은 어두운 밤을 날이 새도록 달렸다. 가는 길은 미얀마 북동부의 깊은 산악 험준한 길이다. 포장과 비포장도로를 굽이굽이 돌면서, 위험한 산악길을 덜컹거리며, 절벽 길을 따라가지만, 밤 버스 안의 승객들은 위험한 줄도 모르고 긴 시간의 여행길에 지쳐 그렇게 꿈속에서 달렸다.

민군 사원으로 배를 타고 간다.

관광객을 맞는 우마차 택시

거대한 민군 사원 모습

민군 사원 내 한 사원의 강변 타워

41 인레 레이크 Inle Lake

새벽 3시 30분에 인레 레이크 시 외곽 시외버스 정류장에 내렸다. 타운 입구에 도착하니 입장료 10달러를 징수한다. 외국인은 봉이니까 우리 일행은 이 마을 능캄 더 리틀인Nawng Kham The Little Inn 게스트 하우스(요금: 15달러)를 찾아가 여장을 풀었다.

나는 자전거를 타고 호수길 우편 산허리로 벋어있는 아름다운 시골길을 따라 1시간여 달리니 산아래 멋진 핫스프링 관광호텔에 도착했다. 온천은 안내서에도 나오는 유명한 온천이다. 야외 온천탕은 5달러이다. 나는 그곳에서 오랜만에 느긋한 시간을 즐기며 목욕과 식사와 한 잔의 와인으로 그간 힘들었던 여행의 피로를 풀었다.

호텔로 돌아가는 길은 드넓은 보트를 자전거와 같이 타고(요금: 4,000짯) 1시간 거리의 인레 레이크 호수를 가로질러 TV에서 보았던 이상향의 멋진 호수 길을 따라 40여 분을 달리니 내가 처음 맞이하였던 호수 입구 선착장에 다다랐다.

오후에는 호수 주변을 다시 돌면서 사색 아닌 사색에 젖어 보았다. 가까운 시골을 다시 돌아보고 나니 인레 호수 투어도 서서히 저물어갔다. 나는 이제 양곤으로 가기로 하고 호텔을 나와 저녁 8시 밤 버스표를 구입하여 다시 양곤을 향하여 길을 나섰다.

밤 버스는 비싼 요금만큼 그 값을 한다. 우리가 날이 새도록 타고 가는 버스는 독일산 최신형 리무진 버스였다. 그러나 지급되는 담요는 냄새가 났다. 먼저 아름다운 호수 주변을 따라 달렸다. 주변의 어촌 정경이 매우 정겨웠다.

인레 레이크 지도

호수 선착장 입구 마을 전경

호수 마을을 지나 호수로 출발

보트에 자전거를 싣고 맨 앞에 앉아 있다.

인레 호숫가 마을 전경

호수 마을을 자전거로 투어하고 있다.

호수 위 갈대 위에 흙을 얹어 심은 채소밭

호수 중앙부

42 양곤 Ⅱ Yangon

어젯밤 8시에 인레 호수에서 버스를 타고 날이 새도록 달려 아침 4시 30분에 양곤 시외버스 터미널에 도착하였다. 그곳에서 양곤시는 1시간 거리다. (미얀마의 모든 시외버스 터미널은 시에서 1시간에서 1시간 반가량 걸리는 시 외곽에 있어 매우 불편하였다.) 그곳에서 제공하는 셔틀버스를 타고 내가 처음 머물렀던 슐레 파고다 지역으로 1시간여를 달려 도착하였다. 먼저 오키나와 게스트 하우스에 도착하여 1일 숙박비 20달러를 주고 겨우 싱글룸을 얻으니 마음이 놓인다.

양곤 기차 투어 시 역전 상인들의 모습

양곤 시티 기차 투어

호텔에 같이 지내는 싱가포르 친구 수우이Suwee와 같이 시티투어를 하기 위해 20분 거리의 기차역에 가서 아침 10시 10분에 출발하는 4시간짜리 양곤 기차 시티투어 티켓을 구입하였다.

티켓값은 1달러이다. 기차는 양곤 외곽 30여 개 역을 통과하면서 갖가지 풍물을 감상하였다. 기차 안의 여러 정경과 밖으로 지나가는 풍광을 볼 수 있었다.

기차역 주변엔 갖가지 음식을 팔고 있었다. 우리들의 70년대 풍경으로 매우 정겹다. 기차 안에는 많은 사람이 생업을 위해 갖가지 식료품들을 싣고 나르며 그렇게 잡상인들이 물건을 팔고 있었다. 기차가 설 때마다 기차 주변에는 많은 사람이 음식을 팔려고 소동을 부렸다. 오랜만에 가져 보는 즐거운 소풍 놀이였다.

아침 일찍 호텔에서 택시를 타고 미얀마 양곤 국제공항으로 갔다. 그곳에서 서둘러 출국 수속을 마치고 난 다음 아침8시 30분발 양곤국제공항을 출국하는 아시아나 항공기 31번 E 좌석에 몸을 실으니 드디어 미지의 땅 운둔의 나라 미얀마에서의 12일간의 투어 일정을 성공적으로 마치게 되었다.

미얀마는 과거 한때는 잘사는 국가였다. 그러나 강대국인 중국의 힘에 밀려 공산화되면서 국력이 소모되고 정치 상황이 불안하여 경제 사정이 악화 되면서 오늘에 이르렀다. 그러나 미얀마의 지리적 위치와 자연조건으로 보아 앞으로 빠른 속도로 발전해 갈 것으로 믿어 의심치 않는다. 오 미지의 땅 미얀마여 힘차게 비상하기를 기원하며 – 아듀

세부 투어 및 다음 행선지로 가기 위하여

드디어 방콕 돈무앙 공항에 무사히 도착하니 기분이 좋았다. 세관 신고만 하고 바로 비신고 지역을 통해 밖으로 나와 59번 버스에 올랐다. 1시간 반이 지나 강변 코끼리 동상 앞에서 내려 관광객들이 넘쳐나는 세기적인 관광명소인 카오산 거리로 걸어갔다. 내 배낭을 맡겨둔 동대문 게스트 하우스에 돌아오니 고향집에 온 기분이다. 나는 샤워를 하고 깊은 잠 속으로 빠져들었다.

기차 맨 뒤에서 차장이 수신호하는 것을 배우며

내가 직접 수신호로 기차를 출발토록 하였다.

태국
(Kingdom Of Thailand)

➪ 중국 남부 말레이반도 상부에 위치하고 있으며 면적은 51.4만㎢(한반도의 2.3배)이다. 인구는 6,080만 명(97)이고, 수도는 방콕(820만 명)이다. 주요 도시로는 수도를 포함해 치앙마이Chiang Mai(15만 명), 콘깬Kyon Kaen(12만 명), 송클라Song Khla(12만 명) 등이며 민족은 타이족 81.5%, 화교, 말레이족이 있다. 언어는 타이어, 중국어, 말레이어를 사용하며 종교는 불교(소승 95%), 회교, 기독교 등을 믿는다.

➪ 1782년 차크리 왕조 시 수립하여 입헌 군주국(내각 책임제)이다. 중요 정당은 STP, CTP, NAP, PDP당이 있으며, 국방군은 총 28.3만 명으로, 육군이 16만 명, 해군이 6.2만 명, 공군이 4.3만 명이다.

➪ 국민총생산량이 1997년 기준 1,530억 달러이며 화폐 단위는 바트Baht로 주요 자원은 쌀, 주석, 천연고무, 천연가스 등이며 무역은 수출이 567억 달러이며, 수입이 613억 달러이다.

43 방콕 Bangkok

방콕은 동남아시아 여행의 중심 도시이며 항공 교통의 중심 도시다. 인구 1,000만여 명이 사는 아시아의 허브로서 중요 관광도시이며 일명 동양의 베니스란 별명이 있는 매력의 도시이다. 특히 세기적인 관광객이 몰려드는 카오산거리를 보지 않고는 방콕여행을 했다고 할 수 없을 정도로 유명하다. 이곳은 전 세계인이 모여 주변에 산재하고 있는 왕궁사원 지역, 강변사원 지역, 차이나타운 지역, 시장 등을 돌아보며 관광, 쇼핑, 마사지, 등을 하면서 보고, 듣고, 먹고, 마시면서, 다음 행선지를 구상하는 곳으로도 유명하다.

또한, 이곳에는 수많은 여행사가 즐비하여 전 세계 어디나 비자를 포함하여 편하고 쉽게 갈 수 있는 매력적인 곳이다. 그러나 최근에는 너무 많은 빌딩과 차량과 인파들로 북적여 매연과 교통이 매우 복잡하여 어려움이 또한 많은 곳이다.

주요 볼거리

왕궁 Grand Palace, 왓 포 Wat Pho, 왓 아룬 Wat Arun, 차이나타운 China Town, 짜뚜짝 주말시장 Chatuchak Weekend Market, 씨암 스퀘어 Siam Square, 수상 시장 Floating Market

새벽 사원에서 바라본 시가지 전경

왕궁 Grand Palace

태국의 왕궁은 카오산 거리에서 걸어서 15분 거리에 있으며, 이곳에는 금빛 찬란한 사원들이 한데 모여 있다. 왓 프라깨오 Wat Phrakaew, 보로마비만 마하 프라샷 Boromabiman Maha Prasat, 차크리 마하 프라샷 Chakri Maha Prasat, 두싯 마하 프라샷 Dusit Maha Prasat 박물관 Museum 등이 모두 모여 있다. 이 중에서 과거 라마 1세 때 만들었다는 에메랄드 사원이 핵심이며 이 사원에는 60㎝짜리 찬란한 에메랄드 불상이 있어 매우 경이롭다.

가는 방법
카오산 거리에서 15분 거리로 걸어서 간다.
입장료 : 500바트

왓 포 Wat Pho

17세기에 조성된 왓 포 사원은 방콕에서 제일 오래된 사원이다. 전성기에는 500여 명의 승려와 700여 명의 수도승이 거주하였으며 특히 이곳에는 46m 길이의 대형 와불상이 있다. 형형색색의 도자기 조각으로 된 100여 개의 사탑은 붓다의 세계를 방불케 한다.

가는 방법
왕궁에서 걸어서 20분 거리이다.
입장료 : 150바트

사원 내부에 전시된 멋진 불상들

왕궁 지역의 보석으로 치장한 사원의 모습

왓 포 주변의 멋진 불탑들

왓 포 사원에 누워 있는 와불상

왓 아룬 Wat Arun

차오프라야 강 변에 우뚝 서 있는 왓 아룬은 사원 중의 사원이다. 특히 104m 높이의 파고다는 탁신 왕King Taksin이 세웠다고 한다. 왓 아룬은 새벽의 신이란 뜻으로 인도의 아루나 새벽 신에서 유래한다.

가는 방법
왕궁에서 도보 30분, 왓 포에서 10분 보트를 타고 간다.
입장료 : 100바트

차이나타운 China Town

1800년대 이후부터 형성된 차이나타운은 금융 상가, 약전 골목, 식당, 귀금속, 자개, 토속품, 보석 등 중국 화교를 중심으로 발전해온 곳으로, 방콕의 중요 상권을 갖춘 부자 타운이다. 문화적으로는 음력설이나 중추절, 국경일의 각종 놀이 문화가 유명하다. 특히 밤 문화와 해산물이 넘쳐나는 어시장의 식료품 상가가 매우 인상적이다.

가는 방법
후알람퐁 해상 선박 역 좌편으로 5분여를 들어가면 사거리에서 시작된다. 카오산에서 툭툭으로 20분 거리다.

짜뚜짝 주말 시장 Chatuchak Weekend Market

방콕 주말 시장으로 가장 유명세를 타고 있는 이 짜뚜짝 주말 시장은 25개 구역의 상가 밀집 지역으로, 지역민은 물론 외국인도 주말에는 한 번씩은 꼭 들러보는 인기 시장이다. 특히 이곳은 관광청, 은행, 식당, 카페 등이 두루 갖추어 있고 주변에 연못과 공원이 있어 휴식에도 안성맞춤이다.

가는 방법
BTS 역에서 도보 5분 거리다. 지하철역 깜팽펫Kamphaeng Phet 역 출구에서부터 시장이다.

씨암 스퀘어 Siam Square

방콕 최신, 최고의 쇼핑센터. 한국의 명동 일대와 유사한 젊은이들이 모이는 백화점 광장이다. 이곳의 백화점 거리에는 주말이면 예술인들이 찾아들고 이를 보려는 젊은이들이 한데 어울리는 인기 관광 지역이다.

가는 방법
BTS 씨암역 하차 혹은 카오산 거리에서 15번 버스로 50분 거리다.

태국 화폐 10바트에 새겨진 왓 아룬의 멋진 모습

씨암 스퀘어가 있는 중심가 쇼핑몰

사원 인근 전통 복장을 한 신도들과 함께

주말시장 옆의 멋진 공원

숙소

방콕의 외국인 관광객들이 모여드는 카오산 거리에는 저렴한 게스트 하우스가 수없이 많은 곳이다.

• 홍익인간 게스트 하우스
주소 : 왓 차나 쏭크람 사원 뒤에 있다.
전화 : +66-2-0-2282-4361
(1995년에 오픈하여 수많은 배낭 여행자가 다녀갔다. 1층은 간이식당 겸 카페이고 2층 도미토리를 운영한다. 시설은 열악하지만 젊은 배낭족에게는 인기다.)

• 오 방콕 O Bang Kok
주소 : 28-1 rambutri, 홍익인간 옆(한인이 운영)
전화 : +66-2-0-2281-4777
(객실이 깨끗하며 새집으로 인기다.)

• 동대문 게스트 하우스
주소 : 홍익인간 게스트 하우스에서 20여m 여행사 옆 골목 2층.
(약 25명을 수용할 수 있는 곳이다.)

• 홍익여행사
주소 : 49/4 soi rongmai thanon, 홍익인간에서 도보 3분 거리.
전화 : +66-2-0-2281-3825
(각종 정보, 여행 예약, 숙소 예약 업무를 수행한다.)

아침 7시에 짜뚜짝 주말 시장에 가기로 하고 8시에 일행과 함께 카오산 거리 부근에서 3번 버스를 타고 약 40여 분을 가니 짜뚜짝 주말 시장이 있었다. 이 시장은 토요일과 일요일 주말에만 열리는 곳이다. 이곳은 근처 공원과 더불어 가정용품, 생활용품, 주말용품, 액세서리, 피복, 골동품 등 상품이 다양하며 값이 매우 저렴하여 외국 관광객이 꼭 가 보아야 할 필수 코스다.
지하철역 BTS가 입구에 있으며 관광청과 은행 갖가지 레스토랑 카페 등이 모여 있는 곳으로 한 번쯤 주말 나들이를 할 만한 곳이다.

수상 시장 Floating Market

방콕의 수상 시장 Floating Market은 방콕의 교외 1시간 거리에 있다. 이곳 수상 시장 Floating Market으로 가기 위하여 여행사에서 시행하는 프로모션에 따라 할인을 받아 250바트를 내고 미니버스를 타고 한 시간여 논스톱으로 달려 쉽게 도착하였다. 조그만 수로가 있고 수로 좌우에 상가가 즐비하다. 보트는 모터보트가 있고 노를 젓는 보트가 있는데, 150바트를 주고 타는 노 젓는 보트가 한층 정겹다. 이를 타고 약 50분간 수상 시장을 돌았다.

수상시장의 배를 타고 가고 있다.

세부 투어 내용

• **왕궁** Grand Palace

아침 8시에 왕궁이 있는 꼬라따나꼬신 지역을 투어하기로 하였다. 이곳은 왕궁이 있는 핵심 지역으로 왓 프라깨오를 비롯하여 왓 프라 마하 몬티엔Wat Phra Maha Montien 등 5~7개의 유명 왕궁 사찰과 황금 탑이 있고, 연이어 프라 스리 라따나 제디Phra Sri Ratana Chedi(이곳엔 부처님의 사리가 모셔져 있다.) 등 화려한 사원이 즐비한 곳이다.

이 중에서 가장 화려한 왕실 사원은 에메랄드 사원인 왓 프라깨오 사원이다. 이는 라마 1세 때 조성된 사원으로, 사원 안에는 60㎝ 크기의 휘황찬란한 에메랄드 불상이 있어 눈부시다.
이 에메랄드 부처상은 동양의 자랑이요, 예술의 극치다. 이 부처상은 한때 라오스의 침략으로 루앙프라방과 수도인 비엔티안에 강탈되기도 했으나 다시 반환되어 전시되어 있다. 연이어 펼쳐지는 두싯 공원을 산책하고 다음 행선지로 이동하였다.

• **왓 포** Wat Pho

왕궁을 지나 강변 쪽으로 10여 분 걸어가면 수많은 탑과 불상들이 있는 왓 포 사원Wat Pho Temple이 있다. 이곳은 17세기에 조성된 곳으로 방콕에서 가장 오래되고 또 가장 큰 사원이다. 과거 라마 1세 때는 500여 명의 승려와 700여 명의 수도승이 거주하였다고 하니 그 규모를 알 만하다. 특히 이곳에는 높이 15m, 길이 46m의 동양 최대 와불상이 인자하게 누워 있다. 우선 왓 포 사원에 입장해 보니 최고 최대를 자랑하는 와불상이 있고 앞마당에는 수많은 불탑과 불상들이 헤아릴 수 없이 고색창연하게 서 있다. 이곳 불탑들의 특징은 수많은 아름다운 도자기 조각들을 한데 붙여 만들었다는 것이다.

• **왓 아룬** Wat Arun

왓 포를 나와 뒤를 돌아 차오프라야 강으로 나가면 배가 있다. 여러 사람이 줄지어 가는 곳을 그냥 따라가면 된다. 뱃삯이 3바트다. 배를 타면 10여 분 만에 강 건너 왓 아룬 지역에 도착한다. 이 왓 아룬은 10바트짜리 태국 동전에 새겨져 있는 유명한 사원이다. 특히 탁신왕이 세운 104m 타워는 방콕의 상징물이다. 이곳 왓 아룬은 파고다 형식으로 조성된 것으로, 타워에 올라가면 아름다운 방콕시와 어우러진 차오프라야 강이 한 폭의 그림으로 다가온다.

세부 투어 및 다음 행선지로 가기 위하여

나는 미얀마 투어 후 긴장이 풀려서인지 미얀마 여행 시 장거리 버스를 너무 힘들게 타서인지 온몸이 아파 일어나기가 싫다. 몸은 몹시 아파 걸음 걷기가 힘이 든다. 더 여행 할 것인지 비행기로 돌아갈 것인지 기로에 서 있었다. 나는 종일 호텔 주변을 맴돌면서 영양을 보충하고 휴식을 취했다.

다행히 몸이 회복되어 또 다른 행선지로 가기로 했다. 방콕에서 남쪽 해안 투어는 과거에 여러 번 갔으니, 향후 투어 계획은 북쪽으로 가서 라오스를 경유하여 캄보디아 프놈펜을 투어하고 몇 년 전에 캄보디아 국립대학MVU 객원 교수로 있었던 프레이 벵을 거쳐 베트남으로 가는 것이다.

그래서 나는 여행사로 가서 아유타야를 투어하고 수코타이를 거처 치앙마이 가는 길을 물었다. 우선 아유타야는 가는 요금이 300바트다. 내일 아침 7시에 출발하는 아유타야 행 티켓을 구입했다.

아침 7시 반에 아유타야 행 버스를 타고 여러 호텔 여행객을 픽업하여 7시 40분에야 아유타야로 출발하였다. 방콕의 카오산 거리에서 아유타야는 1시간 40여 분이 걸려 9시 20분에 아유타야에 도착하였다. 치앙마이는 약 500km 거리에 있다.

방콕의 부자 동네 차이나타운 거리

수상 시장의 일반 주거 지역 모습

강변 너머로 보이는 멋진 황금색 사원 전경

44 아유타야 Ayutthaya

서기 135년 우통 왕King Uthong에 의해 건립된 아유타야는 방콕으로부터 75km 거리에 위치한 곳으로, 400여 년 동안이나 태국의 두 번째 수도였던 유서 깊은 역사 문화 도시다. 그러나 버마의 침공으로 쇠락하여 지금은 그 옛날의 역사 유적들은 다 어디 가고 소수의 불교 유적들만이 찬란했던 과거의 명성을 전해 주고 있었다.

주요 볼거리

왓 마하 탓Wat Maha That,
왓 프라 시 산펫Wat Phra si sanpet,
왓 몽콘 보핏Wat Mongkhon Bophit,
왓 라차부라나Wat Ratchaburana 국립박물관,
왓 로카이 쑤타람Wat Lokaysutharam등
여러 사원과 대형 와불상이 유명하다.

왓 로카이 쑤타람 사원 전경

아유타야의 야외 와불상(42m)

세부 투어 및 다음 행선지로 가기 위하여

먼저 대형 와불상이 있는 파고다에 갔다. 이는 템플에 있는 것이 아니라 보리수나무 옆에 황금색으로 조성된 대형 와불상으로, 편안히 누워 있는 대형 불상이다. 다음으로 대형 파고다 군이 있는 왓 마하 탓으로 갔다. 이 탑을 중심으로 여러 사원이 있고 주변엔 이를 에워싼 템플이 있다. 매우 위엄이 있어 보이며 중후하다. 이 탑은 파고다 탑이다.

다음으로 부처 석탑과 템플군이 있는 곳으로 갔다. 이곳은 대부분이 파괴되고 그 허물어진 성벽을 중심으로 부처상이 있었다. 대부분의 템플과 석불은 앙코르와트처럼 파괴되어 있어 안타까웠다. 주변을 둘러보고 사진을 찍고 풍광을 음미하였다.

나는 곧 다음 행선지로 가기 위하여 큰길에 나가 툭툭(요금: 50바트)을 타고 수코타이 가는 시외버스 정류장으로 가니 마침 수코타이 가는 버스가 10분 뒤에 왔다. 그곳에서 요금 376바트를 주고 표를 사고 간식을 산 후 수코타이행 대형 디럭스 버스를 타고 달렸다

방콕 북부로 가는 고속도로에는 시원한 경치와 멋진 이국의 풍광이 펼쳐졌다.

가는 방법
방콕 북부 버스터미널에서 2시간 소요
기차 : 방콕 돈무앙역 1시간 20분 소요

45
수코타이 Sukhothai

1238년 인트래딧 왕King Intracdit에 의해 조성된 수코타이 왕조는 태국의 고대 수도로서, 매우 왕성한 영토와 역사 유물을 간직한 유서 깊은 도시다. 방콕 북부 최대의 불교 유적지로 치앙마이로 투어하는 여행자 대부분이 들르는 곳이다. 욤강을 중심으로 신, 구시가지로 구분되며, 구시가지는 불교 유적지가 집중되어 있고, 신시가지는 한창 발전하고 있는 신흥 도시이며 현대 도시의 건물들과 주거지로 발전하고 있는 곳이다.

역사공원 내 크메르 양식의 불상

역사공원 내 크메르 양식의 불상

수코타이 역사 공원 Sukhothai Historical Park

수코타이의 유적군은 1,300~1,800m 크기의 대형 성벽으로 둘러진 역사 공원 속에 있는 찬란한 고대 불교 사원군으로 되어 있다. 왓 씨사와이, 왓 마하 탓, 왓 싸시 람캄행 동상 등 여러 사원이 성벽내에 있으며 그 외 사원들은 성벽 밖 여러 곳에 산재하여 있다. 성벽 안에 있는 역사공원의 입장료는 120바트이나 성벽 밖의 사원은 사원마다 입장료가 다르다.

가는 방법

주소 : 방콕의 북부 버스 터미널과 치앙마이 아케이드 터미널에서 갈 수 있다.
수코타이 신시가지 : 버스, 툭툭 택시 등으로 20여 분이면 갈 수 있다.
요금 : 버스-20바트, 택시-120바트

숙소

• 가든 하우스 Garden House
주소 : 81-16 thanon khhasawan

세부 투어 및 다음 행선지로 가기 위하여

아유타야에서 수코타이까지는 6시간 반 거리다. 수코타이로 가는 차창 밖의 정경은 아름다웠다. 내가 탄 버스는 저녁 7시에 수코타이 시외 주차장에 도착했다. 그곳에서 50바트를 주고 툭툭을 타고 10여 분을 달려 수코타이 시내 입구에 있는 중급 게스트 하우스 가든 하우스 Garden House에 300바트를 주고 2층 아늑한 방을 얻었다.

아침7시에 썽테우 마을버스를 타고(요금: 30바트) 10여 km를 달려 역사공원으로 갔다.(요금: 30바트) 입장 티켓(요금: 100바트)을 구매하여 10여 분 거리를 걸어 성곽 안으로 갔다. 우측 템플로 가서 사진을 찍고 더 들어가니 지방에서 온 지역민들이 있어 같이 투어를 했다.

먼저 메인이벤트인 왓 마하트 Wat Mahat 템플 로 가서 벨기에에서 온 한 그룹의 여행객과 어울려 한동안 같이 투어를 하였다. 이윽고 이곳에서 유명한 수코타이힐을 어렵게 갔다. 그곳에서는 수코타이의 시가지와 사원군들이 한눈에 들어왔다. 멋있는 풍광이었다.

나는 수코타이 메인 코스를 거의 보았으니 오늘 밤까지는 치앙마이로 갈 생각이다. 호텔로 돌아와 체크아웃하고 툭툭을 불러 40바트를 주고 시외버스 정류장에 가서 치앙마이로 가는 버스를 타고 태국의 북녘을 그렇게 달렸다.

1시 20분에 출발한 버스는 7시 30여 분에 치앙마이 시외버스 정류장에 도착하였다. 이젠 이력이나 낯선 밤, 낯선 도시, 버스 주차장에 밤중에 내려도 두려움이나 걱정이 없다. 이젠 여유가 생긴 것이다. 파키스탄의 훈자와 인도의 콜카타에서 다시 만난 서울 강북의 멋진 여인이 소개한 호텔로 가기 위해 여럿이 타는 40바트짜리 썽테우(빨간 트럭을 개조한 버스)를 타고 약 20여 분을 가니 타패 게이트(치앙마이 구도시 성 안으로 들어가는 성곽의 문)에 도달할 수 있었다. 나는 타패게이트 문에서 5분여를 지나 쏘이 5

번가에 있는 카빌 게스트하우스Kavil Guest House(요금: 300바트)에 도착하였다. 4층 꼭대기에 있는 특실을 잡으니 침대도 2개이고, 팬도 2개이고, 화장실도 따로 있고 창을 열면 시가지가 한눈에 보인다. 가격대비 훌륭한 시설이었다.

게스트하우스에서 만난 독일 여인과

유적지를 투어하는 학생들과 함께

네덜란드 관광객들과 함께

공원 내 역사 유적지의 불탑

46 치앙마이 Chiang Mai

치앙마이는 태국 북부에 위치한 인구 20만여 명이 사는 태국 제2 산악 관광 도시이다. 1920년 란나Lanna 왕국에 의해 건설된 치앙마이는 300여 사찰이 타패 성벽 안과 밖에 산재해 있는 또 다른 불교 사원의 도시이다. 태국을 찾는 대부분의 여행객 중 연간 100만여 명의 관광객들이 몰려오는 도시로, 이곳은 또한 산악 트레킹, 코끼리 트레킹, 고산족 생활 체험 등을 하면서 대자연을 만끽할 수 있는 멋진 곳이다.

특히 치앙라이, 난, 매사이, 매홍손, 치앙콩, 농카이 등을 비롯하여 북부 국경 지대를 두루 섭렵할 수 있는 모험의 관광지로서, 시간의 여유를 갖고 대자연과 대화해 볼 수 있는 유일한 명승지다.

주요 볼거리

왓 프라씽Wat Phra Sing, 왓 치앙만Wat Chiang Man, 왓 체디루앙Wat Chedy Luang, 왓 수안독Wat Suan Dok, 국립박물관, 탈랏 시장, 나이트 바자Night Bazar 등

치앙마이의 유명한 3왕 동상 광장에서

치앙마이의 유명한 3왕 동상 전경

가는 방법

항공기는 동남아시아의 거의 모든 국가에서 갈 수 있다. 이중 에어 아시아나, 오리엔트타이 등이 저렴하다.

기차는 방콕에서 14시간이 소요된다.

버스는 방콕에서 10시간이 걸린다. 아유타야, 수코타이 등을 경유하여 방문하면 금상첨화일 것이다.

특히 카오산 거리에서 저녁에 출발하여 치앙마이에 아침에 도착하는 버스 투어가 여행객에게 인기가 있다.

숙소

- 카빌 게스트 하우스 Kavil Guest House

주소 : 3/1thanonratchadamnoen soi 5
전화 : +66-2-0-5322-4740
(더블-에어컨, 개인 욕실)

태국의 고산족

카렌족 Karen, 몽족 Hmong, 라후족 Lahu, 아카족 Skha, 미엔족 Mien, 리수족 Lisu 등이 치앙마이 북쪽 산악 지대의 각 계곡 및 변방 지방에서 씨족 사회를 형성하고 있다. 호기심과 모험심, 다른 종족들의 삶에 관심이 있으면 이를 찾아보는 것도 새로운 여행이 될 것이다.

매홍손 가는 길에서 만난 고산족과 함께

세부 투어 및 다음 행선지로 가기 위하여

아침 식사(요금: 90바트) 후 가까운 사원 왓 체디루앙 Wat Chedi Luang 을 보았다. 그렇게 크지는 않지만, 그 어느 곳보다 아름답고 중후하였다. 안에는 부처상과 관련 종교 석물들이 있는데, 온통 금빛으로 매우 아름답고 호사스럽다. 외국인 관광객들도 마루에 앉아 기도를 드린다. 경내에는 아름드리 큰 나무가 있고 주변은 매우 아름답고 경건하다. 다음으로 타이 아트 앤 컬처 홀 트리 킹 기념관 Thai Art And Culture Hall Three King Monument 에 들러 보았다. 고대 3대 왕이 집권했던 것을 기념하기 위하여 건립한 기념관이다.

이 기념관 중앙홀 앞에는 멋있는 동상이 있고, 맨 위에는 3명의 왕이 자태를 뽐내는 작은 동상이 있었다. 사진을 찍고 다음으로 싸와디 하우스 Sawasdee House 를 둘러보고 파지 게이트가 아닌 프라포크라오 로드 Phrapokklao Rd 를 따라 한참을 걸었다. 다시 빨간 트럭 버스(요금: 20바트)를 타고 유명 관광지 타이거 킹 팔라스 Tiger King Palace 에 도달하였다. 그곳은 사자 3마리를 두고 각종 묘기와 관객들의 사진을 찍어 주는 곳이다. 우리나라 방송에서도 여러 번 나왔다. 한참을 투어한 후 다시 썽테우를 타고 타패 게이트로 돌아오니 토요일 밤에 열린다는 야시장이다.

수많은 상인이 이 동네 여러 골목에 야시장을 차려놓고 있었다. 매우 특징이 있는 정통 야시장이다. 전 시민이 나온 것처럼 야시장이 온통 축제의 마당이다. 걸인들도 그냥 돈을 요구하는 것이 아니라 악기를 불며 요구했다. 스칼라십을 위한 돈을 모으려 댄스 판을 벌이기도 하고 노인들의 단체 연주도 있었다. 수많은 좌판 사이로 내외국인들이 물건을 사고 먹고 마시고 사진을 찍고, 정말 대단한 야시장이다. 세기적인 시장 풍경이었다.

저녁에 여행사에 들러 협의해 보니 태국 북부 여행은 치앙마이를 중심으로 서쪽으로 빠이와 매홍손을, 북쪽으로는 매사이를, 북동쪽은 치앙콩을, 동쪽은 농카이를 오가는 여행이 기본이며, 시간과 돈과 취향에 따라 선택하도록 권한다.

나는 먼저 매홍손은 가야 하므로 서북쪽 코스를 택하였다. 매홍손을 다녀와서 시외버스 정류장에서 바로 치앙라이로 가면 되기 때문이다.

윗 치앙 만의 멋진 불당

타패 거리의 멋진 황금 불상    치앙마이의 멋진 거리 풍경

타이거 킹 팔라스의 호랑이    더위에 호랑이가 목욕하는 모습

야시장의 이색 공연 모습    치앙마이 타패 거리의 야시장

태국 227

매홍손 Mae Hong Son

매홍손은 치앙마이에서 서북쪽 약 370km 지점으로 미얀마 국경과 접하고 있는 국경 도시다. 경관이 수려한 이 도시는 작은 도시이며 대부분의 유적지를 걸어서 볼 수 있다. 고산족 중에는 몽족, 리수족, 카렌족들이 북방 산골짜기 여기저기에서 씨족 사회를 형성하고 있다. 특히 카렌족 여인들은 목에 구리 파이프를 길게 걸고 있어 우리나라 방송 프로그램에서 여러 번 다룬 바 있다. 이곳 매홍손에는 아름다운 쫑캄 호수가 있고 그 뒤편의 멋진 두 사원이 있어 물안개 낀 이곳 풍광은 무척 서정적이다.

매홍손 왓 쫑캄 호수 사원 Wat Jong Kham

매홍손 버스 터미널

왓 프라탓 도이콩무 Wat Phra That Doi Kong Mu

150m의 산 정상에 위치하며 서북쪽으로 미얀마의 국경이 한눈에 보인다.

가는 방법

치앙마이-빠이-매홍손으로 이어지는 버스가 1일 6회 운행되며, 8시간이 걸린다. 비행기로는 30분이면 갈 수 있다.

쫑캄 호숫가와 두 사원 왓 쫑끄랑 Wat Jong Klang, 왓 쫑캄 Wat Jong Kham 사원

부처님의 전생에 대한 탱화가 벽면을 장식하고 있는 유서 깊은 사원이다.

숙소

• 프랜드 하우스 Friends House

주소 : 21-thanon pradit jongkham
전화 : +66-2-0-5362-0119
(선풍기, 개인 욕실, 온수)

• 매홍손 게스트 하우스 Mae Hong Son Guest House

주소 : 14-thanon-srimongkhon
전화 : +66-2-0-5361-2501
(선풍기, 개인욕실, 온수, 방갈로가 특이함)

매홍손 산 정상의 도이콩무 사원

매홍손의 상징 쫑캄 호수

매홍손의 상징 쫑캄 호수 너머로 보이는 왓 쫑끄랑과 쫑캄 사원

빠이의 버스 터미널

빠이 인접 마을의 거리 풍경

세부 투어 및 다음 행선지로 가기 위하여
아침 일찍 치앙마이 시외버스 정류장으로 가서 7시에 매홍손 가는 버스표(요금: 135바트)를 샀다. 나의 잘못으로 서북부로 8시간이나 걸리는 완행버스를 탔지만, 원시림이 우거진 산악 시골 길을 달리니 너무도 아름답고 정겨웠다.

드디어 매홍손 시외버스터미널에 내려 모토(요금: 40바트)를 타고 10분 거리를 달려 프랜드 게스트 하우스Friend Guest House(요금: 150바트)에 도착했다. 1일 호텔 요금이 비수기라 매우 저렴했다. 호숫가에 있는 멋진 호텔 룸이라니, 어메이징이다.

바로 체크인하고 매홍손 시 중심가 산 정상에서 위용을 자랑하는 왓 프라탓도이콩무 사원으로 걸어서 올라갔다. 비가 심하게 내린다. 중간에 템플 방갈로에 들러 비를 피하면서 꼭대기에 올랐다. 멋있는 두 개의 흰 탑이 있었는데, 하나는 템플이고 하나는 유사한 파고다이다. 다시 우산을 들고 호텔 앞에 있는 멋진 쫑캄 호수를 한 바퀴 돌아보았다. 너무나 아름다운 호수였다. 그 뒤편의 아름다운 두 사원인 왓 쫑캄과 왓 쫑끄랑을 비롯하여 사원 뒤로 멀리 보이는 아늑한 야산들과 그 야산 허리를 끼고 흐르는 옅은 흰 안개는 환상적이었다. 호수를 한 바퀴 돌고 호숫가 벤치에 앉으니 마치 신선이 노니는 정원 같았다.

아침 7시에 매홍손 투어의 하이라이트이며 이곳 매홍손의 자존심과 자랑인 왓 쫑캄 사원과 왓 쫑끄랑 사원을 돌아보았다. 사원 벽면에는 부처님의 전생에 대한 벽화가 걸려 있었다. 매우 색다른 기법으로 그려진 이 벽화는 태국의 또 다른 특이한 불교의 유적이었다.

나는 호텔로 돌아와 곧장 빠이로 가기로 했다.(모토 요금: 50바트) 10여 분을 달려 매홍손 시외버스 터미널에 도착하여 도요타 15인승 미니밴을 타고(요금: 250바트) 치앙마이 북부로 치앙마이까지 갔다. 2시간을 치앙마이 북부 산악길을 달리니 관광 단지 빠이 소도시가 나타났다. 이곳 관광지는 서양 관광객이 매우 좋아하는 곳으로 수십여 명의 배낭객이 머물러 있었다. 계속하여 태국 북서부 산악길을 4시간을 더 달려 다시 치앙마이에 도착하였다. 치앙마이 시외버스 터미널에서 치앙라이행 버스로 바로 옮겨 이동했다. 가는 길은 역시나 아름다웠다. 울창하고 험준한 산과 숲, 그 아래로 흐르는 파란 개울물, 이따금 나타나는 농가와 작은 논밭들, 시골 농부들과 물장구치는 개구쟁이들, 동화의 한 장면이다.

매홍손 쫑캄 호수에서
매홍손 호숫가에 실안개 드리우니
운무의 물안개는 쫑캄 호수를 덮는구나

어느덧 저녁노을은 밤을 재촉하는데
갈 곳 없는 나그네 쪽빛 물 호수만 바라보네
스잔한 밤하늘엔 별빛이 유난한데
북녘 하늘로 떠나는 외기러기 울음이
애닲구나

쫑캄 호수가의 아름다운 왓 쫑끄랑 사원

48 치앙라이 Chiang Rai

치앙라이의 인구는 약 4만 5천 명으로 태국 북부의 치앙마이와 함께 매우 유명한 도시이다. 이 치앙라이는 고대 1262년도에 멩라이 Mengrai 왕이 란나라는 왕국을 건설한 곳이다. 또한, 이곳은 라오스와 미얀마의 축을 형성하는 곳으로, 골든 트라이앵글의 중요 전략적 요충지다. 산과 이를 휘감고 흐르는 강이 매우 매력적이어서 산악 트레킹이 유명하고, 라오스를 가려면 이곳 치앙라이를 통해서 갈 수 있기에 여러모로 중요한 관문 도시이다.

치앙라이 중심가 조형물과 거리 풍경

기도 효험이 많다는 왓 프라깨오 사원

왓 프라깨오 Wat Phra Kaew

이 사원은 원래 에메랄드 불상을 모시고 있던 곳이었다. 그런데 이 에메랄드 불상이 모습을 드러낸 과정은 꽤 독특하다. 1,400여 년 전 낙뢰로 불탑이 부서지면서 그 속에 있던 에메랄드 불상이 발견되었다고 한다. 이후 이를 보관하기 위하여 새로 사원을 짓고 이 사원의 이름을 왓 프라깨오라고 하여 현재까지 이어져 오고 있다. 그러나 현재 이곳의 불상은 모조품으로, 옥으로 만든 것이며 중국에서 제작됐다고 한다. 진품은 방콕의 왓 프라깨오에 보관되어 있다.

왓 프라싱 Wat Phra Singh

이 사원은 1,350여 년경에 세워진 것으로 추정하며 란나 형식으로 건축된 사원이다. 사원 이름은 신성한 사자라는 뜻이다. 이곳에 있었던 프라싱 불상은 치앙마이의 왓 프라싱 사원으로 옮겨 갔으며 이곳에는 현재 모조품이 안치되어 있다. 이곳은 왓 프라깨오와 10여 분 거리에 있다.

- 고산족박물관 : 도보 10분
- 나이트 바자 : 도보로 갈 수 있는 가까운 거리다.

가는 방법

이곳 치앙라이에는 방콕에서 오는 비행기와 버스가 있다. 버스로 오는 경우는 방콕에서 직접 오기도 하지만 주로 치앙마이를 경유하여 온다. 방콕-아유타야-수코타이-치앙마이-치앙라이 순으로 여행하는 것이 기본 코스라 할 수 있다.

치앙라이 주변 도시는 매싸롱 Mae Salong, 매사이 Mae Sai, 치앙샌 Chiang Saen, 치앙콩 Chiang Khong, 난 Nan, 농카이 Nong Khai 등 가 볼 곳이 많으며 이외로 구경거리가 쏠쏠하다.

숙소

- 반 부아 게스트 하우스 Baan Bua Guest House

주소 : thanon jet yot(정원과 식당이 있다.)
전화 : +66-2-0-5371-8880
(싱글-선풍기, 개인욕실, 온수, 더블-에어컨, 개인욕실, 온수)

치앙라이 중심가 사리의 조형물

매사이 Mae Sai

매사이는 방콕의 최북단에 있는 마지막 도시다. 필리핀의 최북단에 있는 라왁이 최북단 도시로서 좌북단은 중국을, 우북단은 대만을 마주하고 있는 요충지 역할을 하는 것과 같이 이곳 태국 북부의 매사이도 서북쪽으로는 미얀마의 따치렉Tachilek과 동북쪽으로는 치앙콩 강을 건너면 라오스의 루앙프라방으로 갈 수 있는 태국 북부의 전략적, 지형적 요충지이다.

이곳에서 직접 마주하고 있는 태국의 매사이와 미얀마의 따치렉 사이에는 작은 강이 흐르고 있어 그 강의 다리를 통해서 넘나들 수 있다. 특히 이곳은 매사롱, 매사이, 치앙센과 함께 골든 트라이앵글을 형성하고 있어 이곳의 관광은 태국 북부 여행의 종착역으로 필수라 할 수 있다.

주요 볼거리
매사이는 국경 도시라기보다는 작은 마을이다.
버스 터미널 주변 경관, 매사이 재래시장, 국경다리, 미얀마의 국경 도시 따치렉까지가 볼 수 있는 이색 관광지대로 국경 도시의 이색 체험을 할 수 있는 곳이다.

매사이-미얀마를 있는 우정의 다리 전경

가는 방법

방콕에서 매사이까지 직행버스가 있고, 치앙마이와 치앙라이에서 가는 버스가 있다. 따라서 치앙마이에서 버스가 없으면 치앙라이까지 가서 거기서 자주 있는 버스나 썽태우를 타면 된다. 그리고 골든 트라이앵글에서는 썽태우를 타면 국경까지도 갈 수 있다.

숙소

- 매사이게스트 하우스 Maesai Guest House

주소 : 국경 다리 왼쪽 450여 m에 위치
전화 : +66-2-0-5373-2021
(선풍기, 개인 욕실)

- 탑노스호텔 Top North Hotel

주소 : 국경 다리 왼쪽에 위치
전화 : +66-2-0-5373-1955
(싱글-선풍기, 개인 욕실,더블-에어컨, 온수)

세부 투어 및 다음 행선지로 가기 위하여 밤 9시가 되어 치앙라이에 도착하였다. 걸어서 프랜드 게스트 하우스를 찾아가니 방이 만원이라 어쩔 수 없이 VIP 방으로 정했다. 요금은 400바트다. 조금 비싼 듯했으나 방과 정원 등 분위기가 멋지다. 이곳에 짐을 풀고 투어에 들어갔다. 아, 드디어 치앙라이에 왔구나. 이곳에서는 트라이앵글 지역에도 가 볼 수 있다. 그리고 국경을 비롯한 강가도 갈 수 있다. 반 부아 게스트 하우스 또한 마음에 들었다. 이곳에서는 시간적 여유를 가지고 여러 곳을 투어하며 느긋하게 보낼 마음이 들었다. 나는 드디어 방콕의 최북단 매사이를 향한 마지막 길에 들어섰다.

호텔에서 체크아웃하고 배낭을 입구 로비에 맡긴 후 홀가분한 몸으로 시외버스 터미널로 갔다. 태국의 최북단 마지막 도

치앙라이의 멋진 산자락의 자연 풍경

시 매사이로 가기 위해서다. 차표도 끊을 것 없이 그냥 타면 된다. 마을버스와 같다. 완행버스로 2시간 코스이다(요금: 40바트)

아침 10시 20분에 타서 2시 50분에 매사이에 도착했다. 나는 버스 정류장에 다시 썽태우를 타고(요금: 15바트) 매사이 시내를 통과했다. 미얀마 국경과 마주하는 지역을 보기 위해서다. 마지막 역인 미얀마 국경 마을 따치렉 앞에 선다. 태국과 국경을 접하고 있는 미얀마 사람들이 20여 m의 우정의 다리를 사이에 두고 오가고 있었다. 우정의 다리 입구에는 세관 및 이미그레이션 사무실이 있었다. 물어보니 여권 복사에 500바트 주면 우정의 다리를 거쳐 미얀마로 갔다 올 수 있다고 한다.

우정의 다리 아래 강변을 한 바퀴 돌고 나서 국경 시장을 돌아보았다. 그곳에는 유난히 액세서리와 귀금속이 많았는데, 매우 정교하고 아름다웠다. 서양여행객들이 액세서리를 사기에 여념이 없었다. 그리고 10여 분 걸리는 시외버스 타는 길에 위치한 대형 쇼핑몰에 들렀다. 국경 도시인데도 불구하고 매우 큰 아웃도어 쇼핑몰이 있었다. 이후 다시 역순으로 2시간이 걸리는 치앙라이의 내가 머물렀던 호텔로 돌아와 맡겨 둔 배낭을 찾아 다시 시외버스 정류장으로 갔다. 마지막 구간인 치앙콩으로 가기 위해서다.

치앙콩으로 가는 정류장에서 17시에 출발하는 마지막 버스 타고(요금: 65바트) 해저무는 태국의 북동쪽 국경인 치앙콩을 향해 가고 또 갔다.

치앙라이의 최고 최대 쇼핑몰 테스코 로터스 Tesco lotus

태국-미얀마 국경 다리에 양국 국기가 펄럭이고 있다.

매사이 시내 중앙에 위치한 조형물

태국 237

치앙콩 Ching Khong

치앙콩은 태국의 북동부 마지막 국경 마을이다. 태국의 북부에서 라오스로 가려면 치앙라이–치앙콩–메콩강을 건너 훼이싸이–루앙프라방으로 가는 것이 필수 코스다. 이곳 치앙콩은 태국 국경의 강가 마을로 여러 사원과 어촌, 특이한 시장 풍물을 볼 수 있는 곳으로 1박 정도 하면서 휴식과 관광을 한다면 색다른 추억이 될 것이다.

치앙콩의 어촌 마을 전경

메콩 강 건너 라오스의 훼이싸이 전경

세부 투어 및 다음 행선지로 가기 위하여 19시 반이 되어 라오스 국경이 있는 치앙콩 시외버스 터미널에 내렸다. 한참을 휴식하고 곧바로 툭툭에게 30바트 주고 10여 분 만에 치앙남콩 게스트 하우스에 도착해 보니, 정원과 수풀이 무성한 곳에 위치한 아름다운 전원풍의 목조 게스트 하우스(요금: 300바트)다. 메콩 강변의 목조 게스트하우스인 이곳은 매우 아름답고 정겨웠다.

아침 6시에 일어나 5분 거리의 메콩 강변을 산책하였다. 강변에는 이름 모를 사찰이 즐비하였다. 강변을 바라보고 서 있는 여러 사찰의 경관이 매우 오래되고 고색창연하다. 태국은 금이 많이 나는가, 아니면 어려운 가운데서도 십시일반 보시한 금을 모아 금불이 붓다를 세운 것인가… 금을 입힌 불상들이 많았다. 한동안 투어와 산책을 하고 정들었던 태국을 떠나 라오스로 가려고 호텔 체크아웃을 하고 국경 검문 지역까지 20여 분 거리를 릭샤를 타고 갔다.

태국 이미그레이션에서 출국 신고를 하고 강변으로 가니 라오스 메콩 강을 건너 라오스로 가는 보트가 있었다. 요금은 30바트였다. 태국은 이미 수준급의 관광 국가로 국경을 넘을 때 별로 시비가 없이 관광객을 편하게 하였다. 그곳에서 보트를 타고 폭이 좁은 메콩 강을 10여 분도 못 되어 건너가니 라오스의 훼이싸이 선착장이 나를 기다리고 있었다. 그동안 즐겁게 지냈던 태국을 떠나 라오스로 온 것이다. 아! 태국이여, 안녕.

치앙콩의 메콩 강변에 있는 멋진 불상

치앙콩의 메콩 강변의 사원

메콩 강에서 고기를 잡는 어부들

스님들에게 공양을 위해 대기 중인 신도들

라오스
(Lao Peoples Democratic Republic)

⇨ 인도차이나 반도 중앙 내륙에 위치하며 면적은 236,800㎢(한반도의 1.1배)이다. 인구는 458만 명(97)으로 수도는 비엔티안Vientiane(53만명)이고, 중요 도시는 팍세, 루앙프라방 등이다. 언어는 라오스어, 불어를 쓴다. 민족은 라오족, 크모족, 소수민 등이며, 종교는 소승 불교(95%)이다.

⇨ 1953년 10월 22일에 프랑스로부터 독립하였으며 국경일은 12월 2일이다. 정치 제도는 인민 민주 공화국을 지향하며, 정당은 라오인민 혁명당이 있다.

⇨ 국방군은 총 55,500명으로 그중 육군이 52,500명, 해군이 650명, 공군이 2,000명을 유지하고 있다.

⇨ 국민총생산량은 17.6억(96)(1인당 385달러) 달러이며 화폐 단위는 키프Kip를 사용하며 주요 자원은 쌀, 목재, 석고, 주석 등이다.

⇨ 무역(96) 규모는 수출이 총 3.2억 달러로 주로 전력, 목재, 주석 등이며, 수입은 6.9억 달러로 석유 제품, 기계, 식료품 등이다.

51 팍벵 Pak Beng

팍벵Pak Beng은 라오스의 훼이 싸이에서 모타보트를 타고 루앙푸라방으로 1박 2일 동안 메콩 강을 따라가는 동안 1일차 저녁 8시경에 도착하는 곳으로 메콩 강의 중간 지점인 한적한 산악 강변의 조용하고도 아름다운 산 속의 강변 마을이다.

이 팍맹에는 20-30여 호의 어촌마을로 작은 상가, 간이 시장 관광객을 맞이하는 게스트하우스, 식당, 바, 작은 유흥시설까지 있으며 선박이 머물 수 있는 간이 선착장이 있는 곳이다. 물론 오래된 작은 사찰까지도 우리를 반기는 한 고즈넉한 시골 어촌마을이다.

주요 볼거리
팍벵 선착장, 팍벵 힌두 사원,
최신 게스트 하우스 거리,
팍벵 상가 및 카페 거리,
메콩 강변

훼이싸이-루앙프라방 1박 2일 보트 투어

메콩 강변 팍벵Pak Beng 어촌 선착장

세부 투어 및 다음 행선지로 가기 위하여

입국 수속은 5분 만에 끝나서 수중에 남은 태국 돈과 미국 달러를 라오스 화폐로 바꾸었더니 화폐량이 많아 지폐가 한 움큼이다. 단위가 커서 계산하기도 어렵다. 빵 하나에도 10,000키프를 내야 한다. 인플레가 너무 심하다.

이곳 훼이싸이에서 루앙프라방 가는 길은 두 가지이다. 보트로 가려면 슬로보트를 타고 1박 2일 동안 가는 방법과 쾌속보트를 타고 7시간으로 가는 방법이 있으며, 버스는 9시간이 걸린다. 보트는 11시 30분에, 버스는 오후 5시에 있다. 오래 기다릴 수 없어 많은 관광객이 선호하는 슬로보트 1박 2일의 메콩 강 투어 코스를 선택하였다. 보트 선착장에서 도착해서 보트로 이동했다. 보트 비용 220,000키프였다.

하루를 꼬박 보트를 타고 끝없이 흐르는 메콩강 물결을 따라 달려서 어느 이름 모를 강변에 닿았다. 아름다운 산허리에 그림같이 늘어선 동화 속 같은 작은 팍벵이라는 어촌 마을이다. 이곳에 도착하여 쿠돔포르 게스트 하우스Qudom Phore Guest House(요금: 300바트)에 여장을 풀었다.

숙소

팍벵은 작은 어촌 마을이므로 좀 좋은 숙소를 구하려면 마을 좌측 산허리의 신형 게스트하우스를 이용하면 되며, 동네 가까이에 있는 저렴한 게스트 하우스나 민박을 이용할 수 있다.

메콩 강변 팍벵 어촌 선착장

팍벵 청과 시장 상점

팍벵 마을 시장의 주민들

52 루앙프라방 Luang Prabang

루앙프라방은 1353년의 파응음 왕 King Fa Ngum 이 세운 란쌍 왕조 Lane Xang Kingdom 의 수도로 1,000여 년을 이어온 찬란한 문화를 가지고 있는 불상의 도시다. 이후 위쑨왕 King Visoun 시절에 파방이라는 불상을 조성하여 도시 이름을 루앙프라방으로 부르면서 지금에 이르렀다. 루앙프라방은 1,000여 년의 찬란한 역사를 가진 도시다. 현재 이곳은 프랑스 집권 시에 건축한 건물들과 현대의 건물이 어우러져 있고, 자연환경은 라오스 북부의 최고 최상의 아름다운 관광 도시로 유명하여 전 세계 관광객들이 몰려오는 유명한 불교 사원 도시다.

주요 볼거리

푸시 Phousi, 왕궁박물관 Royal Palace Museum,
왓 마이 Wat Mai, 왓 시엥 통 Wat Xieng Thong,
왓 타트 루앙 Wat That Luang,
꽝씨 폭포 Kuang Si Water Falls, 재래시장

루앙프라방 중앙산에서 바라본 시가지

루앙프라방의 멋진 사원 앞에서

푸씨 Phousi

루앙프라방 시의 중앙 야산 정상에 있는 이 사원은 경치가 빼어나며 이곳에 서면 루앙프라방이 한눈에 들어온다. 오르는 길은 3곳으로 계단길이 나 있으며 왕궁박물관이 주길이고(입장 요금 징수처가 있음) 도보로 20여 분이 걸린다. 328개의 가파른 계단을 오르면 꼭대기에 탓 촘시 That Chomsi라는 사원이 있다. 그곳에서 20여 m 남쪽 언덕에 부처님 발자국이라는, 바위 위에 새겨진 움푹 파진 모형이 있다. 이 꼭대기에 서면 시 전체 윤곽과 주변의 산과 강변을 정관할 수 있으며, 일출과 일몰 풍광이 아름다워 모든 관광객은 이곳에 꼭 오른다.

왕궁박물관 Royal Palace Museum

란쌍 왕조 Lane Xang Kingdom의 궁으로 왕원 왕 때인 1904년에 건립했다. 크메르식 건축 기법에 현대 건축술을 가미한 것으로, 비록 규모는 작으나 한때 왕궁이었던 만큼 역사가 녹아 있는 중후한 건물이다.

왓 마이 Wat Mai

왕궁박물관으로 들어가는 입구 오른쪽에 있는 이 사원은 18~19세기 중엽 70여 년에 걸쳐 완공한 황금사원으로, 규모는 그리 크지 않으나 매우 정교하고 아름답다.
특이한 것은 이 아름다운 황금사원의 본당 안에 있어야 할 불상이 없이 빈자리만 있다는 것이다.
이 불상이 파방(일명 프라방)으로 루앙프라방이라는 지명도 여기서 유래했다.

왓 시엥 통 Wat Xieng Thong

왕궁박물관에서 도보 10분 거리의 메콩 강가에 위치한 왓 시엥 통은 라오스에서 아주 영험이 있는 아름다운 사원으로, 메콩 강 강가로 연결되어 있다. 본당은 씸 Sim으로 지붕이 2중으로 낮게 되어 있고, 그 앞의 불당이 매우 아름답고 정교하다. 이는 세타티랏 왕이 1559년에 세운 사찰이다. 내부의 부처의 생애가 담긴 벽화는 매우 아름다우며, 본당 뒤에는 세 개의 불당과 탑이 있다.

왓 타트 루앙 Wat That Luang

루앙프라방 남쪽 타논푸아오 Thanon Phu Vao 언덕에 위치한 왓 타트 루앙은 만타투랏 Manthatourath 왕이 1818년에 조성한 사원으로 왕실 유해를 모신 사원이다. 불당 내부에는 사사왕웡 왕의 묘가 있으며 사원은 황금색으로 조성된 매우 큰 사원으로, 멀리서도 잘 보인다.

왕원 왕의 위대한 석상 모습

꽝씨Kuang Si 폭포

루앙프라방에서 썽테우나 미니 스즈키로 한 시간 거리(30㎞)에 위치한 꽝씨 폭포는 2중 구조로 떨어진다. 위쪽은 물 웅덩이의 경관이 좋으며, 아래쪽은 수영이 가능하다. 많은 여행객과 지역민이 어울려 이곳에서 수영을 한다. (요금: 40,000키프)

재래시장

루앙프라방의 재래시장은 메콩 강변의 도시답게 해산물이 주류이며, 각종 세공품, 액세서리, 불교 관련 조각들이 많으며 비단, 머플러, 피복 등도 인기 품목이다. 그러나 빵 하나의 가격이 10,000카프로 식료품 가격이 매우 비싼 편이다.

가는 방법
훼이싸이-루앙프라방 : 스피드보트로 7시간, 슬로보트로 1박 2일(요금: 220,000키프)
루앙프라방-비엔티안 : 버스로 8시간(요금: 220,000키프)
루앙프라방-방비엥 : 남부 터미널(요금: 150,000키프) 미니밴버스(요금: 120,000키프)
교통수단 : 버스, 미니버스, 툭툭을 이용

숙소
• 오끼 게스트 하우스Oki Guest House (일본인 운영)
주소 : thannon khem khong
전화 : +856-71-253717
(필자가 기거한 곳)

세부 투어 및 다음 행선지로 가기 위하여
1박 2일이라는 긴 메콩 강 투어를 마치고, 새로 만든 루앙프라방의 메콩 강 선착장이라는 어느 시골 부두 같은 엉성한 곳에 내렸다.

먼저 내가 머물 곳을 찾아보니 일본인이 경영하는 오끼 게스트 하우스가 마음에 들어 여장을 풀었다. 이후 다운타운 여기저기를 돌아 루앙프라방을 상징하는 대표적인 사원인 왓 푸시를 찾아갔다.

마을 앞 동산 꼭대기에 위치한 왓 푸시 사원은 오르기가 조금 힘이 들었다. 수많은 돌기둥을 올라 정상에 오르니 금빛 찬란한 왓 푸시가 그 위용을 자랑하고 서 있다. 그 이전에 부처님 발자국이라며 움푹 파진 부처님 발바닥 모양의 바위가 있었다.(같은 바위산인데 왜 한 발의 족적만 남겨져 있을까?) 그곳에 서니 동서남북으로 루앙프라방이 한눈에 들어온다. 한참을 서성이다 내려가는 길은 반대편인 강변 쪽을 택했다. 그 아래 맞은편에는 킹스 뮤지엄Kings Museum이라는 왕궁박물관과 입구 오른쪽에는 왓 마이라는 황금사원이 있었다. 입구 좌측에는 이 아름다운 금빛 왓을 건축한 이의 동상이 크게 버티고 있었다. 입구 오른편의 금빛 찬란한 황금사원 안으로 들어가니 붓다는 없고 빈자리만 있었다. 왜일까. 그곳의 부처상은 왕궁박물관에 있으며, 매년 새해 행사 시 이곳으로 옮겨온다고 하였다.

나는 약 1시간 동안의 강변 투어를 마치

고 모토를 타고 루앙프라방 한 외곽의 산 위에 위치한 왓 타트 루앙을 찾아갔다. 시내에서 툭툭으로 20여 분 거리다. 그곳 언덕에 오르니 루앙프라방이 한눈에 보인다. 이 사원은 만타투랏 왕이 1818년에 조성한 곳으로, 이 사원 안에 왕실의 유해가 있다고 하며 안내한다. 불당은 라오스 양식으로 지어졌으며 사원 경내에는 왕원 왕의 묘인 제다가 있었다. 주변에 나무가 무성하여 경관이 매우 좋았다.

왓, 타트루앙 투어를 마치고 한동안 휴식 후 루앙프라방에서 유명한 꽝시폭포 투어를 위해 여행사의 미니버스를 타고 한 시간 거리(30㎞)에 있는 꽝씨 폭포로 갔다. 멋진 폭포는 이중 구조로 되어 있어 위쪽은 폭포지역이며 아래쪽은 수영이 가능하다. 많은 여행객과 지역민이 어울려 이곳에서 멋진 수영을 하였다. (요금: 40,000키프) 이후 호텔에 돌아와서 부근에 있는 여행사로 가서 아침 8시 30분에 방비엥으로 가는 고급미니밴을 예약(요금: 120,000키프)하였다.

꽝시 폭포에서 지역 친구들과

꽝시 폭포 아래서 수영하다.

루앙프라방의 상징 꽝시 폭포

53 방비엥 Vang Vieng

방비엥은 비엔티안에서 4시간, 루앙프라방에서 6시간 거리인 중간 지점에 있는 신흥 관광지이다. 이곳은 조그만 어촌에 불과했으나 송강을 중심으로 우편에는 타운이, 좌편에는 기괴한 작은 산봉우리가 병풍처럼 둘러져 있어 한 폭의 동양화 같은 비경이다. 최근에는 이곳 주변에서 보트 놀이, 낚시, 등산, 동굴, 소수 민족 방문 등 다양한 레저 활동이 가능해져 일반 관광객 및 배낭객이 부쩍 느는 추세다. 더욱이 카페, 게스트 하우스, 식당 등 위락 시설이 저렴하여 인기 있는 여행지로 널리 알려졌다.

방비엥은 이곳을 영어 발음으로 부르는 것이며, 이곳 사람들은 왕위앙이라고 한다.

방비엥의 아름다운 송강 전경

방비엥의 멋진 풍경

가는 방법
루앙프라방-방비엥 : 버스 6~7시간 소요(요금: 120,000키프)
비엔티안-방비엥 : 버스 3~4시간 소요(요금: 35,000키프)
루앙프라방-비엔티안 버스 11~12시간 소요(요금: 150,000키프)

숙소
• 마라니 게스트 하우스 Malany Guest House
주소 : 농업은행 북부
전화 : +856-23-511083
(싱글 없음. 3bed-에어컨, 샤워장)
(필자가 기거한 곳)

세부 투어 및 다음 행선지로 가기 위하여
아침 8시 30분 출발 예정이었던 미니밴은 9시 30분이 되어서야 출발이다. 나는 라오스가 평지인 줄 알았는데 북부는 대부분 고산지대다. 5시간을 꼬박 달리고서야 겨우 1시간 정도 평지를 달려 방비엥의 버스터미널에 도착하였다. 시외버스 정류장에 내려 툭툭을 타고(요금: 7,000키프) 10분여를 달려 방비엥 타운에 도착하였다.

여기저기 호텔을 찾아보다가 말라니 빌라 Malany Villa(요금: 40,000키프)로 정하였다. 성수기에는 턱도 없는 금액이다. 호텔도 매우 근사하다. 호텔에서 다음날 라오스의 수도인 비엔티안으로 가려고 여행사에서 표를 끊었다. 이곳 라오스는 물가가 대단히 비싸다. 루앙프라방은 호텔비용은 저렴한데 밥값이 비싸다. 이 나라는 식료품 생산이 충분하지 않아 방콕보다 물가가 비싼 편이었다.

54 비엔티안 Vientiane

라오스의 수도인 비엔티안은 인구 150만의 소도시로, 1563년 세타티랏^{Setthathirath} 왕이 이전의 수도였던 루앙프라방에서 이곳으로 수도를 옮겨 지금에 이른다. 이 도시는 루앙프라방에서 굽이쳐 흐르는 메콩 강변 개활지에 자리 잡고 있으며 태국의 북동부 농카이^{Nong Khai}에서 1시간도 안 되는 거리에 있다. 화려했던 과거와는 달리 태국의 침략 이후 지금은 볼 것이 미흡한 가난한 수도일 뿐이다.

왕궁과 사원, 독립문 사거리는 이 나라 수도의 상징적 건물이다. 그러나 식료품 등 물가가 비싼 편으로 여행객은 이곳에 오래 머물지 않고 방콕이나 캄보디아, 베트남 등으로 이동한다. 규모가 작은 이 도시는 걸어서 대부분 관광할 수 있다.

주요 볼거리
왓 시사켓^{Wat Sisaket}, 왓 시므앙^{Wat Simuang}, 라오스 역사박물관, 파뚜 싸이^{Patusai}, 비엔티안 재래시장

독립궁 꼭대기에서 본 비엔티안 시내 중심 거리

왓 시사켓 Wat Sisaket

1818년 짜오아누 왕에 의해 건축된 이 사원은 가장 오래된 사원이다. 과거 태국의 공격 시에도 유일하게 보존된 곳으로, 국왕에게 충성을 맹세한 장소로 유명하다. 내부에는 120여 개의 불상과 관련 석물이 매우 찬란하다.

가는 방법
남푸 앞 사거리에서 도보 10여 분 거리에 위치한다.

왓 시므앙 Wat Simuang

1915년 수도 이전 후 세타티랏 왕에 의해 건축된 이 사원은 사원을 받치고 있는 기둥이 매우 크고 색다르다. 사원 뒤편의 공원에는 시사왕윙왕 King Sisawang Wing의 웅장한 동상이 서 있다.

가는 방법
남푸에서 걸어 20여 분 혹은 툭툭으로 5분 거리다.

라오스 역사박물관

이곳은 프랑스의 지배를 받을 때 프랑스 총독이 기거했던 3층 건물로, 지금은 박물관으로 사용하고 있다. 또한, 이곳에는 크메르 조각상과 독립 관련 자료 등이 있어 이 나라의 역사와 독립 과정을 살펴볼 수 있다.

가는 방법
남푸에서 도보 7분 거리. 길 좌변에 위치한다.

파뚜싸이 Patusai

파뚜싸이는 독립 기념관으로 왕궁 앞 사거리에 위치하며 내부에는 비슈누, 인드라, 브라만 등 힌두 신들로 조각되어 있다. 입장료를 내고 내부 좁은 계단을 오르면 탁 트인 비엔티안 사거리와 건너편의 왕궁도 한눈에 들어온다. 관광객들이 사진 찍기가 좋은 곳이다.

가는 방법
남푸에서 도보 20분, 툭툭 10분 거리이다.

메콩 강변의 한국·라오스 공원의 우정 표지석

비엔티안 메콩 강변에 세워진 대표 석상

가는 방법
한국-방콕-비엔티안 코스로 간다.
비엔티안-루앙프라방 : 40분 소요(버스 10시간 소요)
방콕-비엔티안 : 1시간 10분 소요
버스 : 방콕 카오산 거리-비엔티안 : 13시간 소요(야간 출발, 아침 도착)
달랏싸오 터미널Talat Sao Terminal-북부 : 비엔티안 남부 : 팍세, 싸완나켓, 훼이 싸이 간 운행

숙소
• 알디게스트 하우스RD Guest House
주소 : 37-1 thanon nokeokuman (한국인이 운영)
전화 : +856-21-262-112
(주방, 독서실, 도미토리-선풍기, 화장실, 더블-에어컨, TV, 화장실)

세부 투어 및 다음 행선지로 가기 위하여
아침 8시에 비엔티안으로 가기 위해 시외버스터미널로 가서 9시 버스를 타고 출발하여 3시간 반을 달려 12시 30분에 라오스의 수도 비엔티안 시외버스 정류장에 도착하였다.
라오스의 시외 주차장은 시에서 보통 7~10여 km 떨어져 있다. 시내에 도착하여 한국인이 운영하는 알디게스트 하우스RD Guest House(요금: 7달러)를 어렵게 찾아 숙소를 정하였다.

이 도시 투어는 근거리로 걸어서 투어하였다. 첫 번째로 탓 루앙 황금 사원이다. 찬란한 황금 사원이 눈부시다. 그 옛날 이러한 사찰을 짓기 위해 얼마나 많은 노력과 물자를 투자하였을까 생각하니 그저 놀라울 뿐이다. 사원 내부는 크게 색다른 것이 없었다. 한 바퀴를 돌아본 후 다음은 왓 시사켓 사원이다. 왓 호화께오 사원과 마주하고 있는 이들 두 사찰은 태국의 사찰들과는 조금 다른 면이 있었다. 지붕이 높고 길었다. 그 사원 안에는 부처가 있고 양옆에는 사원마다 다른 보조 불타가 자리하고 있었다.

그리고 한참을 더 가니 라오스 역사박물관이 좌편에 있었다. 이곳은 프랑스 식민지배 시 프랑스 총독이 주둔한 곳으로, 중후한 건물이었다. 지금은 박물관으로 사용하고 있다. 이곳에는 크메르 조각상과 독립 관련 자료 기념 조각품들이 전시되어 있으며, 역사와 독립운동 과정을 살펴볼 수 있는 곳이다. 입구에는 또 다른 불상이 있었으며 많은 시민이 이곳에서 불공을 드리고 있었다.

이후 그곳을 돌아 한참을 더 가니 왓 시므앙 사원이 나타났다. 1915년 수도 이전 후 세타티랏 왕에 의해 건축된 이 사원은 입구 기둥이 매우 웅장해 보였다. 주변을 돌아보고 뒤편으로 돌아 나오니 조그만 공원 중앙에 싸사왕윙왕King Sisawang Wing의 웅장한 동상이 서 있다. 이는 루앙프라방 왕궁 입구에 세워진 그 동상과 같은 인물이다.

이곳을 돌아보고 내친걸음에 10여 분을 좌측으로 돌아가니 빠뚜싸이독립궁가 있었다. 어느 나라나 독립궁은 제법 그럴싸하게 폼을 내고 당당히 서 있다. 입장료

3,000키프를 내고 꼭대기에 올라가니 비엔티안 시내 전경이 한눈에 들어온다.

저녁 7시에 시외버스 주차장으로 가서 8시 30분 발 팍세로 가는 대형 디럭스 버스에 몸을 실었다. 버스는 2층으로 2명씩 누워서 갈 수 있는 고급 침대 버스다. 사람이 적어 혼자 더블 침대에 누우니 게스트 하우스 못지않다. 옆자리의 네덜란드 여인과 날이 새도록 여행 이야기를 하면서 길고 긴 11시간을 달려 아침 7시에 팍세에 도착하였다.

비엔티안 독립궁의 전경

55 팍세 Pakse

팍세는 라오스 남부의 중심 도시다. 프랑스 식민 시절 남부 통제의 거점으로 육성한 도시다. 이 도시는 메콩 강과 돈 강이 합류하여 분지로 이루어진 강변의 도시로 물과 나무가 풍부한 매력적인 도시다. 태국과는 1시간 거리이며 유명한 유적지 왓 푸Wat Phu로 가는 길목으로 시판돈을 거쳐 우측으로는 캄보디아로, 동쪽인 좌측으로는 베트남 후에로 갈 수 있는 곳이다.

주요 볼거리

짬빠삭 박물관Champasak Museum, 왓 루앙Wat Luang, 돈 강변 다리, 재래시장 등

돈 강변의 멋진 불탑들 모습

진리를 구하려는 붓다의 정진 모습

짬빠삭 박물관 Champasak Museum

역사적 유적지 짬빠삭에서 출토된 유적들을 전시하고 있는 이 박물관에는 앙코르 문명의 특색이 엿보이는 유물이 많다. 박물관 2층에는 고대 악기, 토기, 도자기, 의상 등이 전시되어 있어 이민족의 과거 역사와 이들의 문화를 읽어 볼 수 있는 곳이다.

가는 방법
팍세 시장 서부 5분 거리에 있다.
입장료 : 15,000키프

왓 루앙 Wat Luang

왓 루앙은 돈 강변 다리 아래 1830년도에 세워진 역사적인 사원이다. 라오스 남부 사원이며 가장 오래된 사원으로도 유명하다. 이곳에는 각 지역에서 온 승려들을 교육하는 승려 양성소도 함께 있다. 그리고 이곳 주민들이 아침에 줄을 서서 공양을 하고 드넓은 사원 경내에서 음식을 나누며 설교를 듣는 장면은 매우 평화로워 보였고, 보시의 참모습을 보는 것 같았다.

가는 방법
돈 강변에 있으며 팍세 시장에서 5분 거리로 어디서나 잘 보이는 곳에 있다.(입장료 : 무료)

숙소

• **싸바이다2 게스트 하우스** Sabaida2 Guest House
주소 : tronon 24
전화 : +856-31-212992
(도미토리, 싱글, 팬방, 개인 욕실, 식당)

• **란캄 호텔** Lankam Hotel
주소 : 13번 도로와 접해 있는 시내 중심가에 있다.
전화 : +856-31-213-314
(도미토리, 싱글, 더블, 트윈, 에어컨, 선풍기, 냉장고, 응접실)

세부 투어 및 다음 행선지로 가기 위하여

아침 7시에 팍세 시외버스 주차장에 내려 일행인 네덜란드 여인과 툭툭(요금: 15,000키프)을 타고 10여 분을 달려 싸바이디2 게스트하우스(요금: 40,000키프)에 도착하여 여정을 풀었다. 나는 돈 강가에 위치한 왓 루앙을 보려고 걸어갔다. 이 도시는 크지 않아 30분 걸으면 대부분 갈 수 있다. 이 사원은 천년 요지와 같은 길지에 있었다. 규모도 대단하지만, 라오스에서 가장 오래된 1830년대에 지은 사원이자 사찰과 교육 기관 그리고 스님들이 상주하는 모나스트리 사원이었다. 다음으로 돈 강가로 가 다리를 건너갔다. 한 바퀴 강변을 구경하고 시내를 돌아오면서 경치를 감상하고 사진을 찍었다. 멋진 강변의 전원풍 도시다.

팍세 시가지로 흐르는 돈 강

56 시판돈 Si Phan Don

시판돈은 4,000개의 섬이란 뜻으로, 조용한 시골이며 물이 많은 고장이다. 시판돈은 라오스 최남단에서 캄보디아 국경 지대로서 넘어가는 길목으로 메콩강의 지류가 가장 넓은 곳에 있는 유명한 섬들의 고향이다. 이곳은 건기에는 메콩 강물이 줄어들어 솟아오른 작은 바위섬이 많아지고 우기 때는 물이 많아 작은 섬들이 가라앉아 숫자가 줄어든다. 이곳은 대부분이 농업과 어업을 하면서 먹고 살고 있다. 이 중에서 비교적 큰 섬은 돈 콩Don Khong, 돈 곤Don Ghon, 돈 뎃Don Dhet으로 불리는 곳이다. 이곳 섬에서는 수로를 따라 이동하면서 시간을 보낼 수 있다.

주요 볼거리

돈 콩Don Khong

시판돈의 섬 중 가장 큰 섬으로 약 5만 명이 살고 있다. 섬의 오른편에 므앙콩Muang Khong이, 왼편에 므앙센Muang Saen이 있다. 이곳에서는 오토/자전거를 이용하여 새벽시장과 주변 경관을 투어하고 대형 불상이 있는 왓 푸앙깨오Wat Phuang Kaew를 구경할 수 있다.

가는 방법
팍세-돈 콩 : 썽테우 4시간 소요(팍세 남부 터미널에서 출발한다.)
팍세 여행사에 예약하면 미니버스로 쉽게 갈 수 있다.

기타 볼거리
리피Li Phi 폭포, 돌고래 관광Dolphin Waching, 콘파팽Khon Phapheng 폭포

숙소
• 돈콩 게스트 하우스Done Khong Guest House
주소 : 선착장 바로 앞(북쪽 약 300m에 위치)
전화 : +856-31-214010
(팬룸, 선풍기, 공동/개인 욕실, 발코니-경관이 우수하다.)

• 빌라 캉콩Vila Kang Kong
주소 : 돈콩게스트 하우스 뒤쪽에 위치
전화 : +856-31-213539
(팬룸, 선풍기, 에어컨, 개인 욕실, 식당 보유, 발코니, 자전거 대여)

세부 투어 및 다음 행선지로 가기 위하여
나는 팍세 투어를 마치고 시판돈을 경유해 캄보디아로 가야 한다. 여행사에 가서 시판돈 경유 캄보디아 프놈펜으로 가는 버스표를 220,000키프에 구입하였다.

6시 30분에 나가니 픽업차가 이미 와 있다. 툭툭에 올라타고 20여 분을 달려 시외버스 정류장에 도착하여 캄보디아행 버스를 기다렸다. 캄보디아로 가는 버스는 라오스 수도인 비엔티안에서 전일 저녁에 출발하여 팍세에 아침 7시에 도착하는 국제 버스다. 그러나 캄보디아행 대형 버스는 아침 9시가 넘어서야 시판돈으로 향했다. 시판돈은 4,000여 개의 작은 물줄기 폭포가 있는 곳으로 유명한 곳이다. 두 시간이 걸려 11시 30분에 시판돈에 도착하였다. 시판돈으로 가는 길은 육로로는 우회 버스길이 있고, 직진으로 가는 국도를 따라 조금 더 가면 오른쪽이 캄보디아 방향이다.

라오스-캄보디아 국경 넘기
우여곡절 끝에 내가 탄 미니버스로 캄보디아 국경에 도착하니 국경 이미그레이션에서 행정 수속 비용으로 2달러를 요구하였다. 이후 서명을 받고 국경선 100여 m 거리를 캄보디아행 동료들과 함께 배낭을 메고 걸어서 건너니 캄보디아 세관이다. 건강 검진 비용이라며 검진 시늉만 하고 1달러를 요구하며 또한, 비자비 25달러를 징수한다. 입국 서류를 작성해 주니 일사천리다. 돈이 목적이니까. 약 20여 분 만에 수속을 마치고 캄보디아에서 준비한 캄보디아 버스를 타고 보니 라오스 투어도 끝이 났다. 드디어 세계 최빈국인 캄보디아 프놈펜으로 가는 시외버스에 올랐다. 아 때가 묻지 않은 라오스여! 너무도 고요하고 낭만이 깃든 아름다운 천년고도, 자연의 도시 라오스여, 안녕.

캄보디아
(Kingdom of Cambodia)

◈ 인도차이나반도 중앙에 위치하고 있으며 면적은 18.1만㎢고 인구는 1,200만 명(97년 기준)이다. 수도는 프놈펜이며, 주요 도시는 크라티Kratie, 바탐방Battambang 등이다. 민족은 크메르족과 기타 소수 민족(중국, 베트남, 참, 고산족)으로 구성되어있으며, 언어는 크메르어, 프랑스어, 영어를 사용하고, 종교는 소승불교(90%)와 회교 등이다.

◈ 1953년 11월 19일 프랑스로부터 완전 독립했으며 정치 체제는 입헌군주제다. 주요 정당은 인민당CPP, 민족연합전선Funcinpec, 불교자유민주당BLDP, 크메르민족당KNP등이 있다.

◈ 국민총생산량이 31.1억(96)달러로 1인당 291달러인 세계 최빈국이다. 화폐 단위는 리엘Riel이며 중요 자원은 쌀, 옥수수, 고무, 원목 등이다.

◈ 무역 규모는 수출이 약 10.5억 달러, 수입이 약 110.5억 달러이며 주로 석유 제품, 기계 설비, 소비 물자 등을 수입한다.

57 프놈펜 Phnompenh

캄보디아 수도 프놈펜은 메콩 강과 톤레삽 강이 어우러진 평원에 있다. 한나라의 수도로서는 허약하며 또한 크메르에 의한 킬링필드라는 역사적 비극을 간직하고 있는 빈약한 수도이지만, 방콕, 라오스, 베트남의 발전과 더불어 새로운 도약의 기회를 맞이하고 있다. 특히 농공업을 중심으로 지금은 서서히 경제 발전을 위하여 약진하고 있다. 이곳은 찬란했던 크메르를 조상으로 둔 우수한 민족으로, 현재 왕의 증조할아버지인 노로돔 Norodom 왕이 이곳으로 수도를 조성하여 왕권을 구축한 이래 오늘에 이르는 동남아시아의 중앙에 위치한 역사의 도시다.

주요 볼거리

왕궁 Royal Palace, 실버 파고다 Silver Pagoda,
투슬렝 박물관 Tuol Sleng Museum,
킬링필드 Killing Field, 독립기념탑 Victory Monument

왕궁 앞 강변에서 바라본 강변

캄보디아 왕궁 Royal palace 전경

왕궁 Royal Palace

1866년에 건축된 이 왕궁은 크메르양식으로 조성된 건물로, 캄보디아인들의 자랑이다. 실버 파고다와 인접한 이곳은 현 왕의 증조할아버지인 노로돔 왕이 수도 이전과 함께 건축하였다. 톤레삽 강이 왕궁 앞으로 흐르고 그 강변으로 아름다운 강변 건물들이 세워져 있어 프놈펜을 찾는 관광객들은 이곳에 들르는 것이 필연이다. 왕궁 정면의 문은 승리의 문으로 왕만이 다닐 수 있다. 왕궁 우측 문을 통해 들어가면 부속 건물과 불탑, 실버 파고다를 볼 수 있는 아름다운 곳이다.

가는 방법
주소 : 독립문에서 툭툭으로 15분 소요, 도보로도 갈 수 있는 거리다.
입장료 : 4달러

실버 파고다 Silver Pagoda

왕궁 가까이에 위치한 이 실버 파고다는 1908년에 은으로 된 실버 타일 5,000여 개를 바닥으로 조성하였으며 불당 안의 부처상은 90kg의 순금 불상이다. 불상에 다이아몬드가 수천 개가 들었으며 25캐럿짜리 다이아몬드도 박혀 있다고 한다. 이 파고다밖에는 캄보디아 전통 의상과 생활 상품들이 전시되어 있어 관광 필수 코스다.

투슬렝 박물관 Tuol Sleng Museum

캄보디아의 비극의 역사인 이곳 투슬렝은 원래 쁘래아 고등학교 교정이다. 크메르 루즈군이 점령하여 루즈군 보안 부대 본부로 사용하면서 캄보디아의 지식인 대부분을 이곳에서 고문, 학살, 취조하였으니, 그들이 저질렀던 만행의 현주소이다. 각 방은 고문 장소로 쇠창살, 고문 기구 등이 적나라하게 있고 2층에는 학살 장면이 담긴 갖가지 사진과 그림 자료들이 전시되어 있다.

가는 방법
주소 : 프놈펜 서남쪽으로 14km 지점으로 툭툭으로 30여 분 소요
입장료 : 4달러

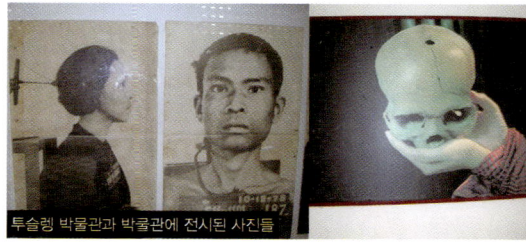

투슬렝 박물관과 박물관에 전시된 사진들

킬링필드 Killing Field

프놈펜 외곽 30여 분 거리의 체응액 Cheoung Ek에 있는 킬링필드는 폴 포트 Pol Pot 정권의 만행이 남긴 최악의 공동묘지다. 투슬렝에서 고문받고 죽어 가는 사람들을 이곳에서 사살했다. 이곳은 1975년부터 1979년 사이에 대학살이 이루어져 시신을 공동 매장했다. 전시관은 이곳에서 발견된 유골을 한데 모아 전시해 놓은 곳으로, 실로 너무도 잔인한 현장이다.

가는 방법
주소 : 시내서 모토 10분 내 거리
요금 : 4달러

독립기념탑 Victory Monument

캄보디아의 자랑인 독립기념탑 Victory Monument은 노로돔 거리와 시아눅 Sihanouk 거리가 교차되는 사거리에 세워져 있다. 이곳에서 매년 독립기념일 행사가 열린다.

가는 방법
주소 : 노로돔 거리와 씨아눅 거리에서 볼 수 있다.
요금 : 무료

숙소
- OK 게스트 하우스 Ok Guest House

주소 : 독립문에서 왕궁 방향 10분거리
(트리플룸, 에어컨, 개인 욕실, 여행사 업무 대행, 이동 정보 획득이 용이)
(필자가 기거한 곳)

세부 투어 및 다음 행선지로 가기 위하여

캄보디아 국경에서 수속을 마치고 12시 20분에 캄보디아 버스로 프놈펜으로 출발하였다.(프놈펜까지의 버스 요금은 라오스 팍세에서 지불한 220,000키프에서 인계된다.) 밤 11시 20분에 프놈펜의 한 외곽 지역에 내려 주었다. 14시간 동안 버스를 탄 셈이다. 너무도 힘이 들고 피곤하다.

프놈펜 외곽에 내려 밤이라 4달러를 주고 일행 6명이 툭툭을 타고 시내에 들어와 독립문 부근에 있는 OK 게스트 하우스를 찾느라 헤맸다. 이곳 OK 게스트 하우스는 외국인 전용 게스트 하우스로, 내가 몇 년 전에 10여 일을 있었던 곳이다. OK 게스트 하우스의 방을 1일 10달러에 정하고 여장을 풀고 보니 밤 1시가 넘었다.

오늘을 돌아보니 새벽 6시에 라오스 호텔을 출발하여 라오스 팍세 시외 주차장에서 버스를 타고 국경을 넘어 계속 버스를 타고 밤 1시에 도착하였으니 19시간을 길에서 헤맨 것이다. 비록 몸은 피곤하나 성공적으로 또 다른 국경을 넘어온 것이다.

이른 아침 게스트 하우스 레스토랑 앞에서 7년 전에 만났던 툭툭 기사가 아는 체하며 반긴다. 그러고 보니 나도 기억이 났다. 반가운 일이다. 아무도 모르는데 그가 7년 전의 나를 기억하다니, 아직도 툭툭 기사 일을 하고 있었다.

나는 그의 툭툭을 타고 왕궁사원인 실버 파고다로 갔다. 5,000여 개의 타일로 건축한 것뿐만 아니라 사원 안 불상은 90kg의 순금으로 제작되었다고 한다. 이들 건축물은 왕궁과 함께 캄보디아 건축 예술의 극치를 나타내고 있다. 나는 왕궁 앞에 유유히 흐르는 강변에 앉아 7년 전 이곳에서 한국-캄보디아 문화센터를 설립하면서 동분서주했던 일들을 회상하며 한동안 쉬었다. 이후 인근에 있는 중앙시장으로 갔다. 이곳의 시장은 매우 크며 특히 보석상이 휘황찬란하다. 여러 관광객들은 캄보디아 보석이 매우 저가이므로 인기다. 특히 중국 여인들의 옥 사랑이 대단하다. 나도 그곳에서 몇 가지 보석과 옥팔찌를 구매하였다.

캄보디아-베트남 국경 넘기

아침 7시 30분에 툭툭을 타고 프놈펜 여행객 집결 지역으로 가서 8시에 10여 명이 미니밴을 타고 두 시간을 달려 11시 10분에 메콩강 국경 선착장에 도착했다. 이후 10여 분 동안 비교적 빠른 시간에 캄보디아 출국 신고를 마치고 다시 보트를 타고 10여 분을 메콩 강 따라 내려가니 베트남 이미그레이션이 있었다. 그곳에서 한 직원이 모든 여권을 거두어 약 30여 분 동안 입국 수속 처리를 하였다. 그동안 우리는 선착장에서 식사하였다.

11시 30분에 입국 수속이 완료되었다. 나는 베트남에서 무비자로 15일간을 머물 수 있도록 서명되어 있었다. 11시 30분에 출발한 쾌속정은 메콩 강을 따라 잘도 달린다. 5년 전 이 강을 넘을 때는 캄보디아 상류 선착장에서 슬로보트를 타고 8시간이 걸려 베트남 쩌우독으로 갔는데, 지금은 선착장도 베트남 쪽 국경지대로 옮겼으며 배 또한 신형 쾌속정으로 바뀌어 2시간을 달려가니 베트남 남부 해안 도시 쩌우독에 도착하였다. 아! 그렇게도 어두웠던, 그 처참했던 역사의 질곡 속에서 헤매던 캄보디아여, 이젠 보다 밝고 희망찬 내일이 캄보디아와 함께하기를… 캄보디아여, 아듀.

망망한 국경 메콩 강을 하염없이 달린다.

쾌속 보트를 타고 베트남으로

베트남
(The Socialist Republic Of Vietnam)

▷ 인도차이나 반도 동부에 위치하며 면적은 330.34㎢(한반도의 1.5배)이고, 인구는 7,535만 명(96)이다. 수도는 하노이Hanoi(인구 230만 명)이며 주요 도시는 호치민시, 하이퐁시, 다낭시 등이다. 민족은 베트남인 90%와 기타 소수민들로 구성되어 있으며, 주요 언어는 베트남어, 영어이고, 종교는 불교, 가톨릭교이다.

▷ 정치 상황은 1945년 9월 2일이 독립일이며 정치 체계는 사회주의 공화제를 운용하고 있으며, 중요 정당은 베트남 공산당이다. 국방군은 총 85만 명으로, 육군이 약 70만 명, 해군이 4.2만 명, 공군이 1.5만 명이다.

▷ 총 GDP는 248억(97) 달러이며, 화폐 동dong을 사용한다. 주요 자원은 석유, 무연탄, 철광석 등이며, 농업과 광업이 주를 이루고, 무역 규모는 수출이 약 89억 달러, 수입은 약 113억 달러이다.

58 쩌우독 Chau Doc

쩌우독은 베트남-캄보디아 국경 도시와 어업 도시로 유명한 곳이다. 이 도시에는 베트남인, 캄보디아인, 중국인 등 약 25,000여 명이 어우러져 국경 무역과 어업 등으로 생업을 하면서 살고 있다. 특히 쩌우독의 국제 시장은 그 규모가 매우 크고 물품이 다양하며 해산물이 넘쳐나는 곳이다. 쩌우독 선착장에서 택시나 모토를 타고 30여 분 거리에는 유명한 쌈산 Nui Sam 이라는 작은 산이 있으며, 이 산은 영험한 영산으로 베트남인들이 매우 신성시한다. 이곳에 오르면 쩌우독은 물론 메콩 강 델타 삼각지를 한눈에 볼 수 있고, 더 나아가 캄보디아가 수평선 너머로 보이는 곳이다. 쩌우독에서 캄보디아는 쾌속 보트로 2시간 반이 걸리며 호치민 시는 미니버스나 버스로 6시간이 걸리고, 남부 곡창지 메콩 델타 미토, 컨터로는 쉽게 갈 수 있는 곳이다.

주요 볼거리
보트 선착장, 메콩 강 크루즈, 쯔아스 템플, 쌈산, 쩌우독시장, 강변 투어 등

베트남의 남단 쩌우독 선착장

가는 방법

호치민-쩌우독 : 호치민의 쩌런 터미널과 미엔떠이 터미널-미토, 껀터-쩌우독: 7~8시간 소요(요금: 70,000동)

쩌우독-캄보디아 프놈펜 : 쾌속보트 2시간 30분 걸리며 이후 버스로 간다. 육로로는 미니버스 6시간 소요(요금: 75,000동)

숙소

• 투언 로이 호텔 Thuan Loi Hotel
주소 : 18 tran hung dao
전화 : +84-076-866134
(더블, 선풍기/에어컨, 개인 욕실, TV, 메콩 강 투어-선착장에 위치하며 전망이 우수하다.)

• 메콩 게스트 하우스 Mekong Guest House
주소 : duong len tao ngo, nui sam
전화 : +84-076-861870
(도미토리, 싱글-선풍기, 개인 욕실, 더블-에어컨, 개인 욕실)

세부 투어 및 다음 행선지로 가기 위하여

프놈펜 메콩 강 선착장에서 쾌속정을 타고 2시간 조금 넘어 베트남 남부 국경 도시 쩌우독에 도착하였다.

베트남 최남단 국경 도시며 무역과 어업으로 번창한 쩌우독 선창에 배낭을 맡겨두고 툭툭을 타고(요금: 10달러) 쌈산에 올랐다. 35분 거리다. 산 입구에는 멋진 사원과 호텔이 보인다. 산 정상에 서니 쩌우독 시가지는 물론이고 메콩 강 하류의 질펀한 저지대와 강 건너로 보이는 캄보디아 남부가 한눈에 들어온다. 시원하고 멋진 정경이다. 한동안 휴식을 한 후 쩌우독 선창과 시장 그리고 강변을 둘러본 후 시외버스터미널에서 호치민 시로 가는 미니버스를 타고(요금: 6달러) 6시간 동안 남부 베트남의 자연 풍경을 바라보며 달려 저녁 9시가 되어서야 제2의 도시 호치민에 도착하였다. 그곳에서 모토를 타고(요금: 4달러) 내가 머물 곳인 관광 여행자 거리인 팜응우 라오 Pham Ngu Lao 거리에 도착하였다. 태국에 카오산 거리가 있다면 베트남엔 팜응우 라오 거리가 있다.

59 호치민 Ho Chi Minh City

호치민 시는 과거 베트남의 수도였다. 이 도시는 메콩 강 삼각주 북변의 사이공 강 연안 남중국해변에서 75여 km 거리에 위치한 신흥 도시다. 옛날에는 캄보디아가 지배한 곳이었으나, 1859년엔 프랑스가 점령하였으며, 1940년엔 일본이 점령하였다. 1945년 2차 세계 대전 이후 독립 후 남북으로 분리되어 1960~70년대의 인도차이나 전쟁이 있었다. 1975년 4월 북베트남 호치민이 베트남전에 승리하여 통일된 이후 새로운 공산 정권이 들어서서 오늘에 이른다.

주요 볼거리

통일궁 Reunification Palace, 호치민 박물관 Historical Museum, 노트르담성당 Notredame Cathedral, 중앙우체국 Central Post Office, 호치민시 인민 위원회 청사 Hotel De Ville, 벤탄시장 Ben Thanh Market, 시외곽 꾸찌 터널 Ku Chi Tunnels

벤탄시장 전경

통일궁 Reunification Palace

이 통일 궁은 1868년 프랑스 통치 시 영사관 건물이다. 이후 베트남의 대통령궁으로 사용한 곳이다. 1962년에는 대통령을 살해하려고 일부 폭파했으며 재건축하였다. 미국군 주둔 시 지하에 통신실을 설치하여 정보활동을 하던 곳이었으며 1975년 4월 30일에는 월맹군 탱크에 의해 함락되어 공산 인민공화국이 들어서면서 통일 궁으로 개명하여 오늘에 이른다.

호치민 박물관 Historical Museum

이 건물은 1929년에 프랑스에서 건설하여 75년도부터 국립박물관으로 이용되었다. 이곳 전시실에는 고대부터 선사 시대, 참파왕조, 응우옌 왕조와 소수민족의 의상 등이 전시되어 있다.

노트르담성당 Notredame Cathedral

1877년에 건축된 노트르담성당은 로마네스크 양식으로 건축되어 매우 아름답다. 성당 앞에는 성모 마리아 상이 있다. 동커이 Dong Khoi 거리 입구에 있는 이곳은 공원, 중앙우체국, 다이아몬드백화점 등이 모여 있는 곳이다.

중앙우체국 Central Post Office

노트르담성당 우측에 위치한 중앙우체국은 1891년에 건축된 프랑스식 건축물이다. 가장 큰 우체국으로 홀의 가운데에 호치민의 대형 사진이 있다. 비교적 우수한 시설의 우체국 건물이다.

벤탄시장 Ben Thanh Market

리 로이 거리 시작 지점에 위치한 벤탄시장은 1914년도에 지은 시장으로 베트남의 최대 시장이다. 시내 중심가에 위치하여 이용이 편리하고 활기가 넘친다. 시장 안을 한 번 돌아보면 없는 것이 없을 정도로 그 규모가 크고 상품이 많다.

꾸찌 터널 Cu Chi Tunnels

호치민시에서 북서부 지역으로 약 35㎞ 지점에 위치한 꾸찌 터널은 길이가 약 250㎞가 넘으며 터널 안에는 작전 본부, 사무실, 식당, 침실, 병원 등이 있고 외부의 어떤 공격에도 버틸 수 있다. 굴 안은 매우 협소하여 베트남인만이 이용할 수 있도록 설계되어 있다.

숙소

• La Famille 호텔

주소 : 185/26 pham ngu lao

(싱글, 도미토리, 선풍기, 냉장고, 에어컨, 욕실)

• 탄탄탄 게스트 하우스 Tan Thanh Thanh Guest House

주소 : 205 pham ngu lao

전화 : +84-08-8373595

(도미토리, 싱글, 선풍기 개인 욕실, 오랜 전통 있는 게스트 하우스로 여행자 거리에 있다.)

가는 방법

항공기 : 서울-호치민 5시간 30분 소요
버스 : 미엔동 터미널 : 북부 지역시 외곽 지역 운행
쩌런 터미널 : 남부 지역과 메콩 델타 지역 운행
미엔떠이 터미널 : 시 외곽 인접 지역 운행하며 시내 주행은 버스, 씨클로, 세옴, 택시, 모토 등이 있다.

세부 투어 및 다음 행선지로 가기 위하여

호치민시 여행자 거리인 팜응우 라오 거리에 도착하니 밤 10시다. 20여 분을 헤맨 끝에 내가 찾던 옐로 하우스 호텔은 La Famille로 이름이 바뀌어 있었다. 싱글 요금을 주고 호텔을 정하였다.

이곳 호치민시는 베트남전 때 1년이나 있었고 이후에도 두 번을 더 다녀간 곳으로 제2의 고향 같은 곳이어서 1박 2일 동안 몇 군데만 둘러보기로 하였다. 우선 Kim May 여행사에서 달랏으로 가는 표를 구매(요금: 25만 동)하였다.

주요 여행사

• Tae Tham Travel Agency (Kim May 여행사)
호치민-달랏 : 7시간 12달러
사이공-무이내 : 4시간 7달러
무이내-달랏 : 4시간 8달러
달랏-냐짱 : 4시간 8달러

• The Sinh Tourist
전화 : +84-3838-9597
사이트 : www.thesinhtourist.vn
메일 : info@thesinhtourist.vn
Opening Hours: 6:30AM-10:30PM

세부 투어 내용

먼저 노트르담 성당으로 30여 분을 걸어서 갔다. 1877년에 건축된 노트르담 성당은 로마네스크 양식으로 지어져 매우 아름답다. 성당 앞에는 성모 마리아상이 있다. 이 지역은 동커이 Dong Khoi 거리 입구로 공원과 중앙 우체국, 다이아몬드백화점 등이 모여 있는 곳이다. 다음으로 중앙 우체국을 보았다. 노트르담성당 우측변에 위치한 이 중앙우체국은 1891년에 건축된 프랑스식 건축물이다. 가장 큰 우체국으로, 홀의 맨 가운데 호치민의 대형 사진이 걸려 있는 멋진 건물이다. 벤탄시장 Ben Thanh Market은 리로이 거리 시작 지점부터 크게 자리 잡고 있는 대형 시장이다. 1914년도에 지은 이 시장은 호치민시의 최대 시장이다. 시내 중심가에 위치하여 이용이 편리하고 생동감이 넘친다. 시장 안에는 없는 물건이 없을 정도로 다양하고 복잡하다.

60 달랏 Da Lat

달랏은 호치민 북서쪽 300km 지점에 있는 해발 1,500m의 고산 도시로, 사계절이 시원하며 소나무 숲으로 둘러싸인, 속칭 꽃피고 새우는 아름다운 신혼여행 도시다. 프랑스 식민지 시대인 1912년부터 계획도시로 건설되어 빌딩과 거리, 공원과 유적들이 한데 어울려 베트남 남중부 지역의 휴양 도시로 발전해 왔다. 고지대의 특성상 각종 과일과 채소 등이 많으며, 프랑스의 영향으로 레스토랑, 카페 등이 서구적이며 전원풍이다.

주요 볼거리

쑤언흐엉호수 Xuanhuong Lake,
달랏시장 Da Lat Market,
플라워가든 Flower Garden,
바오다이 궁전 Bao Die Palace,
린손 파고다 Linh Son Pagoda,
프랜 폭포 Prenn Falls 등

사랑계곡 뒷동산의 머신 조각들

베트남의 신혼여행지 달랏 시 전경

가는 방법
버스 : 호치민-달랏 22만동, 냐짱-달랏 22만동
오픈 버스 : 호치민-달랏 25만동

숙소
• 푸오아 호텔Phu Hoa Hotel
주소 : 16 tang bat ho
전화 : +84-063-822194
(싱글룸, 개인 욕실, 온수 포함. 게스트 하우스급호 텔로서 룸이 40여 개나 있어 실용적이며 3인실 룸도 있어 가족 이용이 용이하다.) (필자가 기거한 곳)

세부 투어 및 다음 행선지로 가기 위하여
Kim May 여행사에서 시외버스역으로 가서, 8시에 슬리핑 침대 버스를 타고(요금: 25만동) 달랏을 향해 달렸다. 길은 좋은 편이었고 주변에 나무들도 많았다. 8시간 반이 걸리는 거리를 휴식과 소낙비 속을 달려 오후 4시 50분에 달랏시에 도착하였다.
시외버스 정류장에 내려 주변을 살펴보니 론리 플래닛의 소개대로 푸오아 호텔Phu Hoa Hotel에서 시외버스 정류장에 미니버스가 나와 있다. 픽업 버스를 무료로 타고 푸오아 호텔(요금: 10달러)로 가서 여장을 풀었다. 매우 깨끗하고 좋은 호텔로, 마음에 들었다. 이곳 달랏 여행은 시티투어가 좋을 것 같았다. 장점은 중요 관광지를 빠짐없이 볼 수 있고 경제적이라는 점, 정보를 획득할 수 있다는 점이다. 이후 밖으로 나가 다른 여행사를 찾아 시티투어를 신청하였다. (1일 투어 요금: 16만동)

기타 볼거리
• 바오다이 여름 별장Bao Dais Summer Place
주소 : 시내에서 호수 북쪽으로, 15분 거리에 있다.
(베트남의 마지막 황제가 머물렀던 여름 궁전이다.)

• 루스타 케토릭 성당Rooster Cathedral Church
주소 : 호수 북쪽 약 15분 거리에 있다.
(1893년 프랑스인들이 이곳에 설립하여 지금에 이른다.)

달랏의 아름다운 시가지 건물들

달랏 루스타 성당

- 트루램 메디테이션 모나스트리 True Lam Meditation Monastery

인도에서 기원한 명상관이 북쪽으로 전파되면서 베트남에서는 달랏에 제일 먼저 설립한 사원이다. 사원에서 20분 거리의 외진 언덕에 있다. 그렇게 웅장하지는 않으나 조용하며 정신 수양에 도움이 되는 곳으로 가 볼 만한 곳이다.

- 다탄타 폭포 Datanta Waterfall

이곳은 호수 남동부 약 30분 거리에 있으며 그렇게 웅장하거나 큰 폭포는 아니지만, 아담한 산 계곡 아래에 위치하여 빽빽한 산림과 로라 케이블카와 함께 운용하고 있어서 인기 지역으로 한 번쯤 가 볼 만한 곳이다.

- 로빈힐 케이블카 Robin Hill Cable Car

달랏 북변 산에 위치하며 20여 분 거리다. 케이블카를 타기 위해 언덕에 오르면 달랏 시가지가 한눈에 보인다. 전망이 매우 좋은 곳이다.

- 리오부러브 Olley Of Love

이곳은 아름다운 휴양지로서 아담한 동산과 호수, 수많은 꽃과 오솔길로 구성된 곳이다. 베트남인 신부들이 달랏에 신혼여행을 오면 꼭 들르는 곳인 만큼 휴양지로써 손색이 없다.

- 아트푸리서부 풀라워 Art Preserve Flower

이곳은 베트남의 꽃 연구소라 할 수 있으며 각종 꽃을 가꾸어 베트남 전역으로 보낸다. 베트남 꽃의 종류와 분식 방법, 전파 과정을 볼 수 있다.

- 붓다 Buddha 조각상

시내 중부 중심가 야산 위에 28m 높이의 붓다 조각상이 위용을 보여 주고 있으며, 그 옆에는 붓다의 와불상이 있고 사찰 경내에는 매우 인상 깊은 불상이 있다. 가 볼 만한 가치가 충분한 멋진 달랏의 자랑거리다.

달랏의 아름다운 신혼여행지 공원 전경

베트남 꽃 주산지 달랏 꽃 전시장 1

베트남 꽃 주산지 달랏 꽃 전시장 2

세부 투어 및 다음 행선지로 가기 위하여 달랏에서 시행하는 시티투어로 시장을 포함, 10여 군데를 하루 동안 돌아볼 수 있었다. 먼저 달랏은 1,500고지에 둘러싸인 분지로 기후가 서늘하여 밭농사, 즉 채소가 풍부하고 물이 많아 식용 나물, 꽃나무 등이 많다. 또 프랑스식 건물과 잘 정돈된 거리, 식당, 카페들이 많아 서구적 타운 모습이 특이했다. 다음날 아침 일찍 모토를 타고 시외버스 주차장에 갔더니 냐짱 가는 시외버스가 출발 직전이다. 달랏-냐짱 가는 시외버스는 4시간 거리에 요금 135천동을 지불하고 냐짱으로 출발하였다.

고지대인 달랏을 빠져나가기 위해 2,000m 고지를 하강한다. 가는 길에는 비닐 채소밭이 많아서 매우 인상적이다. 한국같이 채소와 꽃을 비닐하우스로 키우는 모양이다. 2,000m 고지에서 평지로 내려와 분지를 한참 달려가니 드디어 오후 3시 30분이 지나 베트남의 해안 도시, 베트남전 당시 미군들이 주둔했던 항구 도시 냐짱에 도착하였다.

달랏 동산 위 사원의 대웅전 모습

달랏동산 위에 세워진 황금 붓다상

황금 불상 인근의 와불상

61 냐짱 Nha Trang

고대 8세기경 참파 왕국의 수도였던 냐짱은 항구 도시로 유명하다. 프랑스 지배와 월남전 시 미 최대 군사 항만이 있었던 미군의 최대 휴양지였다. 이곳 해변 모래사장은 약 6km의 광활한 해변으로 태양이 이글거리는 오후에는 반짝이는 모래사장과 멀리 보이는 흰 돛단배, 갈매기 그리고 아득히 밀려오는 파도는 모든 여행객에게 인기 해변이다.

주요 볼거리

냐짱비치 Nhatrang Beach, 담 시장 Dam Market, 보나가참사원 Po Nagar Cham, 탐바 온천 Thap Ba Hot Spring, 냐짱 주변 7섬 투어 등

냐짱의 아름다운 해변

냐짱 해변의 상징 건물

숙소

- 레인보우호텔 Rainbow Hotel

주소 : 10a biet thu

전화 : +84-058-810501

(팬방-개인 욕실, TV, 싱글-에어컨, 개인 욕실, TV, 각종 여행사 및 게스트 하우스 거리 Biet St에 위치하며 시설, 교통, 전망이 용이하다.)

- 선 호텔 The Sun Hotel

주소 : 1 tran quang khai

전화 : +84-058-814428

(선풍기/에어컨, 개인 욕실, 뚜언안 옆 호텔로 경관과 교통이 양호 및 친절하다.)

냐짱 시내 게스트 하우스

냐짱 인접 섬 투어

세부 투어 및 다음 행선지로 가기 위하여

냐짱 시외버스 터미널에 내려 냐짱 게스트 하우스(요금: 25,000동)를 정하고 수영복 차림으로 오픈 투어 버스 여행사로 갔다. 이곳에서 하노이까지는 요금이 33달러이며 베트남 돈으로는 690만 동을 주라고 한다. 이곳은 법정 환율에 의한 금액이 아니다. 나는 33달러를 주고 오픈 투어 버스표를 구입하였다.

내일 밤차로 떠나므로 1일간 이곳에서 투어 할 시간이 있다. 그래서 나는 이곳 냐짱에서 선박으로 냐짱 주변 섬 순례 투어를 하기로 하였다. 내일 일일 투어로 5개 섬 순례 투어 코스를 알아보니 요금이 겨우 8달러로, 매우 저렴하였다. 나는 이를 즉각 구매하고 냐짱 해변으로 갔다. 사람은 많지 않으나 이 해변은 정말이지 멋있었다. 나는 수영복을 입고 물에 들어가 자맥질을 하면서 약 1시간을 보냈다. 광활한 냐짱 해변에서 수영하고 해변의 모래사장을 걸은 후 멋진 카페에서 느긋하게 한 잔을 들이키며 이국의 해변에서 여유를 즐겼다.

아침 8시에 여행사로 가서 미니 픽업 차를 타고 냐짱 외곽 보트 터미널에 도착하였다. 수많은 보트에 수많은 관광객이 냐짱 외곽 섬 투어를 위해 대기 중이다. 이 보트는 세계 각국의 신혼여행을 온 부부 승객들을 태우고 섬 투어를 하는 배다.
8시 30분에 배를 타고 냐짱 앞바다를 2시간 달리니 문(Mun) 섬이 나왔다. 냐짱 앞바다에는 Mieu 섬, Tam 섬, Mot 섬, Tre 섬, Mun 섬 등이 있으며 그중에서 Tre 섬이 가장 크고 문섬이 가장 아름답다고 한다. 문섬에 내려섬으로 입장하는데 1인당 10,000동을 내라 한다. 그리고 섬에서 비치 의자 사용 값이 무려 35,000동이다. 나는 그곳에서 옷을 벗고 이들과 어울려 한동안 문섬의 아름다운 바다에서 수영하였다.

두 번째 섬은 1시간 30분 거리의 mot 섬이다. 이곳에는 입장료가 섬에 내리는 것만으로도 30,000동을 내라 한다.
2시간을 이 섬에서 지내고 다음 섬으로 옮기는 해상에서 선상 점심 파티. 이후 여러 섬과 해상을 누비며 즐거운 한때를 보내고 늦은 오후 다시 냐짱 보트 선착장에 내려 미니버스로 호텔로 돌아왔다. 그렇게 냐짱의 투어를 마치고 저녁 7시 30분에 호이안으로 가는 2층 밤 버스를 타고 하염없이 달렸다. 늘어진 야자 잎 사이로 비치는 달빛 아래 출렁이는 쪽빛 바다, 그 너머로 보이는 해변의 경관은 참으로 환상적이었다. 한참을 달려가니 내가 탄 버스는 드디어 호이안 시에 도착하였다. 이곳은 내가 세 번째 맞이하는 도시다. 나는 호이안의 이곳저곳을 간략히 돌아본 후 한 레스토랑에서 휴식을 하고 바로 밤 버스에 올랐다. 베트남의 역사 도시이며 응우옌 왕조의 찬란한 중부 도시 후에로 가야 한다.

나짱 해변의 고층 건물들

나짱 북변 조용한 해변 도시 전경

나짱 신혼 커플과 섬 투어

호이안 Hoi An

베트남의 중동부 해안 도시 호이안은 16세기부터 동남아시아의 해상 무역에 참여한, 오랜 역사를 가진 유서 깊은 해상 무역도시다. 이 도시는 호이안 강과 투봉Tubong 강이 만나는 해상 도시로 35㎞ 거리의 다낭과 연결되는 해상 무역의 도시다 .
17~19세기에는 인도, 포르투갈, 프랑스, 중국, 일본까지도 해상 무역을 하였던 곳으로, 세계 여러 곳의 문화와 자국 문화가 어우러져 이룩한 특이한 문화가 전해 내려오는 곳으로 세계 문화유산에 등재된 도시다.

주요 볼거리

도자기 박물관 Museum Of Ceramics
8세기부터 18세기까지의 유명한 도자기 및 기타 유물들을 전시해 놓고 있다.
주변 도자기 전시 상가에서는 지금도 베트남은 물론 중국, 태국, 일본, 중동 등으로 수출한다.

호이안 투본 강변의 시가지 전경

기타 볼거리

조주회관, 광동회관 Cantonese Assembly, 전가사당 Tran Family Chaple Old House, 관꽁차옹사원 Quen Cong Chua Ong, 호이안 석제 공장 등이 있다.

가는 방법

다낭–호이안(30km) : 버스 1시간 소요, 오토릭샤 1시간 20분소요
훼–호이안 : 버스 4시간 소요
나짱–호이안 : 버스 12시간 소요

숙소

• 호이포 호텔 Hotel Hoi Pho
주소 : 4, nhi trung
전화 : +84-0510-916380
(싱글, 더블, 선풍기/에어컨, 개인 욕실, TV, 인터넷 등)

• 푸틴 호텔 Phu Thinh Hotel
주소 : 144, tran phu (올드타운의 중앙에 위치, 이색풍인 호텔)
전화 : +84-0510-863631
(더블, 선풍기/에어컨, 개인 욕실)

호이안–후에로 떠나는 오픈 투어 버스

호이안 시가지 전경

베트남의 자랑 호이안 석물 1

베트남의 자랑 호이안 석물 2

63 후에 Hue

후에는 응우옌 왕조가 세운 왕국으로 1945년 바오다이 황제부터 호치민의 혁명 정부까지 총 13명의 황제가 통치했던 유서 깊은 도시다. 호치민 통치 이후에는 베트남전이 발발하여 미군의 공격이 치열하였던 곳으로 후엉Huong 강을 중심으로 신시가지와 구시가지로 나누어져 있으며 신시가지는 베트남의 경제 성장과 같이 많은 빌딩이 들어서고 있다.

주요 볼거리

응우옌 왕조Nguyen Dynasty 성, 깃발 탑Flag Tower, 후에 박물관Hue Museum Of Royal Fine Arts, 퀵훅 국제학교Qac Huk National School, 티엔무 사원Thien Mu Pagoda, 후에 응엔 왕조의 6능 Top 6 Sights

후에의 응우옌 왕조 게이트

응우옌 왕조 Nguyen Dynasty 성

응우옌 왕조성은 응우옌 왕조의 최초 황제인 쟈롱에 의해 통일이 되었으며, 이후 바오다이 황제의 집권 이후 13대 황제가 집권한 곳으로, 이곳에 길이 10㎞에 달하는 거대한 성벽을 쌓아 응우옌 왕조의 통치와 권위를 상징했다.

깃발 탑 Flag Tower

1986년 베트남 공산당이 이곳을 24일간 점령한 것을 기념하기 위해 만든 기념탑이다. 높이는 37m로 베트남에 제일 큰 깃발타워다.

후에 박물관 Hue Museum Of Royal Fine Arts

이곳의 전시물은 주로 응우옌 왕조 시대의 역사와 문화 관련 유적들이다.

퀵혹 국제학교 Qac Huk National School

이 꿕혹 학교는 베트남인들의 우상인 호치민이 어렸을 때 다녔던 학교이다. 현재는 남녀 공학이며 베트남인들이 이 학교에 보내려고 하여 경쟁이 심한 곳이다.

티엔무 사원 Thien Mu Pagoda

티엔무 사원은 1601년에 세운 파고다로서, 사원 입구에 20여 m 높이로 세운 7층 석탑이다. 이 석탑에 오르면 시가지와 흐엉 강이 한눈에 들어온다.

후에 외곽의 응우옌 왕조의 6능
Top 6 Sights

후에 시 남쪽에는 응우옌 왕조 13대 왕조 중 6대의 왕조능이 있다. 이 능들은 중국의 역대 왕조 13능과 같은 형식으로 보존된 곳이다.

이곳의 특징은 첫째는 각 황제의 황후를 기리기 위한 사원을 조성하였고, 두 번째는 전임 황제의 업적 관련 비를 건립한 것이며, 셋째는 황제 자신의 무덤으로 영구히 남기려는 목적이었다. 그 앞에는 정원을 꾸미고 코끼리, 말, 문관, 무관을 석상으로 만들어 세워 놓았다.

응우옌 왕조 시대의 성

먹거리

동남아시아의 먹거리는 쌀과 밀을 주식으로 하므로 밥과 국수가 유명하다. 중국은 미엔파오, 태국은 톰얌꿍, 일본은 라멘, 한국은 냉면, 베트남은 쌀국수다. 쌀국수 중에도 하노이 쌀국수는 흰색에 담백한 맛을 자랑하지만, 이곳 후에의 쌀국수는 향신료와 매운맛의 소스를 첨가하여 한국인이 좋아하는 매콤한 맛이 일품이다. 후에의 대표 음식은 분보훼 Bun Bo Hue 로 퍼보다 가는 면발을 사용하며, 아침에 주로 먹는다. 그리고 한국의 빈대떡과 유사한 반 세오 Ban Xeo 또한 유명하다. 그 외 넴루이 Nem Lui, 반난 Banh Nan, 반록 Banh Loc 등이 우리 입맛에 매우 잘 맞는다.

가는 방법

기차 : 하노이-후에 : 5시간 소요, 버스 : 16시간 소요- 다낭-후에 : 버스 4시간 소요
호치민-후에 : 기차 23시간 소요 / 버스 25시간 소요- 후에-라 오스싸완라겟 국제 버스 : 20시간 소요

숙소

• 호앙흐엉 게스트 하우스 Hoang Huong Guest House
주소 : 46/2 le loi (센트리 호텔 좌편에 위치)
전화 : +84-054-828509
(도미토리, 싱글, 선풍기, 개인 욕실)

• 빈민 2호텔 Binh Minh 2 Hotel
주소 : 45 ben nghe
전화 : +84-054-849007
(싱글, 에어컨, 개인 욕실, TV, 매우 친절하고, 조식 제공)

세부 투어 및 다음 행선지로 가기 위하여

아침 8시에 역사의 도시 후에에 도착하여 모토를 전세 낸 후 시내를 한 바퀴 돌아보았다. 우선 호치민 이전의 응우옌 왕조의 역사가 깃든 성벽 안의 문화유산을 투어했다. 먼저 성벽 안으로 들어서니 베트남에서 가장 큰 깃발이 세워져 있었다. 그리고 다른 성벽 안의 고대 유물과 청사를 돌아보고 기타 지역을 차례로 돌아보았다. 이후 성벽 밖으로 나와 시내를 굽이굽이 돌아 흐엉강 다리 아래 강가에서 한동안 휴식을 하였다. 나는 짧은 후에 투어를 마치고 저녁 7시 30분에 하노이로 가는 2층 침대 버스를 타고 밤새도록 베트남 해변 길을 달려 아침 8시에 베트남의 수도 하노이에 도착하였다.

1986년에 세운 후에의 최고 공산당 깃발

64 하노이 Hanoi

1831년에 투독Tu duc 황제는 이 도시의 지명을 하노이Hanoi로 명명하여 지내오던 중 프랑스의 침략을 받았다. 이후 1945년에 호치민에 의해 독립이 된 후 베트남 북부 수도로 정해졌고, 얼마 지나지 않아 베트남 전쟁을 하게 된다. 1976년엔 호치민에 의해 월남전을 승리로 이끌어 사이공을 평정하였으며 이후 지금까지 통일 베트남의 수도로 새 역사를 이끌어 가고 있는 도시다.

주요 볼거리

호치민 묘소Ho Chi Minh Mausoleum,
호안끼엠호수Hoan Kiem Lake,
성 요셉성당St. Joseph Cathedral,
역사박물관History Museum,
하노이 구시가지,
꽌탄 사원Quan Thanh Temple

하노이 중심가 끼엠호수Kem Lake 전경

베트남의 국부 호치민 묘소Ho Chi Minh Mausoleum

호치민묘소 Ho Chi Minh Mausoleum

베트남 건국의 아버지이며 민족의 영웅인 호치민이 잠들어 있는 묘소다. 그는 죽은 후 화장을 하고 우상화 작업을 거부했으나 베트남인들이 그를 영웅시하여 유리관에 안장하여 우상화한 곳이다. 러시아의 수도 모스크바 크렘린 궁전 앞의 래닌의 묘지보다 그 규모면이나 시설 면에서 훨씬 크게 조성되어 있다. 이 묘지는 1973년 남북 베트남을 통일 후 건립하여 현재 일반에 공개하고 있다.

호안끼엠호수 Hoan Kiem Lake

하노이 시 외곽에는 통킹만이라는 큰 바다가 있고 또한 하노이 중앙에는 베트남인들이 자랑하는 호안끼엠 호수가 있다. 이 호수 안에는 작은 섬이 있고 그곳에 작은 탑이 세워져 있는데, 이는 황금검을 준 거북이의 전설을 기념하여 세운 탑이다.

성 요셉성당 St. Joseph Cathedral

호안끼엠 서쪽으로 도보 5분 거리에 있는 이 성당은 파리의 노트르담성당과 흡사하게 유럽풍 건물로 지어져 있으며 오페라하우스도 있다. 주변은 고급 카페, 레스토랑, 기념품 가게들이 즐비하다.

역사박물관 History Museum

1932년도에 건립된 이 역사박물관은 프랑스가 동아시아 역사와 그 실태를 연구하기 위해 건립한 곳이다. 1956년에 베트남 역사박물관으로 개명하여 선사 시대에서 현대에 이르기까지의 역사 유물과 관련 학술 자료들을 이곳에 전시하면서 박물관으로 사용하였다. 1층엔 고대 푸난 왕조 관련 유물과 베트남 독립 관련 유물, 참파 왕국 관련 유물이 전시되어 있으며 2층에는 베트남의 현대사에 이르는 역사적 유물과 자료들이 전시되어 있다.

하노이 구시가지

하노이의 구시가지는 베트남의 역사와 전통이 살아 숨 쉬는 곳으로, 가전제품, 옷, 귀금속, 불교용품, 제기용품, 가정용품, 약 제품, 관광 상품, 식음료품 등 볼거리가 다양하며 옛 베트남인들의 삶을 엿볼 수 있는 전통의 도시다.

꽌탄 사원 Quan Thanh Temple

꽌탄사원은 하노이시 동북변 호치민 묘소에서 가까운 거리에 있으며, 11세기 초 리왕조 Lee Dynasty 시대에 건립된 사원이다. 이 사원 내부에는 마귀를 물리친다는 팅마천촌이 있다. 이 왕조는 조선으로부터 건너간 이 씨 가문의 혈통을 가진 왕조라고 한다.

기타 볼거리

하노이에서 1시간 30분 거리인 흐엉사원 Perfume Pagoda, 전통공예마을 Traditional Craft Village, 다이사원 Thay Pa Goda.
하노이-하롱베이 1박 2일, 2박 3일 투어 코스와 하롱베이 갓빠섬 투어가 있다.

하노이 끼엠호수 남단 사거리 풍경

가는 방법

하노이-중국쿤밍-베이징을 운행(금요일, 일요일 주 2회)
하노이-배이징 운행(화요일, 목요일 운행, 저녁 18:30분 출발 : 55시간소요)

• 버스
사이공-하노이버스 : 오픈 투어 버스가 요금 면이나 시간 면에서 매우 편리하다.
하롱베이, 하이퐁, 닌빈 같은 근거리 도시 이동은 일반 버스로 가는 것이 유리하다.

숙소

• 하노이 센트럴 호텔 Hanoi Central Hotel
주소 : 끼엠 호수 남단 항박 55번가, 끼엠 호수 인근에 위치함.
(교통과 시장, 상가 거리로 위치가 우수하다.) (필자가 기거한 곳)

• 프린스 55호텔 Prince 55 Hotel
주소 : 55-hang be, 호안끼엠 남쪽 변에 위치함.
전화 : +84-02-9261554
(도미토리-선풍기, 개인 욕실, 싱글, 더블-에어컨, 개인 욕실, 여행사 운영, 게스트 하우스와 도미토리)

끼엠 호수 섬으로 들어가는 다리에서

아름다운 베트남의 자랑 가톨릭 성당

하롱베이 Ha Long Bay

영화 인도차이나 촬영지인 하롱베이는 3,000여 개의 섬이 어우러진 천혜의 비경이며 신비한 해안이다. 1994년도에 세계 문화유산에 등재되었다.

가는 방법

하노이 지아람Gia Lam 버스 터미널이나 낌마Kim Ma 버스 터미널에서 3시간 30분 소요
하롱베이-갓바 : 보트로 3시간 30분 소요

바이짜이 Bai Chay

바이짜이는 어촌으로 호텔, 레스토랑, 카페 등이 한 데 있어 즐기기 좋은 곳이며 바다에 둘러싸인 섬들로 이루어진 곳으로 중국 계림에 버금가는 비경이다.

홍까이 Hon Gai

하롱시의 오른쪽에 위치한 타운으로 천혜의 자연 휴양지이며 하롱베이의 핵심 관광지 갓바로 가는 선착장이 있는 곳으로, 선착장과 많은 선박과 관광객들이 어우러진 선창으로 유명하다.

숙소
· 톰미 호텔 Tom My Hotel
주소 : 2a vuon dao
전화 : +84-033-846834
(에어컨, 개인 욕실, 바다가 보이는 발코니의 경관이 우수한 가족이 운영하는 미니 호텔이다.)

갓바 Cat Ba

갓바 섬은 하롱베이에서 가장 큰 섬으로 투어의 핵심 섬이다. 이곳은 천혜의 경관이며 세기적 관광지다. 호텔, 카페, 레스토랑, 보트 투어, 선상 뱃놀이 등 각종 위락시설이 모두 이곳에 산재해 있다. 뒷면엔 야산이 갓바에는 많은 호텔, 게스트하우스 술집들이 즐비하고 앞으로는 멋진 바다가 아늑히 펼쳐져 있다.

가는 방법

갓 바는 섬이므로 하이퐁이나 하롱베이에서 선박이나 보트를 타고 가야 한다.
갓바에는 3개의 선착장이 있으며 이중 갓바 선착장을 주로 이용한다.

세부 투어 및 다음 행선지로 가기 위하여

아침 8시에 하노이 시외버스 정류장에 도착하여 모토를 타고(요금: 40,000동) 하노이의 끼엠호수 남단 구시가지 중심부인 항박 55번가에 있는 센트럴 호텔 Hanoi Central Hotel (요금: 15달러)에 여장을 풀었다. 하노이의 투어는 비교적 도시 가까이 둘러보기로 하고 그 유명한 하롱베이는 몇 년 전 여행사 투어로 가 본 곳이므로 잠시 추억의 장소만 다녀올 계획을 세웠다. 먼저 호텔 주변의 여행사로 가서 중국 난닝으로 가는 교통편을 알아보니, 기차와 버스로 갈 수 있다고 한다. 기차는 1일 1회 밤 9시에 출발하며, 요금은 55달러란다. 버스는 아침 7시와 오후 8시 30분, 1일 2회 출발하며 요금은 25달러라 한다. 여행사마다 기차는 60달러에서 버스는 35달러를 요구하는 곳도 있었다. 나는 아침에 출발하는 버스표를 구매하였다. 아침 7시 30분에 출발하여 중국 난닝에는 8시간 반이 지나 오후 4시에 도착한다고 하였다.

베트남 하노이- 중국 난닝 국경 넘기

오늘은 국경을 넘는 날이다. 베트남의 수도 하노이는 몇 년 전보다는 매우 발전되었고 도시도 활기차다. 다만 정책 등이 아직은 유연하지 않고 경직되어 민주화된 도시 분위기는 아직도 미흡하다. 다만 내가 머문 하노이 센트럴 호텔은 끼엠 호수 남쪽 중앙부에 있어서 시내 상가와 교통이 매우 편리하고 구경거리도 많고 호텔도 깨끗했다.

아침 7시에 호텔을 나와 모토로 10분을 달려 하노이 시외버스 간이역이라는 곳으로 갔다. 하노이의 Hong Ha Hotel과 Diet Com Bank의 길 건너편에 있는 간이 버스역이다. 7시 30분에 하노이를 출발하여 국경 타운 동당 Dong Dang를 거쳐 요우이보더 Youyi Border를 지나 11시 30분이 되어 우정의 문 Friend Ship Gate에 도착하였다. 1시간여 수속을 마치고 그곳 식당에서 늦은 식사를 하고 휴식을 취한 후 1시 40분에 출발하여 오후 3시 30분에 드디어 중국의 남부 광시성의 성도 난닝에 도착하였다.

국경을 넘는 길은 험준하지 않은 완만한 산악 길이었다. 2차선의 국도는 비교적 잘 조성되어 있었고 하천가에는 색다른 형태의 주택들이 보였으며 산과 들판의 이름 모를 나무와 꽃들은 매우 아름다운 분위기를 보여 주었다. 동네 사람들과 들판으로 지나가는 사람들과 들판의 촌로들은 매우 한가한 여유를 보였다.

중국 II
(Peoples Republic Of China)

➪ 정식 명칭은 중화인민공화국 People's Republic Of China이다. 세계 최대의 인구와 광대한 국토를 가진 나라로, 국토는 남북 5500㎞, 동서로 우수리강과 헤이룽강의 합류점에서부터 파미르 고원까지 5200㎞에 달한다. 북동쪽으로 대한민국·러시아연방, 서쪽으로는 카자흐스탄·키르기스스탄·타지키스탄·아프가니스탄, 남서쪽으로는 인도·파키스탄·네팔·부탄, 남쪽으로는 미얀마·베트남·라오스, 북쪽으로는 몽골·러시아연방과 각각 국경을 이룬다.

➪ 행정구역은 간쑤·광둥·구이저우·랴오닝·산둥·산시山西·산시陝西·쓰촨·안후이·윈난·장시·장쑤·저장·지린·칭하이·푸젠·하이난·허난·허베이·헤이룽장·후난·후베이·타이완 등 23개 성省과 광시장족·네이멍구·닝샤후이족·시짱티베트·신장웨이우얼 등 5개 자치구自治區, 베이징·상하이·충칭·톈진 등 4개 직할시直轄市, 마카오·홍콩 등 2개 특별행정구特別行政區로 이루어져 있다.

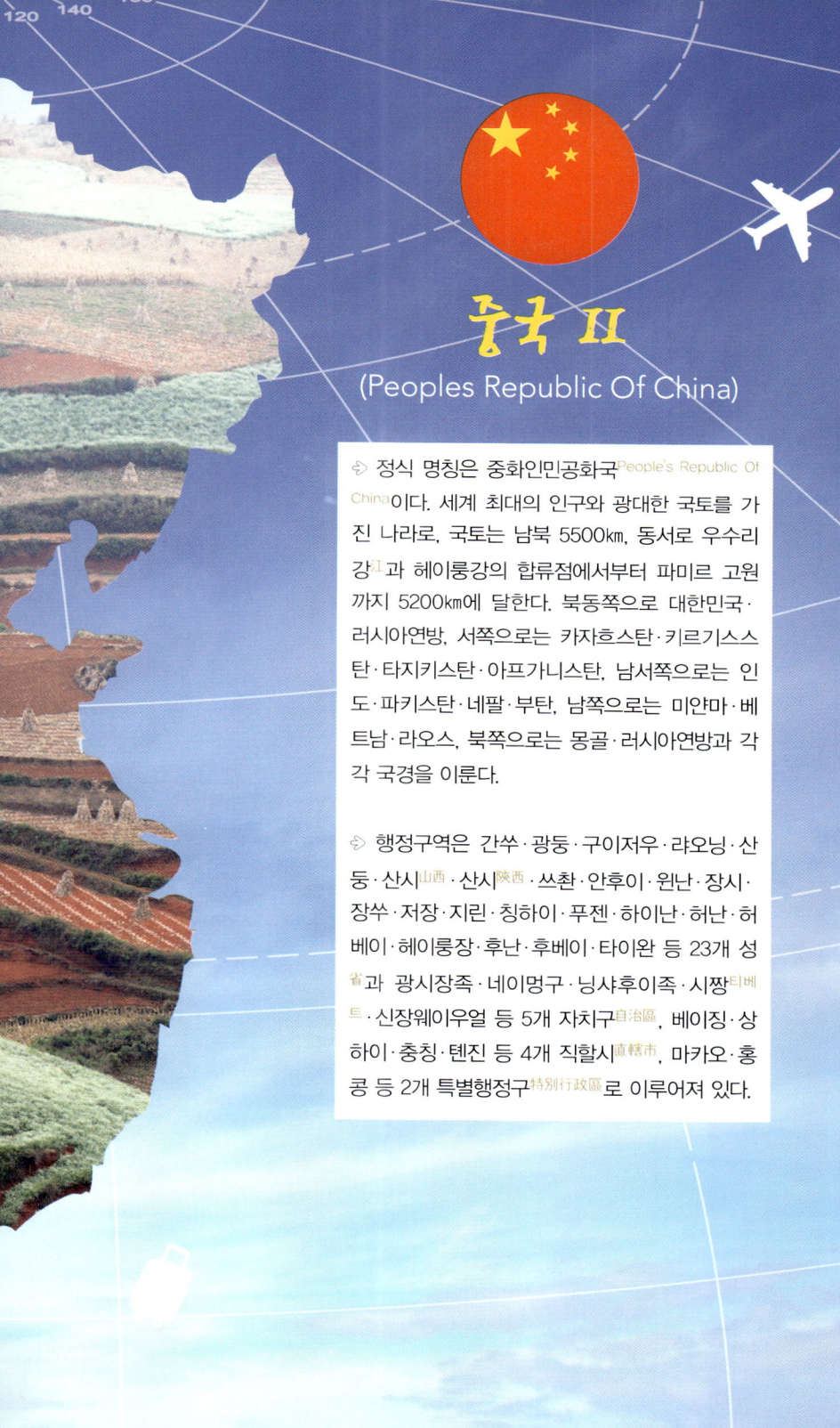

66 난닝 南寧

인구 707만의 도시인 난닝은 호남성의 성도이다. 중국의 최남단 베트남 하노이 북부에 있는 난닝은 홍콩, 마카오, 쿤밍 가까이에 위치하며 장족, 한족, 묘족 등 여러 소수민족이 모여 사는, 꽃 피고 새 우는 215㎢의 면적을 가진 풍요롭고도 아름다운 남부 도시다.

중국 남부 지역의 교통 요지인 난닝은 베트남의 하노이에서 난닝으로 이어지며 구이린, 창사, 우한을 거쳐 북부로는 베이징에 이르기까지 철도와 버스 노선이 잘 발달하여 있는 교통의 요지다.

난닝의 기차역 앞 잉핀반티엔(영빈반점)

세부 투어 및 다음 행선지로 가기 위하여
난닝 시외버스 터미널에 내려 기차역을 찾으니 10분여 거리에 있었다. 나는 기차역 맞은편 길 건너 오른쪽에 대형 호텔인 잉핀반티엔(요금: 250위안)에 독실을 체크인하여 짐을 풀었다. 방이 매우 좋다. 샤워하고 인포메이션 센터에서 관광할 곳과 다음 행선지인 구이린행 여행 방법을 알아보고 난닝 시가지를 두루 투어하였다.

아침 7시에 일어나 호텔을 정리하고 체크아웃을 하였다. 기차역은 바로 길 건너 우측에 있다. 역으로 가니 연휴 기간이라 사람들이 장사진이다. 기차역 입구에서 복잡한 안전 점검을 마치고 베이징으로 가는 특급 열차(요금: 64위안)에 몸을 실었다.
8시에 난닝역을 출발하여 6시간이 걸려, 2시가 되어서야 구이린에 도착하였다. 구이린으로 가는 기찻길 좌우에는 간간이 보이는 기괴한 산들과 기후 탓인지 사탕수수밭이 대지를 뒤덮고 있었다.

중국의 최남단 베트남 국경 도시 호남성의 성도 난닝 전경

67 구이린 桂林

인구 50만의 구이린은 광서성廣西省의 광서장족자치구廣西壯族自治區에 있는 세기적 관광지이며, 많은 여행객이 가 고파 하는 지역이다. 꿈의 여행지로서 계림은 천하제일이란 뜻으로 계림산수갑천하桂林山水甲天下라 자랑하는 곳이다.

구어린은 중상루Zhongshan Lu를 중심으로 기괴한 산들과 굽이쳐 흐르는 강이 어우러져 비경을 이루고 있는 이상향의 도시다. 그러나 천연 자연의 이 아름다운 산수도 현대의 도시화 흐름에 영향을 받아 서서히 현대화 문명의 그림자가 드리워지고 있다.

주요 볼거리
치싱공원칠성공원七星公園, 루디옌호적암芦笛岩, 이강보트 투어, 정강왕성, 칠성암, 복파산, 상비산, 종류동굴, 시량산, 두슈펑독수봉独秀峰, 구이린시 등

구이린 기차역 전경

세기적 문화유산 구리인 이강의 전경

치싱공원 七星公園

이 공원의 크기는 137km²로서 공원 내에는 7개의 산봉우리가 있는 곳으로 중국 제1의 공원이다. 수나라 때부터 이곳을 가리켜 하늘에 북두칠성이 있다면 땅에는 칠성공원이 있다고 자랑하는 곳이다. 특히 월아산에 오르면 구이린이 한눈에 들어오며 자연 수목과 함께 원숭이들이 뛰노는 풍광도 감상할 수 있는 멋진 공원이다.

가는 방법
10, 11번 버스로 간다. 공원 내에서는 58번 셔틀버스가 무료로 푸뽀산과 띠에차이산으로 다닌다.
입장료 : 80위안

루디옌 芦笛岩

루디옌은 동굴 광물인 종유석과, 석순이 비취 등이 환상적인 태고의 지하 동굴로 이루어진 특이한 곳이다. 이곳은 미국의 전 국무 장관인 키신저가 이곳을 방문하고 매우 환상적인 시적인 동굴이라고 칭송한 곳이다.

가는 방법
3번, 58번 버스가 간다.
요금 : 80위안

이강 보트 투어

구이린에서의 가장 인기 있는 관광 코스는 이강 보트 투어다. 상비산 앞 선착장에서 보트를 타고 이강을 따라 양쉬 陽朔에 이르는 5시간 코스(83km)는 정말이지 신비의 극치며 중국인들이 자랑하는 천하제일이며 환상적인 비경이다.

가는 방법
시내에서 버스나 택시, 모토를 타고 선착장으로 가거나 각 호텔에서 예약하면 무료 픽업해 준다.
요금 : 400~1,000위안으로 선착장마다 여행사마다 선박 승선 요금이 다르며, 매우 비싼 요금이다.

교통편
구이린은 기차나 버스로 갈 수 있다. 근교의 귀양, 남영, 광주 등에서 가는 교통은 매우 잘 이루어져 있다.

숙소
• 플라워 유스 호스텔 Flower Youth Hostel
주소 : 중산 中産남로 南路 상 上지 地6호2
(도미토리, 싱글) (필자가 기거한 곳)

칠성공원 정상의 팔각정에서

세부 투어 및 다음 행선지로 가기 위하여
구이린 기차역 맞은편 골목 뒤를 돌아 Flower Youth Hostel을 찾으니 골목길 2층에 있었다. 유스 호스텔 카드를 보이고 에어컨이 있는 독실을 70위안으로 얻었다. 나는 호텔 방에 비해 저렴한 금액으로 만족하였다. 이곳에 머물면서 그 유명한 구이린 관광을 할 계획이다. 400위안에서 1,000위안까지 하는 이강 투어 비용을 이 호텔에서 배낭여행객을 위한 투어로 250위안에 같은 코스 같은 배로 한다니 무척 다행이다. 이곳 구이린은 음식값도 저렴하고 물가도 매우 저렴하다.

아침 8시에 이강 투어 픽업 차가 왔다. 여러 호텔의 승객을 모아 9시 30분에 선착장에 도착하였다. 그곳엔 이미 다른 팀들이 와 있었다. 4, 50여 명이 함께 승선하였다. 맑은 이강의 굽이쳐 흐르는 물결을 따라 내가 탄 대형 선박도 흘러갔다. 형형색색의 기기묘묘한 바위산들이 선을 보이기 시작하면서 이강의 풍광은 변화무쌍하였다.

멀리 강변엔 어부들이 고기잡이에 한창이다. 빨래하는 아낙들은 선박이 지나가면 손을 흔들며 인사를 한다. 우린 또 답례한다. 어떤 곳엔 물소떼들이, 다른 곳엔 자맥질하는 오리 떼들도 훈수를 둔다. 그러면 어느새 색다른 산들이 즐비하게 나와서 인사를 한다. 멀리 보이는 기괴한 바위산 위로 한가로이 떠 있는 뭉게구름이 우리를 맞이한다. 어느새 이강의 물줄기는 커졌다 작아졌다를 반복하더니 큰 강물이 되어 유유자적 넉넉함을 자랑한다.

12시가 되니 선상에서 진수성찬의 식사를 무료로 제공한다. 흐르는 강물을 바라보며 먹는 색다른 해산물은 또 다른 묘미였다.

한참 신이 나서 사진을 찍고 있는데 한 여행 안내원이 중국 돈 20위안짜리를 보이며 우측 산허리를 보라고 한다. 돈에 새겨진 이강의 산들이 있는 바로 그 자리다. 돈에 새겨진 산과 이강의 뒷산이 일치한다. 모두가 박수를 친다. 아, 이런 것이 여행의 묘미가 아닐까.

지상에서 이강 투어만큼 아름다운 곳이 없다더니 정말 멋지고 환적적인 이강투어를 9시 30분에 시작하여 오후 2시가 되어서 꿈결 같은 투어를 마치고 또 다른 관광 명소인 양쉬 선착장에 내렸다. 모두가 양쉬陽朔의 아름다운 시내와 이강과 어우러진 기기묘묘한 아름다운 산들을 바라보며 넋을 잃는다.

이강 선착장 전경

굽이쳐 흐르는 이강과 아름다운 계림의 산수들 1

굽이쳐 흐르는 이강과 아름다운 계림의 산수들 2

중국 301

68 양쉬 陽朔

양쉬는 구이린에서 버스로 두 시간, 이강 뱃길은 4시간 반이 걸리는 거리로, 이강 하류에 위치한 인구 약 40만의 도시다. 이 도시는 외국 관광객들이 언제나 모여드는 인기 관광 도시다. 또 다른 양쉬의 특징은 밤 문화를 즐길 수 있는 곳이다. 그리고 호텔, 게스트 하우스가 즐비하며 이곳에서 구이린으로 가는 버스가 많아 늦은 밤에도 구이린으로 갈 수 있는 인접 도시다.

계림산수를 감탄하는 세계 관광객들

양쉬 시랑산에 올라서 본 양쉬 시 전경

비랜펑, 공원 및 시랑산

이곳은 양쉬와 리지앙을 한눈에 볼 수 있는 아름다운 곳이다. 30여 분이면 오를 수 있는 양쉬 공원과 서쪽에 위치한 걸어서 5분여 거리에 있는 시랑산서랑산西郎山은 꼭 가 보아야 할 비경이다.

롱터우龍頭山

양쉬 시가지 북쪽에 위치한 이 산은 양쉬와 이강을 북쪽에서 내려다보는 또 다른 풍광을 자랑하는 유명한 산이다.

숙소

양쉬에는 호텔이 널려 있지만, 비교적 요금이 조금 비싼 편이다. 인근 지역으로 가면 매우 저가의 숙소를 구할 수 있다.

세부 투어 및 다음 행선지로 가기 위하여

이곳 양쉬는 주변 경관이 매우 아름답다. 형형색색의 아름다운 거리와 시장 그리고 상점들과 레스토랑, 바 등이 어쩌면 그렇게 아기자기할까. 참으로 매력적인 거리다. 공원을 한 바퀴 돌아본 후 시랑산으로 올라갔다. 산은 가파르나 20여 분 올라가니 정상이다. 이곳에는 주변의 아름다운 여러 산과 양쉬 시가지와 이강이 한데 어우러진 양쉬의 전경이 한눈에 들어오는 장소다. 비랜펑 공원으로 와서 좌편으로 10여 분을 걸어가면 시랑산서랑산이 나온다. 크게 높지도 않은데 이 산에 서면 양쉬와 이강과 주변의 산들과 운해가 한눈에 들어온다. 정말 멋있고 아름답다. 대부분 사람들은 이곳에서 2~3일 쉬면서 조용한 강변의 운치에 취한다고 한다.

저녁 8시에 구이린행 버스를 타고 호텔로 돌아오니 저녁 10시다. 두 시간이 걸렸다. 오는 길 좌우에는 물이 많은 고장이라 나무와 수풀이 무성하였고, 지역 빌딩과 박물관, 국가 기관들이 있었으며 부촌으로 보인 평온한 도시 주변의 정경이 아름다웠다.

아침 6시 30분에 칠성공원으로 가는 버스를 타고 30분을 달려 7시에 도착(입장료: 80위안)하였다.

칠성공원에 들어가니 처음부터 공원 좌우로 흐르는 강 위로 아치형의 아름다운 다리가 있다. 이를 건너 안으로 들어가 이곳저곳을 돌아보았다. 특히 칠성산에 올라 정자에서 바라보는 구이린 시가지와 인접 산봉우리들과 흐르는 강은 한 폭의 산수화다. 주변의 경관은 참으로 비경이었다.

특히 하늘에 북두칠성이 있다면 칠성공원엔 7개의 산봉우리가 있다고 자랑하는 중국인들의 말이 거짓은 아닌 듯했다.
아래로 내려오니 공원 여러 곳의 광장에는 수많은 시민이 아침 체조와 걷기를 하면서 심신을 단련하고 있었다. 보기가 좋았다.

나는 이곳저곳을 돌아보고 그 유명한 월아산을 올라갔다. 가는 길에 등산객을 만나 나도 월아산 한 바퀴를 같이 등산하였다. 칠성공원은 참으로 공원 중의 공원이었다.

이후 호텔로 돌아와 향후의 나의 여행 계획(코스: 창사-장가계-악양-무한-남경-소주-양주-곡부-태산-청도-한국)에 대하여 관련 정보를 수집 정리하였다. 이 코스에는 중국의 역사가 녹아 있고 수많은 송대의 문인들이 읊은 시성이 살아 있으며 중국 하천의 정수를 볼 수 있는 쑤저우와 중국의 정신이 살아 있는 공자의 아성인 취푸^{곡부} 사당과 중국인들의 희망이며 이정표인 태산이 있는 곳이다.

11일 저녁 9시에 구이린 기차역으로 가서 9시 30분 기차에 몸을 실었다. 중국대평원의 중앙 무대인 창사까지는 9시간 반이 걸리는 길이다. 날이 새도록 북쪽으로 중국의 대평원을 달렸다. 나는 드디어 다음 날인 12일 아침 7시에 대 중국의 중앙 무대인 창사^{장사長沙}에 도착하였다.

양쉬 시가지 전경

69 창사 長沙

2,000여 년의 고색 찬란한 역사를 지닌 후난성호남성湖南省의 창사는 인구 약 125여만 명이 사는 중국의 중앙 남부에 있다. 특히 이곳에 있는 샤오산소산韶山은 마오쩌둥모택동이 청년 시절에 이 산을 오르내리며 웅비의 꿈을 키워온 곳으로 유명세를 타고 있는 멋진 산이다. 이곳 창사의 주변에는 중국 도교의 성지인 형산이 있고 인접 지역엔 세기적 관광지 계림과 장가계, 그리고 북변의 악약루 등이 있는 역사의 도시다.

열사공원 중앙로 거리 전경

창사 기차역 전경

마왕퇴한묘 馬王堆漢墓

마왕퇴한묘는 전한 시대의 장사국長沙國의 재상과 그의 가족이 묻혀 있는 묘지다. 출토된 유물은 후난성 박물관에 전시해 두고 있다.

악록산岳麓山 공원

악록산 공원은 창사 서쪽 변 290여 m 산 주변의 공원으로, 이곳에는 유명한 안록서원이 있고 불교 사원으로 녹산사麓山寺가 유명하다. 그리고 이곳의 망상정望湘亭에 오르면 창사가 한눈에 들어온다.

가는 방법

기차역 앞에서 10, 14버스로 간다.

숙소

• 모태연경여점某泰連鏡旅店
주소 : 오일대도로 77호
전화 : +86-815-777

• 태성대주점泰成大酒店
주소 : 처잔중로 309호
전화 : +86-217-9999

세부 투어 및 다음 행선지로 가기 위하여

아침 7시에 창사 기차역 밖으로 나와 배낭을 물품 보관소(요금: 15위안)에 맡긴 후 장자제張家界 행 밤 10시 25분 기차표(요금: 55위안)를 구입하였다. 그리고 역전에 있는 168번 버스를 타고 30여 분을 달려 사오산에 있는 여산공원에 도착하였다. 이 사오산은 비록 270여 m로 낮은 곳이나 작은 봉우리 7개가 있어 이를 굽이굽이 돌아서 올라가므로 매우 긴 코스다. 약 1시간 30여 분이 걸려 산에 올랐다. 산꼭대기에는 자그마한 누각이 있었고 군부대가 주둔하고 있었다.

모택동이 어렸을 때 이 산을 자주 올랐다니 7개의 작은 산봉우리를 굽이굽이 돌아 오르면서 그는 이때 먼 훗날의 치국평천하를 상상하고 있었을까? 주변을 살펴 보았다. 마지막 종착 지점에는 누각이 있었고 이 망상정에서는 창사시가지가 한눈에 들어왔다. 그리고 그곳을 오르내리는 전동차를 타고(요금: 20위안) 산에서 내려왔다.

열사 공원의 열사 기념탑

이후 106번 버스로 장강변의 카이프 신도시를 투어하고 장사의 호프 열사공원으로 갔다. 창사 시 중앙에 위치한 이 공원에는 신해혁명 당시 참여했던 애국 투사들의 명단과 사진이 전시되어 있었고, 이들을 추모하는 대형 중앙탑은 하늘을 찌를 듯이 서 있었다.

이후 한동안 이 도시를 둘러보고 밤 11시에 장자제張家界로 출발하였다. 물론 무거운 나의 배낭은 이곳 창사 기차역 물품보관소에 맡겨둔 채 홀로 가벼운 마음으로 떠났다. 밤 기차는 평원을 그렇게 밤새도록 달려 다음 날 아침 5시에 장자제 기차역에 도착하였다.

모주석이 젊은 시절 자주 등반했던 사오산 입구

사오산 공원 정문 모습

중국 309

70 장자제 張家界

장자제는 삭계욕索溪峪, 천자산天子山과 함께 후난성의 자연 관광 풍광구다. 후난성 서북부의 3,000여 개의 기괴한 산봉우리에 800여 물줄기로 이루어져 있는 중국삼경(계림, 구채구, 황산)으로 이를 두고 중국인들은 천하제일의 비경이라 자랑하는 곳이며, 세계 문화유산으로 등재된 곳이다. 특히 신선이 노닌다는 최고의 풍광은 남천일주이며 이는 천하제일의 비경이며 한 폭의 산수화다.

1, 2, 3지구장자제지도
천하제일 장자제전경

가는 방법
기차 : 창사-장자제 6시간 소요(요금: 55위안)
버스 : 창사-장자제 4시간 30분 소요(요금: 65위안)

숙소
• 교통빈관交通賓館
전화 : +86-571-8188
(저렴한 숙소들은 상운산장을 비롯하여 장자제 입구에 즐비하다.)

세부 투어 및 다음 행선지로 가기 위하여
캄캄한 새벽 5시에 장자제 역에 내려 장자제 중산 중앙 공원으로 가는 버스를 탈 수 있었다. 버스 요금도 지역민은 2위안이나 나에게는 12위안을 받았다. 드디어 세기적으로 유명한 이곳 무릉원에 도착하여 매표소에 갔다. 입장료는 245위안이나 할인하여 165위안을 주고 표를 샀다. 나는 드디어 여러 사람의 틈에 끼어 천하 제1의 비경의 문을 두드렸다.
일차 장자제 입구에서 우람한 산봉우리들의 행렬로 이어진 크고 긴 기기묘묘한 바위산 계곡 아래로 흐르는 실개천을 따라 들어갔다.
이후 주변을 둘러보니 기괴한 산들과 늘어진 갖가지 나무들, 그리고 군데군데 모여 있는 물웅덩이와 소로 사이로 들리는 산새들의 노랫소리와 물소리까지 냇가를 따라가는 길은 비경이요, 선경이었다.
제1 지구 2풍광구로 가는 길은 1풍광구 정자 지역 인근으로 다시 돌아가 우측의 가파른 산길을 따라 올라가는 길과 버스를 타고 엘리베이터로 올라가는 외곽 길로 가는 방향 중 하나를 선택해야 한다. 버스를 타고 가는 길은 엘리베이터를 함께 타고 가지만 우회로를 따라 돌아가는 길이며 요금은 95위안이다.

드디어 그 높은 산꼭대기에 오르니 기기묘묘한 수많은 바위산이 어울린 그 아름다운 곳으로 운무가 깔리니 정말이지 선경 중의 선경이다. 이런 곳은 전 세계에서 어디에도 없을 것이다. 수많은 사진을 찍으면서 경관을 즐겼다. 그런데 이러한 산들이 수십 리 아니 수백 리를 이렇게 이어져 있다니, 이를 제대로 투어 하려면 일주일도 부족해 보였다.

장자제공원열쇠

적어도 2일이나 걸린다는 1, 2풍광구를 그렇게 정신없이 둘러보고 가파른 산봉우리를 굽이굽이 내려오는데, 무려 2시간도 더 걸려 내려왔다. 그곳에서 공원에서 운용하는 전동차를 타고(요금 : 60위엔) 내려와 또 공원 버스를 타고 내려왔다. 그러고선 마지막으로 기차역으로 오는 버스를 탔다. 역시 큰 산을 쉽게 보아서는 안 된다는 교훈을 얻었다. 이어서 기차역에서 저녁 7시 25분에 창사로 가는 밤 기차(요금: 95위안)를 타고 아침 6시에 창사에 다시 도착하였다.

이른 아침 창사 기차역에서 내려 다음 코스인 웨양으로 가는 7시에 시니어 기차표를 구매(요금: 23.50위안)하였다. 2시간을 달려 아침 9시에 웨양 기차역에 도착하였다.

낯선 지역에서의 여행 시 고려사항
수칙 1 : 목적지로 가는 교통수단이 있으면 무조건 구매해야 한다 : 다음 교통편이 언제 있을지 믿지 못한다.
수칙 2 : 식사는 조금 이르더라도 보이면 해야 한다 : 굶을 수도 있기 때문이다.
수칙 3 : 화장실은 보이는 대로 사용해야 한다 : 화장실이 없거나 찾아가기 힘드니까

제2풍경구 산봉우리의 절경

장자제의 멋진 심볼 촛대 바위

웨양 岳陽

웨양악양岳陽은 후난성 북부에 있는 작은 도시로, 창사와 우한의 중간 지점에 있다. 웨양은 그 유명한 중국의 시성 두보의 등악양루登岳陽樓로 불리고 있는 시, 문학의 고장이다.

중국3루 중 하나인 악양루 전경

악양루 입구의 그림 같은 시구의 전경

악양루岳陽樓

717년 당唐재상인 장張이 악양루岳陽樓를 조성하였으나 이후 소실되어 청나라 때 복원된 곳이다. 창사의 악양루는 무한의 황학루黃鶴樓, 남창의 등왕각滕王閣과 함께 중국 3대 명루다. 악양루의 높이는 3층으로 못 없이 건축된 건물로 유명하다. 양악루에는 시인 범중엄范仲淹의 작품인 명시 악양루기岳陽樓記가 걸려 있다. 이곳엔 선매정仙梅亭과 삼취정三醉亭이 있으며 악양루의 3층 꼭대기에 오르면 확 트인 강변의 전경이 매우 아름답다.

가는 방법

기차 : 악양–장사 2시간 소요 / 악양–무한 3시간 30분 소요

버스 : 의창–무한 6시간 소요 / 무한–악양–장사–6시간 소요

배 : 중경–장강 삼협–악양으로 갈 수 있다.
악양–중경 : 105km, 60시간 소요

자씨탑慈氏塔

자씨탑은 7층 높이로 39m이다. 이는 당의 위지에 의해 건축되었으며 동정호에 출몰하는 귀신을 쫓아내려고 조성하였다는 전설의 탑이다.

군산君山

군산은 동정호에 있는 섬을 말하며 선착장에서 보트로 30분이 걸리는 거리다. 이곳에는 대나무가 많으며 대나무에는 검은 점들이 박혀 있어 특이한 대나무로 유명하다. (요금: 250위안)

등악양루登岳陽樓 : 악양루에 올라/두보
석문동정호昔聞洞庭湖 : 그 옛날 동정호에 들렀으되
금상악양루今上岳陽樓 : 이제야 악양루에 올라보니
오초동남탁吳楚東南坼 : 오吳와 초楚는 동남쪽으로 떨어져있고
건곤일야부乾坤日夜浮 : 하늘과 땅은 밤낮으로 뜨누나
친붕무일자親朋無一字 : 친한 벗은 일자 소식도 없고
노병유고주老病有孤舟 : 늙어 가는데 고독한 빈 배만 남았구나
융마관산북戎馬關山北 : 군마는 북녘 산에 있으니
빙헌체사류憑軒涕泗流 : 뜨락에 기대어 눈물을 훔치노라
출처–배상일 저,《배낭여행 중국》225쪽

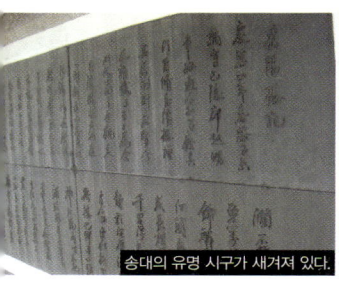
송대의 유명 시구가 새겨져 있다.

악양루에 걸려 있는 최고의 걸작 시 구

시를 쓰면서 유유자적했던 툇마루

숙소
• 악주반점
주소 : 기차역 맞은편에 위치

• 악양빈관
주소 : 악양루 입구 도로변에 위치
(동정호가 눈 아래 보이는 A급 호텔)

세부 투어 및 다음 행선지로 가기 위하여
아침 9시에 웨양에 도착하여 물품 보관소에 10위안을 주고 배낭을 1일간 맡겼다. 홀몸에 지팡이만 들고 다니니 매우 편하다.

기차역 앞에서 10번 버스를 타고(요금: 2위안) 20여 분을 가니 강변에 멋진 악양루가 있었다. 입장료는 85위안이었다. 안으로 들어가니 중국 시골서 온 여러 사람으로 가득했다. 악양루에 올라 그윽한 눈으로 길게 펼쳐져 하염없이 흘러가는 동정호의 강물을 내려다보니 그 옛날 시인들의 시성이 저절로 떠올랐다. 악양루 곳곳에는 그 시절의 유명한 시인과 시들이 여러 돌과 석면에 새겨져 있었다. 나는 이를 보기 위해 수천 리 길을 온 것이다.

악양루 앞으로 탁 트인 동정호의 강물을 바라보니 문외한인 내가 보아도 절로 시상이 떠오른다. 악양루 아래로 일렁이는 강물과 그 위를 유유자적 떠다니는 흰 돛단배, 점점이 멀어져 가는 먼 산 위의 바위 언덕 그리고 강물 위를 넘나드는 흰 물새들…

그 옛날 당나라의 재상인 장張이 억울한 모함으로 관직을 버리고 이곳에 낙향하여 이 거대한 루를 짓고 3층에서 유유히 흘러가는 동정호의 물결을 바라보며 무엇을 생각했을까? 생각하며 먼 하늘을 우러러 보았다.

> **악양루에서**
> 송대의 강물은 지금도 흐르는데
> 그때의 기라성 같았던 시인들은 다 어디 가고
> 주옥같은 시구만 이곳에 남았느냐
> 그때의 산과 강물은 지금도 유유자적한데
> 외, 그날의 호걸들은 보이지 않느냐
> 아! 세월이여, 세월의 무상함이여

악양루에 걸려 있는 두보의 걸작 시구

악양루에 걸려 있는 신선 같은 천녀를 보고

악양루는 동정호의 허리 부분의 멋진 언덕배기에 자리 잡고 있다. 이 동정호(2,740km)는 중국의 5대 담수호 중의 하나다. 5대 담수호는 중국의 장강 중앙 하류 지역에 있는 파양호(3,960km), 장강 삼각주의 태호(2,338km) 그리고 회해 유역에 있는 홍택호(2,069km)와 인접 지역에 있는 소호(769km)이다. 나는 중국의 3대 루의 하나인 그 아름다운 악양루 투어를 마치고 밖으로 나와 166번 버스로 타고 기차역으로 가니 우한으로 가는 급행열차는 악양 동부에 새로 지은 기차역으로 가라고 한다. 다시 택시를 타고 30여 분을 달려 도착하여 보니 새로 지은 창사 동부 기차역은 최신식 역으로 건축하여 웅장하였다. 14시 정각에 창사에서 우한으로 출발하는 네오Neo 쾌속 열차(2등 좌석 요금: 99위안)가 있었다. 이 쾌속 열차는 시간당 300km로 달린다. 그러나 실내는 찻잔이 흔들리지 않는다. 중국의 쾌속 열차 기술 수준이 대단하였다. 차창 밖으로 지나가는 대지는 한 폭의 산수화였다. 일반 기차로 6시간 걸린다는 거리를 단 50분 만에 주파했다. 매우 빠르고 명쾌하였다. 드디어 나는 머나먼 중국의 중원 길을 달려 중국 대지의 중앙 무대인 우한에 도착하였다.

악양루에서 동정호를 바라보니 시상이 절로 나온다.

우한 武漢

후베이성호북성湖北省의 성도인 우한무한의 인구는 700여만 명으로, 면적은 4,480㎢이며 한구, 무창, 한양이라는 3개 도시로 이루어진 대도시다. 중국 대륙의 중앙으로 흐르는 장강長江과 중국 최대 똥후 호수와 함께하는 중원의 핵심 도시이며 교통의 요지이다. 이 도시 인근에는 세계 최대 장강 3협의 댐인 싼샤아따빠가 건설된 곳으로도 유명하다. 특히 장강 변의 서산 정상에 우뚝 선 5층 높이의 황학루는 강변의 비경은 물론 중국의 시문학을 대표하는 중국인들이 자랑하는 멋진 곳이다.

주요 볼거리
황학루, 우한 장강대교長江大橋,
똥호우동호東湖,
창춘꾸안장춘관長春館,
후베이성 박물관

거북과 코브라를 밟고 고고히게 서 있는 한 쌍의 황학

중국3루 중 으뜸인 황학루 / 뒤쪽에서 바라본 황학루

가는 방법

기차 : 베이징(18시간), 광주(16시간)의 성도 남창, 의창, 청도로는 매일 출발하는 교통 요지다.

버스 : 무창역 맞은편에 위치한 장거리 버스는 내륙 어느 곳이든 갈 수 있다.

황학루

황학루는 중국 3대 명루 중 으뜸이며 삼국시대 223년에 건립된 5층 건물이다. 황학루는 악양의 악양루, 남창의 등왕각과 함께 중국 3대 명루로 이름 높다. 특히 황학루에 오르면 중국 최고의 시구인 최호의 황학루가 걸려 있으며 밖을 내다보면 장강과 우한 시가지가 한눈에 들어오는, 실로 그림 같은 도시다.

가는 방법

401, 402, 411번 버스로 간다.

요금 : 80위안

장강대교 長江大橋

우한의 장강대교는 1957년도에 건설되었으며 귀산과 사산을 연결하는 대교이다. 길이는 1,670m이며 2층 구조다. 2층엔 자동차와 사람이 통행하며 1층엔 기차가 통행하는 대교다.

똥호우 東湖

똥호우는 33㎢ 크기로 무창 동부에 있는 중국 최대 호수다. 특히 청도 풍경구에는 굴원 기념관이 유명하며, 동호는 황학루와 함께 빼어난 경관으로 중국의 유명 시인들이 몰려드는 곳이다.

황학루에서 바라본 장강다리 전경

동호의 거대한 전경

장강대교 전경

장강대교 강변 공원 조형물

창춘꾸안 長春館

장춘관은 무한에서 유명세를 타고 있는 도교 사원으로 유명하며, 주변에 많은 식당과 카페가 있어 관광 및 휴식 공간으로 이색적인 곳이다.

가는 방법

무한 버스 정류장에서 441, 401, 402번을 타면 쉽게 접근할 수 있다.
이용 요금 : 40위안

숙소

• 심로자국제청년여사 深路者國際靑年旅舍

주소 : 무창구중산루 368호
전화 : +86 (27) 8884-4092
(필자가 기거한 곳)

황학루 黃鶴樓 / 최호 崔顥

석인이승황학거 昔人已乘黃鶴去 : 옛사람이 이미 황학을 타고 떠났는데
차지공여황학루 此地空餘黃鶴樓 : 지금 여기엔 빈 황학루만 남았구나
황학일거불부반 黃鶴一去不復返 : 한번 떠난 황학은 다시는 오지 않고
백운천재공유유 白雲千載空悠悠 : 흰 구름만 천 년을 두고 유유히 흐르누나
청천력력한양수 晴川歷歷漢陽樹 : 맑은 강물엔 한양의 나무들이 은은히 비치고
방초처처앵무주 芳草萋萋鸚鵡洲 : 봄날의 들풀은 앵무섬에 무성한데
일모향관하처시 日暮鄕關何處是 : 해는 지는데 고향은 어드메뇨
연파강상사인수 煙波江上使人愁 : 강변의 밤안개는 시름에 잠기게 하는구나.

출처-[네이버 지식백과] (한시어사전, 2007.7.9 국학자료원)

강변에서 바라본 황학루의 전경

세부 투어 및 다음 행선지로 가기 위하여

나는 우한(무안) 기차역에 내려 다동문에서 십자로 사거리 서쪽 방향 811번 버스를 타고 10분 만에 국제 청년 여사에 도착(요금: 60위안)하여 여장을 풀었다. 이곳에 오니 마음이 놓인다. 친절하고, 편안하고, 저렴하고, 정보가 많으니까.

호텔 앞에서 중국인 일행과 버스를 타고 (요금 : 2위안) 우한 박물관에 갔다. 입장료는 무료이다. 구조는 4층 본 건물과 좌우로 부속 건물로 되어 있었다. 본 건물에 들어가니 4층 구조이다. 1층에는 고대 전시물이 2, 3층에는 청동기 시대 우한에서 출토된 것과 인간의 변천 과정, 최초 인간, 그리고 무덤 속의 시체 위에 특별한 색소의 돌가루 등을 뿌려 부패하지 않도록 하였고 원시인들의 생활상과 동물의 스트럭처 등을 전시하였다. 이 박물관은 우한 시에서 시민 교육 차원에서 무료로 운영한다고 하였다.

아침 6시에 호텔 앞 큰길에 있는 방시지아 버스 정류장에서 717번 버스를 타고 다섯 번째 정거장에서 내려 장강 쇼핑몰을 지나 황학루 쪽으로 걸어갔다. 묻고 물어 10여 분 걸어가니 거대한 장강변 서산정상에 우뚝 솟은 5층 높이의 황학루가 보인다. 참으로 웅장하다. 그 옛날 송대 시절에 어떻게 그런 누각을 지었을까. 놀라지 않을 수가 없었다.
입장료는 80위안이다. 누각은 1층 바닥의 기초 위에 5층 누각이 장강 강변의 서산 정상에 우뚝 서 있다.

황학루에 올라서 바라본 황학루와 우한 시 전경

1층에는 악양루의 누각과 같이 대표적인 시구가 걸려 있었고, 2층부터는 천하 제1의 풍광답게 청산 명월이며, 유명 시구며, 일월성신이며, 갖가지 풍류가 넘쳐나는 한시와 산수화가 우리를 유혹한다. 무릉도원에 빠져든 옛 선인들이 장강 변의 자연에 어울려 만단설화 하는 장면들이 새겨져 있었다. 4층에는 송대의 대표 시인 이백, 백거이, 왕세정, 이태백 등 15명의 이력과 이름이 새겨져 있었으며, 5층에는 국기 관련 음양과 태극 문양, 황학의 자연 풍광과 시구들로 가득히 새겨져 있었다. 무엇보다 황학루 입구의 백탑에 이어 황학루 입구의 황학 두루미 암수 한 쌍이 천 년을 산다는 거북과 코브라 뱀을 짓밟고 도도히 서 있는 그 늠름한 모습이 매우 훌륭하고 인상이 깊었다. 천하 제1이라는 황학루와 건너편 언덕에는 황학루를 알리는 대형 자명종이 걸려 있었고 그 뒤로 중국 제1이라는 누각이 있었다. 이 누각 안에는 그 당시 유명한 문필가들의 주옥같은 시구 액자가 여러 점 걸려 있었다. 정말이지 황학루는 우한의 자랑이며 중국의 보물이라 하지 않을 수 없었다.

다음으로 장강대교를 건너기 위해 황학루 아래로 걸어가 장강을 건너는 배에 승

우한의 유명한 국립박물관

선(요금: 5위안)하였다. 유유히 흐르는 장강을 가로질러 약 20여 분 만에 강을 건넜다. 그곳에서 다시 주변 시내를 한동안 투어하고 402번 버스를 타고 돌아왔다. 오후에는 여행사로 찾아가 난징 가는 쾌속 열차표(요금: 170위안)를 구매하였다. 요금이 제법 비싼 편이다. 그래도 3시간 후면 난징까지 간다니 무척 기분이 좋다.

저녁 6시에 정들었던 우한을 출발하여 평균 200㎞로 달린다. 이 중원을 여행하는 목적 중 하나는 중국 강남의 3루인 송 대의 유명한 악양의 악양루, 무한의 황학루, 남창의 등왕각을 꼭 보리라 생각하였다. 황학루에 이어 등왕각은 653년 당 태종 이세민의 동생 등왕 이원영이 이곳 도독으로 재임 시에 건립한 누각이다. 중국 3루와 관련된 시인은 악양루의 두보, 황학루의 최호, 등왕각의 왕발 세 사람인데, 그들이 지은 희대의 명시가 각루에 걸려 있으니 평생 이 3루를 가 보는 것이 소망인 이도 적지 않다. 시간은 흘러 달리는 쾌속 열차는 우편에 위치한 남창을 지나 3시간 후인 9시 30분에 드디어 그 옛날 화려했던 송나라의 수도 난징에 도착하였다.

우한의 멋진 호수 안의 누각들

73 난징 南京

장쑤성강소성江蘇省의 성도인 난징의 인구는 529만여 명으로 양쯔강 하류에 조성된 역사의 도시다. 1356년 주원장은 몽골족을 물리치고 이곳에 명 왕조를 세우고 도성을 구축하였다. 19세기에는 영국과의 아편 전쟁, 20세기 초인 1937년에는 일본군이 난징 대학살을 저지른 곳이다. 이후 이곳에 장개석의 국민당 정부가 들어서게 되었으며, 다시 모택동의 공산당이 이곳을 점령하면서 중국 공산당을 세운 곳으로 명실공히 이곳은 유구한 중국 역사의 파란만장한 도시다.

난징의 공자 사당 앞 공자 동상

난징의 장개석 총독부

총독부

총독부 건물의 주인공이라면 으레 장제스장개석를 말하지만, 실은 이 건물은 600여 년의 역사를 가지고 있다. 명의 초기에는 귀덕후부와 한왕부로 사용되었던 곳이며, 이후 청의 강희제와 건륭제가 이곳 난징과 명의 창시자 주원장의 묘지인 명효릉을 방문할 시에 머물렀던 곳이다. 특히 강희제는 주원장의 묘지 밍샤링의 입구 거북 위에 비를 세우고 명, 당, 청으로 이어지는 국가 백년대계를 위한 국태민안의 석비에 친필로 쓴 것으로 유명하다. 그리고 이를 위해 이곳 총독부에 한동안 머물기도 하였다.

쯔진산紫金山

난징의 동쪽 끝에 있는, 중국 역사에서 의미 있는 명산이다. 산 높이는 448m이며 정상에서는 난징 시가 한눈에 들어온다. 산꼭대기 옆에는 흰색 건물로 된 관측소가 있다.

가는 방법
시내에서는 9번 버스로 갈 수 있으며, 중산릉에서는 20번 버스로 갈 수 있다.

중산릉中山陵

중산릉은 중국 공산당이나 국민당의 아버지인 쑨원손문의 무덤이다. 이곳은 성지로 조성하여, 쯔진산 허리에 392개의 돌계단을 놓고 그 위에 기념관을 세우고 현판을 세웠으며, 이 현판에는 그가 제창한 민족주의民族主義, 민권주의民權主義, 민생주의民生主義를 뜻하는 삼민주의三民主義가 새겨져 있다.

명효릉明孝陵

명효릉은 쯔진산 남쪽 좌편에 조성된 14세기의 명 황제 주원장의 묘다. 중국의 모든 황제의 묘가 베이징 근교에 있으나 주원장 황제의 묘만 베이징 밖인 이곳에, 가장 크고 웅대하게 조성되었다. 묘지 입구에는 사자, 낙타, 코끼리, 말 등과 신화 속 동물들이 석상으로 조각되어 있다.

입장료 : 80위안

밍청이즈明城遺地

1366년부터 1386년까지 조성된 이 성벽은 12m의 높이와 7m의 폭으로 건축하였다. 이들 벽돌은 중국의 5개 성에서 차출

자금산 중턱의 손문 선생의 사당

했다 하니 가히 중국답다. 명 왕조의 성문은 13개라 하며 북쪽 성문과 남쪽 성문은 지금까지도 잘 보존되어 있다.

영곡사 灵谷寺

1381년에 돌과 벽돌로만 조성된 명왕조의 유명한 사찰이다. 중앙의 돔에는 불교의 여러 상을 새겨 놓았다. 1930년대 일본군의 침략 시 저항했던 시민군들의 기념관으로도 사용되었던 곳이다.

공자 사당

사당 입구에 공자를 존경하는 문인 석상들이 좌우로 배치되어 국궁하고 있고, 그 뒤로 제를 올릴 때 쓰는 큰 화로가 있었으며, 그 뒤로 공자 선생이 도포를 입고 의젓하게 서 있다. 위엄과 권위가 느껴진다. 뒤에는 본 사당이 있고, 사당 안에는 공자상이 또 있었다. 좌측 앞에는 3마리의 양과 개, 염소로 보이는 짐승상이 있고, 좌우에는 수제자인 듯 네 명이 국궁 자세로 서 있는 비가 있다.

그리고 사당 좌우 뒷면에는 온갖 유교 교리 관련 그림들이 있었으며, 그 뒤 사당에는 좌측에 북이, 우측에 큰 종이 있었다. 그다음 사당은 음악 관련 고전 악기들이 즐비하였다. 유교와 고전 음악은 매우 친숙한 근거가 있어 보인다. 그 뒤에는 각종 옥과 사진과 글귀와 귀중한 자료들로 채워져 있었다.

원래 중국 공자 사당의 원류는 산시성의 북부 취푸 곡부에 있으나, 중국은 명나라 이후 장개석 총통에 이르기까지도 이곳이 정치 중심인 수도였기에 이곳에 작은 사당을 짓고 숭상하며 국민들에게 유교 사상을 전파하였다.

가는 방법

난징 중산로 142 메트로 방사지아 역 3번 출구 10분 거리에 있다.

공자 사당의 용조각 전경 | 공자 사당 자료 전시관 | 명호릉 공덕비명

숙소
• 국제청년여사
주소 : 난징 중산로 142 방시엔지아
전화 : +86 (27) 888-4409
(도미토리, 싱글) (필자가 기거한 곳)

가는 방법
기차 : 난징 기차역은 중국 어느 곳으로나 연결이 가능하며 최근에는 주로 쾌속열차로 운영하고 있다.
전화 : +86 (25) 8582-2222

버스 : 창투치처짠(중앙 장거리 버스 터미널)
전화 : +86 (25) 8533-1288
이곳에서는 어디든 간다.

세부 투어 및 다음 행선지로 가기 위하여
난징 기차역에서 지하철 1번 라인을 타고 매트로 방시엔찌아 역에 내려 4번 출구로 나와 우측 길을 따라 10여 분을 묻고 또 물어 난닝의 유스호스텔 청년여사(요금: 45위안)에 찾아 들어가니 이미 밤 11시가 넘어 밤이 깊어갔다.

아침 일찍 호텔 프런트의 리셉션 아가씨에게 난징에 대한 설명을 듣고 오늘은 장개석 총통의 통치 장소였던 총통부 관저와 중국인들의 우상이며 언제나 우국, 우민, 우위민를 주장했던 쑨원 풍경구, 그리고 당, 청, 명의 도읍지를 세운 주원장의 묘를 투어하기로 하였다.

먼저 호텔 앞 삼산지아에서 44번 버스를 타고 약 20여 분이 걸려 장개석총독부(요금: 80위안)로 갔다. 안쪽으로 들어가니 입구의 경비 점검소가 있다. 그리고 좌측은 외국인 접견 장소, 우측은 국내 주요 인사 접견 장소로 되어 있었다. 안으로 더 들어가면서 정치, 경제, 치안 등 관련 사무실들이 배치되어 있었으며 각종 비품과 휴식 공간들이 있었다. 시설 면에서 그렇게 크거나 웅장하거나 호화롭지는 않았다. 정치적 현안들을 잘 수용, 처리할 수 있는 아담한 공간이었다.

그곳에서 유柳1 버스를 타고 약 30분을 달려가니 난징 시민들은 물론 중국인들로부터 존경받는 쑨원 선생의 거대한 사당이 중산의 산 중앙에 거대하게 자리잡고 있었다. 입구의 울타리문은 개선문 같았으며 각종 요사체를 거쳐 마지막으

명의 황제 주원장의 묘지

로 누각과 같은 으리으리한 종각이 있었다. 쑨원 선생이 인자한 표정으로 책을 펴 놓고 조용히 앉아 있는 대리석상이 있었다. 그 뒤로는 쑨원 선생의 의중이 담겨 있는 글들이 새겨져 있었고, 그의 친필 서명이 있었다. 이곳 시설은 여언적이 설계한 것으로 1926년부터 1929년까지 조성하였으며, 길이는 700m, 수직 거리는 70m, 계단은 392개, 부지의 면적은 2,000㎡이라고 한다.

다음으로 동양에서 제일 크고 웅대한 주원장의 묘지(입장료: 80위안)로 갔다. 입구에는 성벽이 둘러져 있었으며 안쪽으로 더 들어가면서 여러 개의 요사채가 있다. 청, 당, 송의 기초가 된 것을 의미하는 비문이 있었으며, 좌편에는 강희제 황제의 글귀도 새겨져 있었다. 마지막으로 성벽 같은 모양으로 축성하여 계단으로 이루어진 분묘는 묘라기보다는 어느 산의 부대 성곽과 같아 보였다.

아침 8시에 방시엔지아 전철역에서 전철을 한 번 갈아타고 사거리역에 내려 일본군이 난징 시민들을 학살한 현장인 평화의 기념관에 갔다. 마음이 무겁다. 기념관 중앙에 한 어머니가 어린이를 안고 한쪽 손으로 평화를 상징하는 비둘기를 높이 떠받히고 있는, 대형비가 세워져 있었다. 잔인무도한 학살을 원수가 아닌 사랑으로 갚으려는 것이다. 기념비 아랫부분에 평화 Peace라고 새겨져 있었다. 그 앞에는 자그마한 물이 흐르고 우측엔 우람한 벽과 전쟁 관련 철 구조물의 벽을 세워 강력함을 암시하고 있었다. 그곳을 조용히 음미하였다.

전철을 타고 15분여를 달려 난징남경 기차역에 도착하여 9시 37분 발 난징-쑤저우소주 기차표(요금 : 98위안)를 구매하여 승차하였다. 기차는 시속 200여 km로 빠르게 달린다. 들판은 가을을 맞이하여 경관이 좋다. 도시며 길들은 중국 서부 지대보다는 매우 발전되어 있었다. 쾌속 열차도 대부분 이곳 동부 지역에 배치되어 있다. 내가 탄 쾌속 열차는 난징에서 약 1시간 20여 분을 달려 쑤저우소주蘇州역에 도착하였다.

난징 학살 추모비, 추모관 전경

일본군의 난징 학살 추모비

74 쑤저우 蘇州

쑤저우는 일찍이 마르코폴로가 동방견문록에서 동양에서 가장 아름다운 곳이라 하여 아시아의 베니스로 불리는 곳으로, 중국뿐 아니라 세계 각국에서 수많은 관광객이 모여드는 곳이다. 물의 도시인 이곳은 운하와 다리와 공원, 그리고 수없이 많은 유서 깊은 정원들로 이루어진 동양의 유토피아다.

예로부터 이 쑤저우는 하늘에는 천당이 있고 땅에는 쑤저우와 항저우가 있다고 할 정도였으니, 이곳의 아름다움이 어떠한지 짐작할 수 있다.

쑤저우 기차역 전경

쑤저우의 아라뱃길보트 운항 수로길

소주 박물관

소주 박물관은 임페이라는 사람이 설계한 곳으로 물과 대나무 등 자연과의 동화에 초점을 두고 설계한 곳이다. 이곳에는 옥, 도자기, 직물들과 관음상들이 전시되어 있고, 자연 친화적인 것이 자랑이다. 기념품 상에는 여러 종류의 부채, 도자기, 민속 의상, 보석, 기념품 등이 전시되어 있다.

입장료 : 무료

한산사 寒山寺

링거인 정원 Garden To Linger In 에서 서북쪽 방향 2.2km 지점에 있는 사원으로, 이곳은 7세기 승려 시인 한산의 이름을 따 지은 사원이다. 한산은 20세기 문학 사상에 지대한 영향을 준 시인으로, 중국의 이름 높은 문학 사상의 보배로 알려졌으며 사원 안 입구에는 그의 주옥같은 시비가 세 개 있다.

입장료 : 40위안
교통 : 쑤조우 기차역과 한산사 사이에는 y3 버스가 2위안으로 운행하고 있다.

망사원 網師園

이 정원은 아담한 정원으로, 각 사당의 창문을 통해 정원을 정관 할 수 있어 매우 인상적이다. 15세기 정부 관료들이 낙향하여 기거하면서 지냈던지라 문무백관들의 삶이 녹아 있는 곳이다. 저녁이 되면 음악 공연으로 관객을 즐겁게 한다.

입장료: 60위안

졸정원 拙政園

한국에도 잘 알려진 졸정원은 쑤저우 정원 중 가장 큰 정원으로, 5헥타르나 되는 대정원이다. 구부러진 언덕길 위로 여러 형태의 정자를 짓고 이를 따라 흐르는 물길에 연꽃들이 흐드러지게 피어 있으며, 그 사이로 이어지는 정원 길 좌우에는 이름 모를 수목과 꽃나무들이 그득하다. 이 소로를 거닐면 이곳이 바로 무릉도원임을 실감할 것이다. 졸정원 앞 거리

쑤조우의 멋진 보트수로다리

에는 각양각색의 상가들과 식당, 기념품 가게, 카페 등이 있어 관객을 즐겁게 한다. 그러나 이런 유명세로 동서양 관객이 너무 많아 사람에 치이므로 주말은 피해야 한다.

입장료 : 80위안

사자림獅子林

사자림은 1342년 불교 승려 티안루가 텐무산천목산天目山에 칩거했던 그의 스승을 기리기 위해 조성한 것이라고 한다. 사자림은 연못 주변의 기괴한 돌이 사자를 닮았다 하여 붙인 이름이며, 이 정원의 아름답고도 기이한 풍광을 그린 그림이 이곳 박물관에 전시되어 있다.

입장료 : 60위안

기타 볼거리

창랑정滄浪亭, 북사탑北寺塔, 쉬엔마오관현묘관玄妙觀, 쌍탑 등

교통

- 매트로는 오전 6시부터 저녁 10시까지 운행하며 가격은 2위안이다.

- 버스는 여러 방향으로 다녀서 매우 편리하며 16번 y1, 2, 3번 버스 등 노선도 다양하다. 한 번 타는 데 2위안이다.

- 택시는 편리하며 어디를 가든지 시내에는 대략 10위안이면 가능하다. 미터기를 확인한다.

졸정원 수로 위 다리 난간에서

한산사 입구 경내 사진

소주 박물관 입구

박물관 내부 배치도

박물관전시조각상

사자림의 아름다운 정원

사자림의 괴석

사자림의 여러 괴석

흐드러지게 피어있는 연꽃과 졸정원의멋진 전경

한산사 경내의 특이한 사자상

숙소
- 민한당 청년 여사

주소 : 28 ping jang lu
전화 : +86 (512) 6581-6869
(유스호스텔, 개인 더블)

세부 투어 및 다음 행선지로 가기 위하여
쑤저우 기차역에 내려 버스를 타고 민한당 청년 여사를 묻고 물어 도착해 보니 이곳이 진짜 수륙길이 아름다운, 멋진 해상로 옆 유명 풍경구내에 있는 호스텔이다. 쑤저우의 수로 뱃길과 고전 수로 뱃놀이와 주변의 카페 골목이 한곳에 모여 있는 유서 깊은 관광지였다. 방은 50~200위안까지 있었다.
먼저 민한당 유스호스텔에서 50번 버스를 타고 약 30여 분 달려 쑤저우 박물관에 갔다. 입장료는 없었다. 박물관은 여러 생활관, 자연관, 고대관을 비롯해 토기, 실크, 목각 등 고대인들의 복장 등이 길게 전시되어 있었다. 다음은 그곳에서 가까이에 있는 졸정원(요금: 80위안)으로 갔다. 과연 졸정원은 운치가 있었다. 구불구불한 언덕을 따라 정자가 있었고 이를 따라 길이 있었다. 그 길옆에는 물길이 흐르고 군데군데 연못이 있었다. 연못에서 아름다운 연꽃이 자태를 드러낸다. 여기저기 물길 위로 나 있는 다리를 거닐며 사진 찍기에 여념이 없다. 파란 관상나무와 숲, 이름 모를 갖가지 꽃들이 서로 경쟁하듯이 피어 있다. 길 양옆에는 기기묘묘한 정자와 누각, 사당이 있고, 풍악, 서예, 그림, 조각 등을 전시하는 곳도 있었다. 과연 졸정원은 세기적 정원이었다.

그곳을 나와 아름다운 핑장로드Ping Jang Road를 거쳐 10여 분을 가니 사자림(요금: 80위안)이 있었다. 사자림의 대표적인 특징은 사자와 같은 험상궂은 돌들이 우후죽순 서 있는 것이다. 그런데 그 돌 사이를 아기자기한 돌길을 만들어 때론 굴을 지나고 때론 옹달샘 위 다리를 지나고 때론 누각이나 정자를 휘감고 연못을 휘감고 돌아가는 데 그 묘미가 있었다.
사자림의 특징은 기기묘묘한 돌길이 수수께끼 같이 얽혀 있다는 것이다. 그리고 쑤저우 명물인 이상한 바윗돌이 한데 어우러져 있다는 것에 더해 연못에는 연꽃이 그리고 좌우로 정자와 수양버들이 더욱더 운치가 있었다.

아침 7시에 쑤저우 민한당 국제 청년여사에서 양사원(입장료 : 80위안)으로 갔다. 양사원은 졸정원과 사자림을 혼합한 것처럼 사자림 바위와 수양버들이 같이 있었다. 중앙에는 자그마한 호수 그리고 장방형으로 외부 면에 정자와 각종 서예, 공방, 도서, 사랑채 등 여러 채의 아름다운 자그마한 정자와 나무들이 수놓아 있었다. 규모 면에서는 졸정원이나 사자림에 비할 바가 못 되었지만, 아담하고 정겨운 것이었다.

그곳 투어를 마치고 다시 106번 버스를 타고 30여 분을 달려 한산사(요금: 80위안) 로 갔다.
이곳은 7세기의 승려 시인 한산의 이름을 본떠서 지었다. 쑤저우의 한산사가 유명하다더니 사찰의 조형미가 매우 높을

뿐만 아니라 층마다 붓다의 의젓한, 인자한 자태가 이어지니 머리가 절로 숙여졌다. 그리고 주변의 부수 사원이며 비각들이며 중요 불경 문구가 새겨진 입구 벽면은 이곳이 예사 절이 아닌 역사적 사찰임을 느끼게 한다. 사원 꼭대기에 올라가니 쑤저우 시내 일부와 주변의 풍광이 매우 아름답게 보였다. 이후 건너편 수로 구름다리를 넘으니 왕쓰유엔 정원(입장료: 40위안)이 있었다. 이 정원은 쑤저우에서 매우 큰 정원이며 공원이다. 이곳 남쪽 면에 운하길이 열려 있고 대형 선박들이 짐을 나르며 중소형은 관광객을 태우고 수로를 지나갔다. 수로를 따라 산책길이 있고 공원엔 나무가 무성하다.

호텔로 돌아오니 정오다. 날은 덥고 더 머물 여건이 되지 않아 바로 체크아웃하고 쑤저우 남 기차역으로 모토를 타고 갔다. 쑤저우 투어를 마치면 양저우로 가려고 계획했었다. 양저우는 양쯔강(양자강)과 대운하의 교차 지점에 있는 곳으로, 중국 남부에서도 경제와 무역, 문화, IT 산업까지 매우 발전된 중국의 부자 도시다.

그러나 양저우는 수년 전 KIST 기술벤처 본부장 재직 시, 이곳 성장의 초대로 10여 일 동안 방문과 투어를 했던 곳이 아니던가. 언젠가 가까운 날에 다시 가보리라 생각하면서 기수를 중국의 북동부에 있는, 동양의 성인 공자의 사당이 있는 취푸(곡부)로 돌렸다. 나는 베이징으로 달리는 기차를 타고 취푸(곡부)로 향했다. 승객이 없는 침대차 하포(下捕) 침대칸에 누워 편안히 가는 동안에도 기차는 밤을 새워 달리고 또 달렸다. 눈을 뜨니 새벽 3시 반이다. 차장이 기차표를 교환해 주고 새벽 4시 30분에 취푸(곡부)에 내리도록 안내해 주어 목적지인 취푸(곡부)에 무사히 도착하였다.

밍장루 Ming Jang Lu의 멋진 수로 보트 길

밍장루 Ming Jang Lu 수로 보트 길

75 취푸 曲阜

인구 50만여 명 중 13만 이상이 공자의 후손인 취푸는 중국의 산둥 성 지닝에 있는 공자의 사당이다. 춘추 전국 시대에는 노나라의 수도로서 2,200여 년간 번영을 누린 곳으로, 이곳 공자의 제국인 성벽 안은 공부孔府, 공묘孔廟, 공림孔林 3개 지구로 조성되어 동양의 유교 사상을 꾸준히 발전시키고 있다. 또 중국은 현재 이곳에 2010년부터 42억 달러라는 천문학적 예산을 투자하여 새로운 문화 도시를 건설하고 있다.

주요 볼거리
공묘, 공부, 공림, 취푸시가지

공자의 핵심 사상의 3개 지역 공부, 공묘, 공림 석비

사당 입구의 사전 행사 세리모니 장면

공묘

공묘는 대성문大成門을 중심으로 붉은 벽돌 성으로 이루어진 취푸 시의 중심 지역이다. 공묘의 규모는 22만 평의 크기에 460여 개의 사무실과 방이 있으며, 이곳은 노나라의 애공이 공자 사후 1년에 건설한 사당이다. 공자는 춘추 시대의 위대한 정치가요, 사상가이며, 유학 창시자로. 동양 유교 사상의 중심이다. 유교의 핵심 사상은 사원 북쪽 성적전聖迹殿의 비각에 새겨져 있다.

공부

1038년에 공자의 후손들이 세운 공부는 명·청대에 완성한 곳이며 공묘 옆에 있다. 면적은 16만㎡로 여러 사당과 460여 개의 방으로 구성된 당시의 관공서와 저택이다.

공림

공림은 곡부의 북쪽 1.5㎞ 지점에 있으며 7.25㎞의 방대한 지역에 산재해 있는 2만여 구의 공동묘지이다. 공자와 그의 후손들이 잠들어 있는 특이한 씨족묘지로, 공자의 묘는 대성지성문선왕묘라 새겨져 있을 뿐, 명성에 비해 초라한 묘지로 그의 아들의 묘와 나란히 있다.

공묘 공자 사당 게이트
취푸 기차역 전경
취푸의 본당 입구 성벽 1
취푸의 본당 입구 성벽 2

동양의 첫 번째 스승 공자

동양의 사상가 공자(BC 551-479)는 전통적인 사회의 환경을 개혁한 대 사상가다. 공자는 동아시아는 물론 세계에서도 영향력 있는 사회규범을 만들었고, 이어 위대한 유교를 창시했다. 그는 어린 시절을 불우하게 보내면서 조그만 시골 고향에서 관리로 평생을 보냈다. 50세가 되던 해에 관직에서 물러나 마치 석가모니가 현인을 찾아 헤매듯이 중국을 주유천하하면서 자기의 이상을 실현할 수 있는 군주를 찾기 위해 13년이란 긴 세월을 유랑한다. 그러나 그의 마음을 채워 줄 스승이나 현인을 찾지 못했다. 이후 그는 고향 취푸에 다시 돌아와 제자들을 한데 모아 인간이 배우고 따르며 지켜야 할 사상에 대하여 지금의 시를 다룬 시경, 예를 다룬 예기, 음악을 다룬 악경, 정치관을 다룬 서경, 자연의 근원을 다룬 주역, 역사를 다룬 춘추 등 광범위한 분야를 편집하여 제자들에게 인간의 사명을 가르치며 일생을 보냈다.

이러한 공자의 철학이 담긴 가르침을 한데 모아 기록하여 논어를 집필하게 되었고 이 책 속의 497개 어록은 공자의 수제자들이 그의 어록을 요약하여 집필한 것이다. 그의 위대한 철학은 후세에 유교 교리로 발전·승화되었다.

그는 드디어 동양의 위인이 되었고, 나아가 전 세계의 위대한 사상가가 되었다.

(출처-론리 플래닛 중국 217쪽 참조)

공부의 사당입구 전경

공묘의 일반 주거 시설

공묘 공자 사당의 대성문

대성문 본당 내부 사당

공자 사당의 3푸 본당 전경

숙소

• 곡부 국제 청년 여사 曲阜國際靑年旅舍
주소 : 취푸 북쪽 끝에 있는 호스텔
전화 : +86-441-8989
(도미토리, 싱글)

• 석두지빈관 石斗枳賓館
전화 : +86-319-1806

가는 방법

취푸 남쪽 남부 버스터미널에서 각 지역 소요 시간은 다음과 같다.
타이안 : 1시간 30분-지난 : 2시간 30분-조우청 : 30분-칭다오 : 5시간-베이징 : 6시간

세부 투어 및 다음 행선지로 가기 위하여

21일 새벽 4시 30분에 취푸 기차역에서 내린 후 시내버스 9번을 타고 취푸 시내를 달려 공자 사당이 있는 공부 앞에 내렸다. 아침 8시부터 입장이다. 팡파르를 울리며 환영 행사를 한다. 대성문이라는 붉은 성벽 문 입구에서 옛날 복장을 한 무사와 기녀, 양반 복장을 한 30여 명이 성 밖으로 나오며 풍물놀이로 분위기를 띄운다. 나름대로 공자 시대의 풍물을 보여 주었다.(입장료: 150위안)

• 공묘
먼저 공묘로 들어갔다. 공묘는 공자의 기본 사당이다. 입구에 붉은 성벽으로 된 곳을 지나 표를 주고 입장하니 큰 돌대문이 있고 그 안으로 20여 m마다 대문이 10여 개 나 있었다. 마지막으로 대성문이 크게 자리 잡고 있었다. 각 문 옆이나 특이한 곳에는 비와 비석이 있었고 북이나 종을 비롯하여 위엄이 대단하였다. 그러나 2,000여 년의 세월이 흐른 지금은 많은 문화의 변화 등으로 거의 폐허가 되어가는 느낌이었다. 한 세기의 풍요로운 영광도 세월의 흐름을 이기지는 못하는 것 같았다. 젊은이들은 거의 없었으며 나이 많은 중국의 지방 관광객이 너무 많이 몰려 왔었다. 그러나 그의 사상이나 역사적, 정치적 영향력은 대단하였다. 대성문 뒤로는 기숙하는 곳으로 쿠쿠실, 생활관, 도서실 등 생활공간이 함께하고 있었다.

• 공부
공부는 공묘 입구에서 100여 m 안쪽에서 우편으로 길이 있었다. 그곳을 나와 일반길 상가길을 100여 m 지나니 공부 입장 문이 있었다. 입구로 들어가니 공묘처럼 여러 대문이 있었고 그 대문을 거쳐 들어가니 좌우에 비석과 공부방, 연구실, 숙식실 그리고 중국의 갖가지 성씨의 흐름도 등이 있었으며, 공자의 유물과 사진들이 전시되어 있었다.

• 공림
공림은 7.25㎢의 소나무 숲으로 넓은 곳으로, 대규모 공자 후손들의 씨족 묘지다. 2,000여 년 동안의 2만기의 공자 후손들이 그곳에 잠들었다. 입구 중앙 앞에 공자의 묘가 있었다. 명성에 비해 초라한 공자의 묘는 그의 아들 묘와 나란히 있었다. 공자의 아들이 먼저 죽었다고 한다. 그 미련 때문일까. 그는 아들 무덤 옆에 나란히 누워 있었다.

공림 입구 마을 사당문 전경

공림 입구의 고목 향나무 숲길 전경

공림 입구의 공자 사당

공부-공묘 사이의 일반 상가

공부사당 외곽 위락 시설

공림의 아담한 공자묘, 오른쪽은 아들 묘

수많은 공자 후손들의 공동묘지 공원인 공림

공부-공림으로 가는 향나무길

이곳 투어를 마치고 다음 코스는 공묘 건물 외곽이다. 하천 수로를 따라 이어진 수양버들과 아름다운 경관을 자랑하는 공묘 외곽을 2시간여 감상하고 105번 버스를 타고 기차역으로 갔다.

취푸(곡부) 기차역에 도착하여 역 앞 여관에 맡겨 둔 배낭을 찾아서 5시 30분 취푸역발 타이산으로 떠나는 열차에 올랐다. 기차는 2시간을 달려 어둑어둑한 저녁 무렵 중국인들의 희망인 타이산이 있는 지난 인접 타이산 기차역에 도착하였다.

76 타이산 泰山

타이산은 중국 산둥성 중북부에 있는 중국 관광풍경구 aaaaa급 명승지로 유네스코 세계 문화유산에도 등재되었다. 진시황제를 비롯하여 역대제왕, 천하의영웅, 호걸, 공자, 두보, 마오쩌둥 및 수많은 문인, 기라성 같은 역사적 인물들이 이 산을 등정하였으며 지금은 중국인은 물론 전 세계인들이 오르는 이름 높은 산이 되었다.

태산은 중국의 명산 5악(1동악-산둥성의 태산, 2서악-산시성의 화산, 3중악-허난성의 숭산, 4남악-후난성의 형산, 5북악-산시성의 황산) 중에서도 최고 으뜸 산으로, 한무제는 이를 무어라 표현할 수 없는 산이라며 비석에 글자를 새기지 않고 무서비라는 비문을 세웠다. 태산의 높이는 1,545m이다. 버스(700m)와 케이블카를 탈 수 있다. 7,400여 개의 돌계단을 올라야만 산 정상인 옥황봉에 이른다.

타이산에 오르는 첫 번째 문인 일천문

타이산 기차역

태산 / 양사언

태산이 높다 하되 하늘 아래 뫼이로다
오르고 또 오르면 못 오를 이 없건마는
사람이 제 아니 오르고 뫼만 높다 하더라

가는 방법
k301번 버스를 타고 종점에서 내려 바로 30여 m 우측 산자락에 시작문 월천문이 있다.
입장료 : 100위안

숙소
• 태산 국제 청년 여사 Taishan International Youth Hostel

주소 : 태안시 통천가 65호
전화 : +86-0538-6285
(호스텔, 싱글) (필자가 기거한 곳)

타이산의 최종 위치에 세워진 멋진 석문

타이산 정상 옥황봉(1,545m)

중국 최고 최대 명산 타이산 전경

세부 투어 및 다음 행선지로 가기 위하여

타이산 기차역에서 내려 국제 청년 여사를 찾아갔다. (요금: 도미토리 45위안, 싱글 120위안) 도미토리에 들어가니 타이산을 등산하려는 프랑스인, 호주인, 스페인인, 중국 지방인들이 있었고, 그들과 함께 동화되어 같이 정보를 교환했다. 아침이 되면 중국의 역사의 전설이 살아있고 16명의 고대 황제들과 기라성같은 영웅호걸, 문인들이 등정했다는 중국의 자랑 타이산을 정복해야 한다. 그것이야말로 이번 여행 동안의 대 아시아 대륙 횡단 문명 기행의 대미를 장식하는 길인 것이다.

아침 7시에 피자, 만두, 우유, 물 등을 준비하여 k3 버스를 타고 약 20여 분 달려 태산 아래 홍면 버스 종점 주차장에서 내렸다.

태산을 오르는 요금이 100위안으로 약 2만 원이라니 비싼 요금이다. 하루에도 수천 명이 오르는 것 같아 보인다. 한참을 오르니 처음으로 일천문이 나타났다. 하늘에 이르는 첫 번째 문이라는 뜻이다. 그로부터 돌계단이 시작되었다. 돌계단은 끝도 없이 이어졌다. 처음에는 산이 완만하게 시작되었다. 그러나 점점 시간이 흐르고 산 중심부로 오를수록 산은 가팔라지기 시작한다. 태산은 역사적, 정치적으로 유명한 산이라 오르는 굽이굽이마다 그놈의 통문, 하늘 문이 어찌나 많은지. 그러나 그 수많은 돌계단을 오르는데 부실한 곳이 없다. 온 힘을 다해 올라가니 중천문이 나타났다. 중천문은 산 중턱 중앙에 있었고, 그곳에는 여러 채의 사당과 상가와 관련 건물들이 많았다. 마침내 깔딱 고개와 최종 돌격 선상의 난코스가 나타났다. 이를 악물고 올라가니 멋진 남천문이 나타났다. 아주 힘든 구부능선의 멋진 대문이다.

아름답고 멋진 이 문은 남천문 혹은 천문관이라고도 부르며 원나라 중통 5년 (1254)에 장지순이라는 도사가 이 대문을 만들었다고 한다. 매우 훌륭한 걸작이다. 대문이라기보다 누각같이 보였다. 이 문을 지나 한참을 오르니 정상 부근의 멋진 풍경이 나타났다. 많은 누각과 정자와 하늘을 오르는 대문과 상가들이 시끌벅적하다. 이 높은 곳에 어떻게 저런 멋진 풍물과 시설들이 있을까 놀라지 않을 수 없었다.

몇 개의 하늘 문을 지나 좌우에 사찰이 있었고, 이를 지나 계속 올라가니 마지막 깔딱고개 위에 산 정상(1,545m의 팻말)인 옥황봉이 있었고 그 정상 위로 사원을 건설하였다. 대단한 발상이다. 나는 그곳에서 몇 장의 사진을 찍고 한동안 정상에 도달한 기쁨을 만끽하였다. 나는 아침 일찍 등정하여 12시에 도착하여 30여 분을 산 정상에서 휴식하고 하산하였다. 한참을 내려오니 그곳에는 케이블카가 있었다. 요금은 100위안이다. 나는 걸어서 하산까지 완주할 생각이다. 쉬지 않고 계속 하산하니 1시간 10분이 지나 타이산 중간 지점인 중천문에 도착하였다. 그곳에서 버스를 타고 내려오려고 중천문 버스 주차장으로 가니 사람들이 구름같이 몰려있다. 버스 요금은 30위안이다. 이를 타고 태산 아래로 구불구불 잘도 달려 내려왔다. 평지에 내려오니 태산을 하산하는 다른 코스다. 태산 입구에 용이 새겨진 여러 개의 돌기둥을 세우고 그 기둥에는 용틀임이 새겨져 있다. 그리고 태산풍경구의 약도와 지도 간판이 있었다. 이후 곧바로 기차역으로 가서 칭다오로 가는 열차표를 구매하였다. 23일 1시 42분 기차표다. 호텔로 돌아와 호텔 로비에서 여러 나라에서 온 등산객들과 같이 등산에서 힘들었던 이야기로 꽃을 피우며 이들과 마지막으로 송별 주를 나누었다. 그리고 밤 11시에 호텔에서 택시를 타고 태산 역으로 가서 다음 날인 새벽 1시 50분에 드디어 나의 긴 대 아시아 횡단 문명 기행의 마지막 코스인 칭다오를 향해 그렇게 밤을 새우며 달렸다.

정상을 향하는 돌계단과 석문

태산 중턱 휴게소

태산 중턱의 남천문

77 칭다오 青島

중국의 최 동북부 칭다오는 해안 도시, 산업 도시, 각양각색의 건축물로 이루어진 신흥 도시이며 한국과 마주하는 국제도시이다. 중국의 그 어느 도시보다 다양한 문화와 신흥 경제 부흥 도시로 각광을 받고 있는 곳으로, 세계인들은 이곳에 모여 사업과 관광을 함께하면서 먹고 즐기며 시간을 보낸다.

주요 볼거리
칭다오 라오산,
칭다오 맥주 박물관,
루쉰 공위엔, 샤오칭다오, 잔교

칭다오 맥주 연구소 앞 맥주 세트 현장

칭다오 기차역 전경

칭다오 라오산

칭다오의 라오산은 중국의 동북쪽에 위치한 고도 1,133m의 빼어난 산으로, 동쪽에는 파란 동해가 남으로는 황허 강이 흐른다. 일찍이 진시황제가 불로초를 구하기 위해 군대를 보낸 곳도 이 라오산이며 태산이 높다 하되 라오산만 못하다고 자랑하는 이비경의 명산이 바로 도교의 성지인 라오산이다. 등정길에는 수많은 석문과 관광 상품, 특히 옥과 라오산록차가 유명하며 산 정상에는 천자정이 있다. 천자정에서 보는 동해안의 절경은 중국 풍광구4aaaa로 산과 바다가 어우러진 한 폭의 산수화다.

가는 방법

택시 : 시내에서 약 50여 분 이상 소요된다.
요금 : 150위안

버스 : 301번/304번 (요금: 2~5위안)
(칭다오에서 라오산으로 가려면 택시나 버스를 타야 한다. 버스는 301번 버스로 칭다오 대학교 앞에서 304번 버스를 갈아타면 라오산으로 올라가는 버스정류장까지 갈 수 있다. 그곳 주차장에서 라오산을 오르는 버스를 타면 된다. 왕복 버스 요금: 80위안)

기타 볼거리

독일군 총독부, 영빈관, 천주교 성당, 팔대관, 타이둥 등

라오산 호수 둘레길

라오산 정상 천자정에서

칭다오 시 전경

라오산 오르는 길에서

세부 투어 및 한국으로 가기 위하여

태산 기차역에서 밤 1시 42분에 출발한 열차는 아침 7시 30분에 칭다오 역에 도착하였다. 역 앞에서 301번 버스를 타고 칭다오 798 인터내셔널 칭니언 뤼샤(798 국제청년여사, 요금: 45위안)를 찾아 방을 정하고 보니 기쁘고 평화로웠다.

아시아 대륙 횡단 문명 기행이라는 타이틀을 걸고 처음 시작한 도시가 바로 이 칭다오청도이다. 그때 대부분의 관광지를 투어하였으므로 이번에는 태산에 이어 칭다오의 희망인 라오산과 몇몇 관광지만 둘러보고 쉬면서 귀국할 계획이다.

오후가 되어 그 유명한 칭다오 맥주 생각이 나서 처음에 가보았던 칭다오 맥주 공장으로 택시를 타고 다시 갔다.(입장료: 60위안)

공장은 1관과 2관으로 나뉘어 있었다. 1관은 연구실, 발전 과정, 맥주의 변천사, 외부 VIP 방문자 안내관이 있었으며, 2관에서는 실제 보리를 익히고, 말리고, 발효시키는 과정에서부터 이를 처리하여 상품이 되어 자동으로 나오기까지의 전반적인 과정을 보여 주었다. 이 또한 광고 효과를 위한 것이었으리라. 시음 코너에는 60위안까지 주고 들어왔는데 조그만 글라스에 맥주 한 잔 주고 자그마한 땅콩 한 봉지 주더니 더 이상은 안 된다고 하니 너무도 야박하다.

이후 칭다오에서 배를 타고 한국으로 갈

라오산 폭포수 전경

목적으로 대련항과 위해항 모두 한국으로 가는 배편을 알아보았지만, 배가 없다고 하며 다음 주에 갈 수 있다고 한다. 고민이다. 어떻게 할까. 걱정하였더니 이곳에 같이 있는 한 중국 여인이 걱정 말라며 한동안 컴퓨터와 씨름을 하더니 빙고를 외친다. 칭다오-인천, 차이나 항공, 금요일 아침 10시, 편도 요금 975위안에 갈 수 있다며 나에게 권한다. 배편보다 더 적은 금액이다. 정말 감사하였다.

내일은 홀가분하게 칭다오의 자랑이며 태산에 버금가는 라오산을 등정해 보고 싶다. 이것이 이 여행의 마지막 여정이자 하이라이트가 아니겠는가.

아침 7시에 호텔 앞 큰길에서 301번과 304번 버스를 갈아타고 40여 분을 가니 라오산 입구 버스 주차장이 나온다. 라오산 차량 등반 입장료는 80위안이다. 경사가 완만해서 오르긴 매우 편했다. 주변의 산들도 돌산이라 소나무로 덮여 있어 운치가 있었고 해안가 바다가 한눈에 들어와 절경이다. 마치 서울의 아차산을 오르는 기분이다. 중간에 작은 호수며 나무다리며 돌다리며 주변 바위에서 떨어지는 작은 폭포수 물줄기까지도 나를 편안하게 하였다. 1시간 30여 분을 주변을 둘러보면서 오르니 자그만 사원이 나타났다. 이름하여 천자정(요금: 5위안)이라는 사원이었다.

그곳에 오르니 라오산의 종점이란다. 산은 아직도 100여 m나 남았는데 더 올라 갈 수 없다고 한다. 한동안 휴식 후 라오산 중턱까지 내려오니 주차장에 버스가 기다린다. 이를 타고 출발 지점의 주차장에 도착하니 12시다. 밖의 큰길로 나와 304번 버스를 타고 이어 301번 버스로 호텔로 돌아왔다.

아침 6시에 호텔에서 체크아웃하고 택시를 타고(요금: 15위안) 10여 분을 가서 공항버스 주차장 민항 다이루에 도착하였다. 그곳에서 공항버스를 타고(요금: 20위안) 1시간 20여 분을 달려 칭다오 공항에 도착하였다.

공항에서 오전 11시 40분에 항공권(ca4801 항공표 975위안)으로 출국 수속을 밟고 12시 20분에 탑승했다. 칭다오를 이륙한 차이나 항공기는 드디어 길고도 긴 배낭여행을 무사히 마친 나를 태우고 인천공항을 향해 날고 있었다.

나는 만감이 교차하였다. 지난 늦은 봄, 배낭 하나 달랑 메고 서울을 떠나 인천 부두에서 배를 타고 중국에 도착한 것이 엊그제 같은데 벌써 여름이 지나고 가을마저 저만치 가고 있었다. 길고 긴 배낭여행길이었다.

대 아시아 대륙 횡단 문명 기행이라는 타이틀을 걸고 홀로 떠난 외롭고도 고독한 긴 여정에서 실크 로드 문명과 간다라 문명, 석가의 발자취가 녹아 있는 불교 문명 길을 비록 수박 겉핥기식으로 보긴 했으나 내겐 그 무엇보다도 소중한 경험이었고, 또한 추억이 되었다.

때론 무지로 헤매던 곳이 얼마였으며, 배고픔을 참고 낯선 산길에서 공포로 헤매던 순간이 얼마였던가. 무거운 배낭을 메고 아픈 몸을 이끌고 날이 새도록 험준한 산길을 걸으며 또한 길고 긴 기찻길과 버스를 타고 가던 험준한 산악 밤길은 또한 얼마였던가.

수많은 세계의 배낭여행객들과 어울려 수많은 나라와 수많은 사람과 수많은 전설이 녹아 있는 역사적인 문화유적을 더듬으면서, 인간이 자연을 만나 이룩한 수많은 역사적 유물들과 갖가지 유형의 찬란한 문명 속에서 사는 그들의 애잔한 삶과 애환을 탐구하면서, 지나온 그간의 세월이 주마등처럼 스치며 지나가고 있었다.

뒤돌아보면 역사의 전설이 서린 실크 로드와 전설의 여인 서왕모가 노닐었던 천산 천지 호수를 넘어 험준한 K2 봉 산허리를 지나는 기나긴 카라코람을 지나면서 찬란했던 그 옛날의 간다라 문명을 보았다. 인류 문명 발상지 인도에서 힌두 문화와 아시아 북부의 에베레스트 지붕 아래 펼쳐진 불교 문명을 체험하면서, 야자수 달빛 그림자가 드리워진 베트남 해안을 따라 중국 시문학의 고장 중원을 거치면서, 그리고 중국의 의정표이며 희망의 상징인 태산을 오르면서, 수많은 사연을 체험했던 나의 대 아시아 대륙 횡단 문명 기행을 다시 재조명해 보았다.

어찌 보면 타인 같았던 아시아는 다시 보면 역시 하나였다. 아시아인들 모두가 신을 의지하고 경배하며 착하고 순박하게 살아가고 있는 사람들이었다. 사람과 사람 사이에는 신이 있었다. 그러고 보니 나의 이번 기행은 대 아시아 전역을 투어 한 것이 아니라 신과 사람 사이를 오가는 아시아인들의 삶 속을 그렇게 탐닉하였던 기행이었다. 나는 대아시아의 위대한 역사와 문명이 영원히 이어지길 간절히 기원하면서 그렇게 대 아시아 기행의 대단원을 정리한다.

파란 하늘에 뭉게구름이 피어나는 어느 늦은 봄날 배낭 하나 달랑 메고 출발하여 대 아시아 대륙 횡단 문명 기행을 무사히 마치고 돌아오니 어느덧 서늘한 들녘에 나뭇잎들이 흐드러지게 떨어지는 늦은 가을이었다. 길고 긴 여정 동안 메고 다녔던 나의 배낭을 그렇게 내려놓았다. 아듀.

칭다오 공항 내부 경관

칭다오 국제공항

Epilogue ✈

인류 역사상 선구자와 개척자들은 먼저 길을 찾아 떠나는 사람들이다. 그중에서도 현자나 성자들은 길 위에서 명상한다. 나는 선구자도 개척자도 성자도 현자도 아니다. 다만 인생의 길이 무엇인지 수많은 책을 통해서 읽고 듣고 배운 것이 머릿속에 쌓여 있어도 진정 내 가슴에 와 닿지 않았다. 먼 길을 걸어 본 사람만이 인생길에 대해서도 눈을 뜨리라고 믿으며 그렇게 나는 길을 떠났다. 실크 로드 문명 길을 따라 천산천지에서 3,000여 년 전의 서왕모의 전설을 들어보았고, 히말라야 K2 산허리를 따라 쿤자랍 계곡에서 고대 훈자 왕국의 전설을 들었다. 세계에서 가장 악명 높은 카라코람 산악길을 돌면서 인더스 강을 따라 라호르를 거쳐 인도에 이르는 이슬람인들의 문명이 서린 간다라 문명을 체험해 보았으며, 불교 4대 성지가 녹아 있는 인도 북부를 지나 힌두와 불경의 나라 네팔과 거대한 동남아시아를 거쳐 곤륜산맥과 뜨거운 모래바람이 불고 있는 황량한 고비사막을 건너 중국의 수도 장안에 이르는 불교 문명을 보았다.

내가 돌아본 그 장엄한 길 위에서 나는 과거와 현재와 미래가 공존하고 있다는 것을 또한 알게 되었다. 왜냐하면, 여행이란 시간과 공간을 초월하여 체험을 통하여 수천 년 전의 왕국과 고대의 인물들을 만나고 고고한 역사와 수많은 전쟁과 예술과 전설과 사랑을 만날 수 있었기 때문이다. 그 모든 것이 어떠한 삶이 뜻있는 삶이며 어떻게 사는 것이 아름다운 삶인가를 일깨워 주고 있었다.

하나의 목표를 위해 일생을 바친 사람들, 진리를 찾아 한평생을 구도와 정진의 길을 걸은 사람들, 수많은 역경을 딛고 넘어 우뚝 서 있는 사람들, 자신을 초개같이 버리고 국가와 민족을 위하여 희생하였던 사람들… 이 모든 것들이 가슴에 와 닿는 무척이나 감동적이고 아름다운 삶이었으며 영원히 사는 길이었음을 알게 되었다. 그래서 나는 자신만의 길을 찾아가기 위해 길 위에 서 보라고 권하고 싶다. 세상에는 그런 길이 수없이 많지만 나는 아시아인으로서 이 대 아시아 대륙 횡단 문명 기행 길을 추천하고 싶다. 이 길은 고대와 현대가 어우러져 있는 역사와 문명, 전쟁과 예술, 종교와 사상,

전설과 사랑을 만나게 되는 곳이다. 또한, 이 길은 즐겁고 편안한 관광 코스가 아닌 고고한 역사의 공간이요, 황량한 사막과 고산준령의 험준한 공간이며, 신비의 공간이자 또한 호기심과 꿈이 서려 있는 환상의 공간이다.

나는 이 길을 건너오면서 사람들은 저마다 가야 할 자신만의 길이 있다는 것을 알게 되었다. 비록 작은 일이라 할지라도 자신만이 가꾸고 이루어야 할 그 길을 찾아가야 한다는 것이다. 그러한 자신만의 길을 찾지 못하고 방황하면서 세월만 보낸다면 그것은 보람된 삶이 아닌 후회되는 삶이 될 것이리라. 그러므로 인생이 요구하는 테마를 붙잡고 굳은 의지와 신념으로 목표에 이르는 것이야말로 참으로 보람되고 감동적이며 아름다운 것이라 믿고 싶다. 내가 걸었던 이 길은 지혜와 깨달음을 나에게 준 현자와 같은 길이었다.

청 암 이   홍

참고 문헌

- 심상호, 실크로드의 꿈, 한솜미디어, 2012.
- 김선자 외, 중국문화기행 : 하남, 차이나하우스, 2011.
- 론리 플래닛:ag, 안그라픽스
- 김종원, 중국 역사기행, 경향뉴스원, 2012.
- 데미안 하퍼 외, 론리 플래닛 discover 중국, 안그라픽스, 2012.
- 배상일, 배낭여행 중국, 선미디어, 2004.
- 김옥철, 론리 플래닛 트래블 가이드 : 중국, 안그라픽스, 2004.
- 정지영, 실크로드, 성하출판, 2006.
- 정목일, 실크로드, 문학관, 2007.
- 송기헌, 가자, 실크로드 배낭여행, 일진사, 2008.
- 권삼윤, 중국 역사 기행, 조선일보사, 1994.
- 트래블게릴라, 태국·베트남·캄보디아·라오스 100배 즐기기, 랜덤하우스코리아, 2011.

초판 1쇄 인쇄일 2014년 10월 15일
초판 1쇄 발행일 2014년 10월 20일

지은이 청 암 이　홍
펴낸이 김 양 수

펴낸곳 　도서출판 맑은샘
출판등록 제2012-000035
주소 경기도 고양시 일산서구 중앙로 1456(주엽동) 서현프라자 604호
대표전화 031.906.5006　팩스 031.906.5079
이메일 okbook1234@naver.com
홈페이지 www.booksam.co.kr

ISBN 978-89-98374-85-3 (03910)

「이 도서의 국립중앙도서관 출판시도서목록(CIP)은 서지정보유통지원 시스템 홈페이지(http://seoji.nl.go.kr)와 국가자료공동목록시스템(http://www.nl.go.kr/kolisnet)에서 이용하실 수 있습니다.(CIP제어번호: CIP2014029550)」

*저작권법에 의해 보호를 받는 저작물이므로 저자와 출판사의 동의 없이 내용의 일부를 인용하거나 발췌하는 것을 금합니다.
*파손된 책은 구입처에서 교환해 드립니다.